Firmen und Organisationen haben längst erkannt: Gut funktionierende Presse- und Öffentlichkeitsarbeit ist unentbehrlich für eine erfolgreiche Selbstdarstellung. Auch Vereine, Verbände und Initiativen, die mit diesem Buch besonders angesprochen werden sollen, müssen diese Arbeit leisten, soll ihr Dasein kein reiner Selbstzweck sein.

Das Buch vermittelt Profis wie Autodidakten in vier Kapiteln die Kenntnisse über das Schreiben in der Öffentlichkeitsarbeit, den Umgang mit der Presse, die Pressearbeit selbst, gibt einen Überblick über Medien, Mittel und Formen der Öffentlichkeitsarbeit sowie die Gestaltung dieser Medien und hilft so bei der geeigneten Präsentation erfolgreicher Verbands- und Vereinsarbeit. Zusätzliche Checklisten, Beispiele und Hinweise liefern das nötige Handwerkszeug für einen wirkungsvollen Außenauftritt.

Dr. Norbert Franck, gelernter Verlagskaufmann, war Journalist, Pressesprecher und leitet heute die Presse- und Öffentlichkeitsarbeit eines großen Umweltverbandes. Er ist Autor zahlreicher Sachbücher und seit zwanzig Jahren in der Fort- und Weiterbildung von Vereinen und Verbänden engagiert.

Unsere Adresse im Internet: www.fischer-tb.de

Norbert Franck

Handbuch Presse- und Öffentlichkeitsarbeit

Ein Praxisleitfaden für Vereine, Verbände und Institutionen

Fischer Taschenbuch Verlag

Überarbeitete Neuausgabe
Veröffentlicht im Fischer Taschenbuch Verlag,
einem Unternehmen der S. Fischer Verlag GmbH,
Frankfurt am Main, September 2003

Satz: Pinkuin Satz und Datentechnik, Berlin
Druck und Bindung: Druckerei C.H.Beck, Nördlingen
Printed in Germany
ISBN 3-596-15865-6

Inhalt

Einleitung

I. Die drei A der Presse- und Öffentlichkeitsarbeit

II. Schreiben für die Presse- und Öffentlichkeitsarbeit

III. Wirksame Pressearbeit

IV. Mittel und Medien der Öffentlichkeitsarbeit
Von der Anzeige bis zur Zeitung

Einleitung

Organisationen, Vereine, Verbände und Initiativen reden immer von ihr. In Konzeptionen und Rechenschaftsberichten wird ihre Notwendigkeit betont, auf Tagungen und in Grundsatzpapieren gefordert, sie auszubauen und zu systematisieren: die Presse- und Öffentlichkeitsarbeit. Kein Vereinsgeschäftsführer hält es mehr mit Adalbert Stifter: »Was wächst, macht keinen Lärm.« Die Maxime der Werbeprofis kennt jede Vereinsvorsitzende: »Tue Gutes und rede darüber.«

Doch, wie so oft im Leben, zwischen (Festtags- oder Jahreshauptversammlungs-)Reden und Handeln klafft eine Lücke: Sozial, kulturell oder politisch engagierte Organisationen übernehmen zwar viele gesellschaftlich notwendige Aufgaben. Aber sie kommunizieren zu wenig mit der Gesellschaft über ihre Arbeit. Häufig steht Öffentlichkeitsarbeit erst dann auf dem Arbeitsplan, wenn alles »Wichtige« erledigt wurde. Über Presse- und Öffentlichkeitsarbeit wird erst dann nachgedacht, wenn die »eigentliche« Arbeit getan ist. Und das heißt: In der Regel bleibt nur noch wenig Kraft und Zeit übrig, andere über diese Arbeit zu informieren.

So gelangt die Arbeit vieler Organisationen – entgegen der erklärten Absicht der meisten Akteure – nicht an das Licht der Öffentlichkeit, sondern vollzieht sich als »Karitas im Stillen«.

Das liegt nicht an mangelnder Einsicht in die Notwendigkeit von Öffentlichkeitsarbeit. Die meisten Organisationen, Verbände und über 500 000 Vereine haben ihre veränderten Rahmenbedingungen längst registriert:

- In Zeiten leerer öffentlicher Kassen geht die staatliche Unterstützung und Förderung für gemeinnützige Initiativen und Organisationen zurück. Neue Einnahmequellen müssen erschlossen, Sponsoren gewonnen, Mitglieder und Spenden geworben werden. Das kann nur gelingen, wenn einer breiten Öffentlichkeit die Leistungen und Vorzüge eines Vereins oder Verbands bekannt gemacht werden.

- Vor allem im Bereich der Pflege und Betreuung müssen sich Vereine und Verbände der freien Wohlfahrt der Konkurrenz privater Anbieter stellen: Um Patientinnen und Patienten, für das eigene Pflege- und Betreuungsangebot muss geworben werden.
- Auch auf dem Spenden»markt« stellt sich Erfolg nicht von alleine ein. Zwar sind die Deutschen sehr spendenfreudig, doch das Spendenvolumen ist nicht beliebig zu vergrößern. Und die Zahl der Organisationen wächst, die um Spenden werben: Der Wettbewerb um Spenden wird härter.

Organisationen sind also zunehmend auch aus wirtschaftlichen Gründen auf Öffentlichkeitsarbeit angewiesen. Es genügt nicht, wenn wenige Insider über gute Arbeit und notwendigen Gemeinsinn engagierter Gruppen informiert sind. Erst wenn eine breite Öffentlichkeit die Ziele und die Arbeit eines Kultur-, Sozial- oder Umweltverbandes unterstützt, ist seine Zukunft gesichert.

Puristinnen und Puristen sind daher selten geworden. Nur noch gelegentlich ist zu hören,

- die »richtigen« Ziele überzeugen aus sich heraus,
- wer sich sozial (kulturell, politisch) engagieren will, wird schon zu uns kommen,
- wenn die Presse was von uns will, soll sie doch anrufen,
- »Werbung« ist Verdummung, »Werbung« lehnen wir ab,
- wer sich nicht für bessere Verhältnisse engagiert, ist selbst schuld.

Was einmal soziologische Fachkenntnisse waren, ist inzwischen Allgemeinwissen geworden: Öffentlichkeit gibt es nicht mehr einfach, sie wird hergestellt. Und wer die Öffentlichkeit erreichen will, muss Öffentlichkeitsarbeit machen. Die Leiterin eines Kulturprojekts und der Geschäftsführer eines Aids-Hilfe-Vereins wissen: Das sinnvollste Engagement nutzt wenig, wenn nur wenige etwas darüber erfahren.

Deshalb ist ihnen die Maxime *Tue Gutes und sprich darüber* nicht mehr fremd – denn *Klappern gehört zum Handwerk*. Sie wissen: Öffentlichkeitsarbeit für eine gute Sache bedeutet nicht, sich auf das Niveau von Waschmittelwerbung zu begeben. Das Bemühen um gute Öffentlichkeitsarbeit heißt vielmehr: praktisch mit der Tatsache umzugehen, dass Erfolg von öffentlicher Resonanz abhängig ist.

Konkret: Der Verein XYZ, der sich für die Errichtung eines Museums für Erziehungsgeschichte engagiert, hat ein bahnbrechendes Konzept für die Organisation und Gestaltung eines solchen Museums entwickelt. Beschränkt sich der Verein darauf, dieses Konzept auf einer Mitgliederversammlung zu beschließen, dann mögen sich die Vereinsmitglieder zwar sehr wohl fühlen, weil sie so ein tolles Konzept entwickelt haben. Aber wenn niemand davon erfährt, haben wir es faktisch mit einem Nicht-Ereignis zu tun – mit einem praktisch folgenlosen Beschluss.

1. Guter Wille und fehlendes Handwerkszeug

Da viele diese schlechte Erfahrung schon gemacht haben, ist die Einsicht gewachsen, dass Öffentlichkeitsarbeit kein notwendiges Übel ist, sondern zentraler Bestandteil jeder Verbandsarbeit.

Doch zwischen Einsicht und Praxis liegt ein gutes Stück Weg. Um diesen Weg gehen zu können, fehlt vor allem eine Voraussetzung: ein Kompass. Zur Einsicht in die Notwendigkeit von Öffentlichkeitsarbeit gesellt sich nicht automatisch das Know-how für diese Arbeit. Für viele, denen diese Aufgabe übertragen wird, beginnt ein Prozess von Versuch und Irrtum – mit enttäuschenden Ergebnissen.

Ein Beispiel aus der Arbeit eines Vereins aus Norddeutschland (die Namen habe ich verändert). Das *Netzwerk Ostend* schickte folgende Einladung an die Presse:

»Sehr geehrte Damen und Herren,

verschiedene Organisationen und Träger der Altenarbeit/Altenhilfe arbeiten seit ca. zwei Jahren im Bezirk Ostend im Netzwerk Ostend zusammen. Ein Ergebnis unserer Arbeit ist ein Zielkatalog, den wir im Rahmen einer unserer nächsten Netzwerk-Sitzungen gern vorstellen und mit Ihnen diskutieren möchten. Inhalt unseres Katalogs sind Notwendigkeiten für den stationären und ambulanten Pflegebereich, deren Einlösung einen entscheidenden Beitrag zur Verbesserung der Situation älterer Menschen im Ostend bedeuten könnte.

Als Termin schlagen wir Ihnen den 23. Juni ..., um 15.00 Uhr im Bert-Schuster-Heim, Kölnstraße 8, vor. Bitte teilen Sie uns unter der Rufnummer 12 34 56-0, Frau Ferse, mit, ob dieser Zeitpunkt für Sie in Frage kommt.

Zur Vorstellung unseres Zielkatalogs werden wir auch Herrn Dehm, Dezernent für Jugend und Soziales, und die Fraktionen der im Bezirk vertretenen Parteien einladen.

Mit freundlichem Gruß
Eva Ferse
(Sprecherin)«

Diese Einladung an die Presse weckt kein Interesse. Informationen über die *Einlösung* von *Notwendigkeiten*, die einen *Beitrag zur Verbesserung* bedeuten *könnte*, versprechen weder harte Fakten noch interessante Neuigkeiten. Und Journalistinnen und Journalisten erwarten in erster Linie Informationen und wollen nicht *im Rahmen einer Sitzung* Konzepte *diskutieren.*

So ist es nicht verwunderlich, dass kein Pressevertreter am 23. Juni kam. Die Mitglieder des *Netzwerks Ostend* gaben nicht auf und schickten am 24. Juni folgende Mitteilung an die Presse:

> **»Die Versorgung alter und kranker Menschen ist gefährdet**
> **Netzwerk Ostend: ein konstruktives Lösungsmodell**
>
> Das Netzwerk Ostend ist eine Arbeitsgemeinschaft verschiedenster Einrichtungen der Altenarbeit. Die mitarbeitenden RepräsentantInnen der unterschiedlichsten Institutionen stellten ihre Vorschläge zur Verbesserung der Situation alter Menschen den zuständigen BezirkspolitikerInnen und Bundestagsabgeordneten vor.
> Es wurden u. a. angesprochen:
> • Einrichtung eines pflegerischen Notdienstes;
> • Schaffung von Transparenz über das vorhandene Angebot, z. B. in Form eines Stadtteilführers;
> • Unterstützung von pflegenden Angehörigen durch Schulung und Beratung.
>
> Der Sozialdezernent Herr Dehm, der Bundestagsabgeordnete Herr Pfeifer sowie die VertreterInnen der Bezirksfraktionen zeigten sich beeindruckt von der kooperativen Zusammenarbeit und wollen das Netzwerk auch in Zukunft unterstützen.«

Auch das war vergebliche Mühe. Die Lokalpresse brachte nicht die kleinste Notiz. Das ist verständlich: Warum sollte eine Zeitung ihre Leserinnen und Leser mit dieser Mitteilung langweilen, die wie eine verunglückte amtliche Verlautbarung klingt, aber keinen Nachrichtenwert hat? Eine Pressemitteilung, die so bürokratisch im Stil und so unpräzise in der Aussage ist, landet im Papierkorb der Redaktion.

Misslungene Pressemitteilungen sind kein Privileg von Nonprofit-Organisationen. Eine Pressemitteilung von Messeprofis aus München beginnt so:

> »Das Ergebnis von 25 Jahren erfolgreicher Arbeit spiegelt sich im Rahmenprogramm des Publikumslieblings Heim + Handwerk wider. Ein Vierteljahrhundert nach ihrer Gründung zeigt die Heim + Handwerk 2002 vom 30. November bis 8. Dezember an

neun Ausstellungstagen auf dem Gelände der Neuen Messe München ein Feuerwerk zündender Ideen, die nach 25-jähriger Weiterentwicklung kaum noch zu toppen sind: Von Lebenden Werkstätten bis hin zur Handwerkskunst unter dem Motto ›Der Fröhliche Garten‹, von Feng Shui beim Einrichten bis hin zu Kindermöbeln aus Schreinerhand, vom Öko-Haus bis hin zum Einbruchschutz – im vorweihnachtlichen Einkaufsparadies Heim+Handwerk steht alles in großer Auswahl zur Verfügung, was zum Thema Wohnen, Einrichten und Bauen gehört und das Herz der Besucher höher schlagen lässt.«

Das haben Journalistinnen und Journalisten gerne:

- Werbung statt Information,
- die Erklärung, dass 25 Jahre ein Vierteljahrhundert sind,
- in einem Satz drei Mal »bis hin«,
- wenn jede Veranstaltung im Dezember als »vorweihnachtlich« bezeichnet wird,
- abgegriffene Bilder wie das *höher schlagende Herz*,
- umständlich eingeführte Superlative: »nach 25-jähriger Weiterentwicklung kaum noch zu toppen«,
- Möbel, die nicht aus Holz sind, sondern aus Händen von Schreinern.

Eine PR-Agentur aus Münster schickte zusammen mit einer dreiseitigen Pressemitteilung folgendes Anschreiben an die Medien:

»Sehr geehrter Herr …

anbei erhalten Sie eine gemeinsame Presseinformation der Energie AG Menden-Iserlohn und der schweizerischen Rätia Energie AG zur freien redaktionellen Verwendung.

Bitte halten Sie die Sperrfrist ein:
Dienstag, 17. September 2002, 11.00 Uhr

Die beiden Unternehmen wollen sich mit einem zugleich ökologisch hochwertigen sowie preislich attraktiven Produkt und einer in dieser Form neuen Marketing- und Vertriebsstrategie schon kurz bis mittelfristig auf dem grünen Strommarkt in Deutschland etablieren.«

Hier haben wir alles, was ein steifes Anschreiben braucht:

- »anbei erhalten Sie« – ein unbeholfener Briefanfang, der im letzten Jahrtausend üblich war;
- »zur freien redaktionellen Verwendung« – wofür sonst?
- die Aufforderung, die Sperrfrist zu beachten, bevor man erfährt, worum es geht,
- einen langen Satz, in dem nach 29 Worten zu erfahren ist, was die beiden Unternehmen *wollen* – nämlich sich *etablieren*.

Wer mit einem so misslungenen Anschreiben eine Pressemitteilung von drei Seiten verschickt, muss sich nicht wundern, wenn beide Texte in der Ablage »P« (wie Papierkorb) landen. Journalistinnen und Journalisten wünschen sich Pressemitteilungen, die einen Umfang von 25 bis 50 Zeilen haben.

2. Was Sie erwarten können: Ziel, Inhalt und Aufbau des Handbuchs

Wie muss eine Einladung an die Presse, wie muss eine Pressemitteilung formuliert werden, damit sie von Redakteuren beachtet wird? Allgemeiner: Was gehört zum Handwerkszeug der Öffentlichkeitsarbeit? Welches Know-how ist notwendig, um

- den Bekanntheitsgrad einer Einrichtung zu erhöhen,
- die Bedeutung und den Nutzen der Verbandsarbeit herauszustellen,

- ein positives Image zu bilden und zu festigen,
- Vertrauen aufzubauen und zu sichern,
- von den Anliegen und Zielen einer Initiative zu überzeugen?

In vier Kapiteln antworte ich auf diese Fragen. Den größten Raum nehmen die Kapitel über das Schreiben in der Öffentlichkeitsarbeit und den Umgang mit der Presse ein. Natürlich ist jedes persönliche Gespräch eine Form der Öffentlichkeitsarbeit. Eine breite Öffentlichkeit ist jedoch nur über Medien zu erreichen – über Zeitungen, Rundfunk, Fernsehen und über eigene Medien.

Ich zeige, wie das geht, verständliche und interessante

- Selbstdarstellungen und Faltblätter,
- Artikel und Leserbriefe,
- Briefe und Einladungen,
- Pressemitteilungen

zu schreiben.

Man muss nicht Germanistik studiert oder eine Ausbildung als Journalist haben, um informative und anschauliche Texte schreiben zu können. Man muss etwas wissen über den richtigen Umgang mit dem einzelnen Wort, über einen vernünftigen Satzbau und einen sinnvollen Textaufbau. Was dafür notwendig ist, habe ich zusammengetragen: keine Plaudereien aus dem Nähkästchen eines Profis, sondern praxisorientiertes »Schreibwerkzeug«, das mit einiger Übung zu guten Texten verhilft.

Im dritten Kapitel geht es um Pressearbeit. Wer von Journalistinnen und Journalisten etwas will – zum Beispiel einen Bericht über die eigene Arbeit in der Zeitung oder im Rundfunk –, sollte ihre Arbeitsbedingungen und Arbeitsweisen kennen, um sich darauf einstellen zu können. Was bei einer Pressemitteilung oder Pressekonferenz zu beachten ist, wie ein Interview vorbereitet und gemeistert werden kann, wann eine Gegendarstellung zweckmäßig ist und wie sie formuliert werden muss – dies sind die Themen im dritten Kapitel.

Das letzte Kapitel hat lexikalischen Charakter: Ich gebe einen

Überblick über Mittel und Medien der Öffentlichkeitsarbeit. Damit soll zum einen das breite Spektrum der Möglichkeiten für Öffentlichkeitsarbeit gezeigt werden. Zum anderen will ich Entscheidungshilfen geben, welches Mittel für welchen Zweck am sinnvollsten ist.

Ich beginne mit Hinweisen und Anregungen zu drei zentralen Fragen:

1. Wer sind die Adressaten von Presse- und Öffentlichkeitsarbeit? *Die* Öffentlichkeit gibt es nicht. Deshalb ist es wichtig, eindeutig Zielgruppen zu bestimmen und zu entscheiden, wer warum und wie angesprochen werden soll.
2. Welche Voraussetzungen müssen geschaffen werden, um ein klares Bild in der Öffentlichkeit abzugeben? Wenn eine Organisation Reputation, Profil und Vertrauen aufbauen will, nützt es nichts, viel Energie in die Entwicklung eines Logos oder die Gestaltung von Broschüren zu investieren, wenn sonst alles beim Alten bleibt. Die interessierte Öffentlichkeit merkt rasch, wenn ein neues Design nur Schein ist. Deshalb muss geklärt werden, was zu einem überzeugenden (neuen) »Auftritt« gehört.
3. Was sind Anlässe für Presse- und Öffentlichkeitsarbeit? Die meisten Organisationen können klar die Ziele und Zwecke ihrer Öffentlichkeitsarbeit benennen. Doch es fehlt häufig an Phantasie, Anlässe zu finden, um diese Ziele der Öffentlichkeit bekannt zu machen.

Woran orientieren sich die Informationen, Hinweise und Anregungen zu diesen Themen? Ich leite seit mehr als zehn Jahren Seminare für Mitarbeiterinnen und Mitarbeiter in Organisationen, Verbänden, Vereinen und Initiativen, die sich ehrenamtlich oder im Rahmen ihrer Arbeit mit begrenzter Stundenzahl um Presse- und Öffentlichkeitsarbeit kümmern. An diesen Arbeitsvoraussetzungen und -bedingungen von Nichtprofis orientiere ich mich. So hat Kapitel 2 nicht den Anspruch, zum Texter auszubilden, und die Lektüre von Kapitel 3 befähigt noch nicht zur Pressesprecherin. Wer nur fünf oder zehn Stunden in der Woche Zeit für Presse- und Öffentlichkeitsarbeit hat, kann an die eigene Arbeit nicht den Maßstab von Profis anlegen. Hinweise auf die letzten Feinheiten des Metiers helfen daher wenig. Sie schüchtern eher ein. Dieses Buch soll Mut machen.

Ich zeige, dass auch bei wenig Zeit und knappen Ressourcen Presse- und Öffentlichkeitsarbeit machbar ist – und dieses Machen gelernt werden kann. Ich gebe Hinweise auf das Machbare. Ich verzichte auf die Darstellung, was alles möglich, aber nur mit viel Geld zu realisieren ist. Ein Frauenhaus oder das zitierte Netzwerk Altenhilfe können keinen Videoclip finanzieren, um für ihre Arbeit zu werben. Sollte der Dachverband dieser Einrichtungen dafür Geld haben, wird er Profis damit beauftragen. Oder: Den genialen Werbeslogan, über den alle sprechen, textet nur ein Profi mit großer Erfahrung, der für einen Satz einige Wochen Zeit hat.

Aus ähnlichen Überlegungen finden Sie keine Hinweise über das Internet als Mittel der Presse- und Öffentlichkeitsarbeit. Mit einem Web-Auftritt sind viele Herausforderungen verbunden: Das Angebot muss aktuell und zielgruppenorientiert sein, mediengerecht (also mehr bieten als Text und ein paar langweilige Vorstandsfotos), interaktiv und bedienungsfreundlich. Die Konkurrenz ist groß, die Ansprüche der Nutzerinnen und Nutzer sind hoch. Niemand surft ein zweites Mal zu einem Textfriedhof – zumal dann nicht, wenn deutlich wird, dass die letzte Aktualisierung vor sechs Wochen erfolgte. Selbstverständlich sollte die kleinste Initiative per E-Mail erreichbar sein. Ein gelungener Internet-Auftritt verlangt entschieden mehr, als eine WWW-Adresse anzumelden – und mehr als in einem Kapitel seriös erläutert werden kann. Ich beschränke mich daher auf Literaturhinweise (vgl. S. 246).

Dieses Buch ist für alle die geschrieben, die sich in das Feld der Presse- und Öffentlichkeitsarbeit einarbeiten wollen. Für diesen Zweck habe ich Informationen und Tipps zusammengestellt, die zum Basis-Handwerkszeug einer guten Öffentlichkeitsarbeit gehören.

Wer noch keine oder wenig Erfahrung mit Öffentlichkeitsarbeit hat, sollte das Buch vom Anfang bis zum Ende lesen. Denen, die sich schon einige Zeit mit dieser Aufgabe beschäftigen, wird manches vertraut sein. Ihnen empfehle ich, gezielt nach neuen Anregungen zu suchen. Allen wünsche ich hier und da Spaß beim Lesen.

I. Die drei A der Presse- und Öffentlichkeitsarbeit

Öffentlichkeitsarbeit ist die Pflege öffentlicher Beziehungen (public relations). Alle Vereine, Initiativen, Verbände, Unternehmen, Parteien, Institutionen haben public relations. Aber wie *macht* man Public Relations (PR)? Wie, wo und womit fängt man (eine bessere) Öffentlichkeitsarbeit an? Und worauf kommt es an?

»Würdest du mir bitte sagen, wie ich von hier aus weitergehen soll?«, fragte *Alice im Wunderland* die Katze. »Das hängt zum größten Teil davon ab«, lautete die Antwort, »wohin du möchtest.«

Manche haben es bei der Zielbestimmung einfach – zum Beispiel Schokoladehersteller. Wir wissen alle, wie *die schönsten Pausen sind: lila.* Mit einer guten Idee gelang es, ein unverändertes Produkt besser zu verkaufen. 1971 wurde ein Rindvieh an die Werbefront geschickt, um den Absatz zu fördern. Mit Erfolg: *Milka* ist seit Jahren eine der bekanntesten Schokoladenmarken. Mit der lila Kuh *Milka* so bekannt zu machen, hat viel Geld gekostet. Die Investitionen haben sich gelohnt.

Ich will nicht die Leistung der Agentur schmälern, die dieses lila Leittier in die Welt gesetzt hat. Die Idee war toll. *Einfach* war die Problemstellung: Viele Menschen essen gerne Schokolade. Die Werbung musste nur dafür sorgen, dass sie auf *Milka* aufmerksam werden. Da jede Schokolade in der Preisklasse zwischen 50 Cent und einem Euro fast gleich schmeckt, hängt die Entscheidung für eine Marke nicht von der Qualität des Produkts ab. Deshalb kann die Werbung neben dem Preis zu einem wichtigen Faktor für das Kaufverhalten werden.

Wer eine Tafel *Milka* kauft und mit Genuss isst, wird sie (wahrscheinlich) wieder kaufen. Niemand will mehr von Schokolade als den immer gleichen Geschmack. Ein Schokoladehersteller muss nicht kommunizieren. Schokolade ist nicht in der öffentlichen Diskussion. Anders als bei Kaffee gibt es keine Diskussion über faire Preise für die Produzentinnen und Produzenten in der »Dritten Welt«. Und anders als zum Beispiel Benzin ist Schokolade nicht mit dem Makel der Umweltschädlichkeit behaftet. Auch die Gesundheits- und Schlankheitswelle bedroht den Schokoladenabsatz nicht ernsthaft. Der Fitnesskult ebnet eher neuen Produkten den Weg: der »leichten« *Yogurette* zum Beispiel. Schokolade wird nach der nächsten Steuererhöhung noch gekauft – während viele sich dann zweimal überlegen, ob sie für soziale Zwecke oder den Naturschutz spenden. Schokolade opponiert nicht gegen gesellschaftliche Missstände und Diskriminierungen. Schokolade muss nicht überzeugen, sondern nur schmecken. Schokoladehersteller sind nicht auf das freiwillige Engagement von Menschen angewiesen. Die Chefetage muss ihre Firmenpolitik nicht mit Mitgliedern abstimmen, ohne deren ehrenamtliche Arbeit nichts läuft.

Wenn es nicht darum geht, ein Produkt zu verkaufen, helfen lila Kühe in der Öffentlichkeitsarbeit nur begrenzt weiter. In der Öffentlichkeitsarbeit von Nonprofit-Organisationen gibt es keine einfache Wenn-Dann-Logik: Wenn die berufstätige Frau *in* ist, dann betone ich in der Deo-Werbung, dass XYZ noch nach 8 Stunden harter Arbeit »Frische schenkt«. Wenn die »verführerische« Frau *en vogue* ist, dann muss in der Parfümwerbung ein Modell vom Typ Claudia Schiffer für die entsprechenden Lifestyle-Assoziationen sorgen.

Wenn es nicht darum geht, einen schönen Schein oder die heile Konsumwelt zu inszenieren, um zu einem Produkt zu verführen, wenn es vielmehr darum geht,

- zu überzeugen, dass die Aids-Hilfe ausgebaut werden muss,
- zum Engagement gegen den Bau einer Stadtautobahn aufzurufen,
- Spenden für Kriegsflüchtlinge zu sammeln,

dann stehen vor der Frage nach dem »Know-how«, dem Handwerkszeug für Presse- und Öffentlichkeitsarbeit Fragen nach Sinn und Zweck, Vision und Selbstverständnis einer Organisation.

Darum geht es auf den nächsten Seiten: um konzeptionelle Überlegungen in praktischer Absicht. Einer Frage gehe ich in diesem Zusammenhang nicht nach, da ich annehme, dass Sie diese Frage für sich schon beantwortet haben: Ist Presse- und Öffentlichkeitsarbeit überhaupt notwendig? Wenn zum Beispiel elf Männer glücklich und zufrieden sind, alle 14 Tage gemeinsam mit ihrer Modelleisenbahn zu spielen und ihre große Anlage vor Weihnachten im Rathaus auszustellen, dann haben sie keinen Grund, für ihren Hobbyeisenbahner e. V. Öffentlichkeitsarbeit zu machen.

1. Um wen geht's eigentlich? Adressatinnen und Adressaten bestimmen und gezielt ansprechen

Ich habe auf den ersten Seiten ganz selbstverständlich über Öffentlichkeits*arbeit* geschrieben. Doch was ist das eigentlich *Öffentlichkeit*? Und gibt es *die* Öffentlichkeit?

Zur Öffentlichkeit gehören der viel zitierte »Mann auf der Straße« und der Bundespräsident, eine Abgeordnete ebenso wie eine Journalistin, Parteien und Verbände, die Menschen in Flensburg und in München, in Köln und in Frankfurt an der Oder. Nicht alle sind für die Arbeit eines Vereins gleich wichtig, nicht alle interessieren sich für die gleichen Themen und Probleme. Und nicht alle sind auf dem gleichen Wege zu erreichen.

Deshalb ist es nützlich, zwischen bestimmten *Teilöffentlichkeiten* zu unterscheiden. Ich mache folgende pragmatische Unterscheidung:

- interne Öffentlichkeit,

- Fach(politische) Öffentlichkeit,
- »Kern«-Öffentlichkeit,
- Medienöffentlichkeit.

Jeder Verein *hat* Teilöffentlichkeiten. Festgelegt werden muss, welche Teilöffentlichkeiten Vorrang haben und als *Zielgruppen* – als Adressaten der Öffentlichkeitsarbeit – *definiert* werden sollen.* Eine solche Bestimmung hilft,

- die Öffentlichkeitsarbeit überschaubar zu machen,
- Schwerpunkte zu setzen,
- Mittel und Medien gezielt einzusetzen.

Unterschiedliche Zielgruppen haben unterschiedliche Erwartungen. Jede Öffentlichkeitsarbeit muss sich daher um eine adressatengerechte Ansprache bemühen und prüfen, wie eine Zielgruppe am besten erreicht werden kann: direkt, über Medien oder über Multiplikatoren (zum Beispiel Lehrer, Ärzte, Politikerinnen).

In der Tabelle auf Seite 25 gebe ich einen Überblick, wie sich die unterschiedlichen Zielgruppen zusammensetzen, mit welchen Mitteln und Medien sie angesprochen und welche Kommunikationsziele damit erreicht werden können.

Interne Öffentlichkeit

In vielen Vereinen und Verbänden wird geklagt: Nur wenige Mitglieder sind aktiv, die meisten zahlen nur (noch) ihren Beitrag und lassen sich ansonsten nicht (mehr) oder nur (noch) sehr selten sehen. Darüber können Aktive sich intensiv aufregen und extensiv klagen. Nützlicher ist, diese Tatsache als Handlungsvor-

* Die Unterscheidung zwischen vier Teilöffentlichkeiten ist auch dann nützlich, wenn sich die Vereinsarbeit auf eine Personengruppe konzentriert. So steht ein Verein, der in der Jugendarbeit aktiv ist, vor der Frage, ob beispielsweise die *interne* Öffentlichkeit (junge Vereinsmitglieder) und die *fach(politische)* Öffentlichkeit (Jugendvertreter und -verbände, Jugendpolitiker und -forscherinnen usw.) Zielgruppen der Öffentlichkeitsarbeit sein sollen.

aussetzung für eine gezielte interne Öffentlichkeitsarbeit zu begreifen.

Damit meine ich nicht: In jeder Einladung das Klagelied anzustimmen, dass viel (Organisations-)Arbeit zu bewältigen ist und nur wenige Mitglieder bereit sind, diese Arbeit zu übernehmen. Dazu gehören auch nicht ständige (penetrante) Appelle, endlich aktiv zu werden. Vereinsmitglieder sind zu nichts verpflichtet außer zur Beitragszahlung. Die Zeiten sind vorbei, in der eine Mitgliedschaft bedeutete, im Verein (in einer Partei oder Gewerkschaft) »aufzugehen«. Interne Kommunikation ist deshalb keine lästige Pflicht, sondern eine Herausforderung für die interne *Öffentlichkeitsarbeit.*

- Der Zweck eines Protokolls, das an alle Mitglieder geht, ist verfehlt, wenn es nur für die Akten geschrieben wird.
- Eine Einladung ist nicht einladend und eine Mitgliederversammlung ist keine Versammlung der *Mitglieder*, wenn fünf von sechs Tagesordnungspunkte Formalien sind (Bestätigung der Einladung, Genehmigung des Protokolls, Wahl der Versammlungsleitung, Bestätigung der Tagesordnung, Rechenschaftsbericht des Kassierers ...).
- Und ein Rundbrief ist kein Brief, wenn er nicht für die Empfängerinnen und Empfänger geschrieben wurde, sondern der Selbstdarstellung des Vorstands dient.

Gegenüber Mitgliedern besteht eine Bringschuld. Sie müssen über die Ziele und die Arbeit des Vereins informiert werden. Arbeitsvorhaben und Arbeitsbereiche müssen transparent gemacht und überschaubare Beteiligungsmöglichkeiten angeboten werden. Alle Mitglieder sollten wissen, wen sie wann ohne großen Aufwand ansprechen können, wenn sie sich für ein bestimmtes Thema interessieren. Wenn die interne Öffentlichkeitsarbeit dies leistet, kann es gelingen, Mitglieder an den Verein zu binden und zur Mitarbeit zu motivieren.

Teilöffentlichkeit	Angehörige	Kommunikationsziele	Mittel und Medien
Interne Öffentlichkeit	Mitglieder, Mitarbeiterinnen und Mitarbeiter, Vorstand, Beirat, Zivildienstleistende, Honorarkräfte, regelmäßige Spenderinnen und Spender	Motivation Bindung Aktivierung	Einladungen, Protokolle, Mitgliederzeitung, Rundbriefe, E-Mail, Internet, Intranet, Jahresberichte, Rechenschaftsberichte, Sitzungen, Mitgliederversammlungen, Arbeitsbesprechungen
Fach(politische) Öffentlichkeit	Abgeordnete, Parteien, Parlamente, Verwaltungen, Ausschüsse, Medien, Wissenschaftler, Institute, (Hochschul-) Lehrerinnen, (Fach)-Verbände	Reputation Profil Unterstützung	Veranstaltungen, Fachbeiträge, Anhörungen, Stellungnahmen, Berichte, Anträge, Briefe, Newsletter, Internet, informelle und Fachgespräche, Verhandlungen
»Kern«-Öffentlichkeit	Engagierte und Interessierte, Betroffene, Spenderinnen und Spender, Patienten, Klientinnen, Angehörige, Initiativen und Vereine mit ähnlichen Zielen, sympathisierende Politiker	Reputation Profil Vertrauen Bindung Aktivierung	Veranstaltungen, Faltblätter, Plakate, Anzeigen, Ausstellungen, Informationsstände, Internet, Newsletter, Zeitung, (Rund-)Briefe, Arbeitsgruppen, Aktionen, Telefon
Medien-Öffentlichkeit	Journalisten, Leser, Hörerinnen, Zuschauer (»allgemeine« Öffentlichkeit)	Öffentliche Wahrnehmung Sympathie	Pressemitteilungen, Pressekonferenzen, Artikel, Internet, Leserbriefe, Aktionen, Veranstaltungen

Fach(politische) Öffentlichkeit

Unterschiedliche Vereine haben unterschiedliche Fach- (politische) Öffentlichkeiten: sozialpolitische, umwelt-, entwicklungspolitische, medizinische usw. Nimmt sich ein Verein vor, gezielt Experten und MultiplikatorInnen in seiner Öffentlichkeitsarbeit zu berücksichtigen, muss er dieser Zielgruppe etwas bieten. Zum Beispiel:

- ein interessantes Konzept,
- einen Beitrag in einer Fachzeitschrift,
- eine Unterrichtseinheit,
- Praktikumsplätze (für Studierende).

Insbesondere Politikerinnen und Politiker sind an Öffentlichkeit interessiert. Mit Veranstaltungen – Diskussionen, Streitgesprächen, Talkshows usw. – lassen sich doppelte Effekte erzielen: Öffentlichkeit für den Verein und zufriedene Politikerinnen und Politiker.

»Kern«-Öffentlichkeit

Der etwas unglückliche Begriff »Kern«-Öffentlichkeit ist eine Sammelbezeichnung für Spenderinnen und Spender, »Betroffene« (und ihre Angehörigen), (potenzielle) Klienten, Patientinnen (und ihre Angehörigen), Stammwähler oder Sympathisantinnen.

Neue Mitglieder, Spender oder Unterstützerinnen sind in erster Linie in der »Kern«-Öffentlichkeit zu gewinnen. Sie sollten daher gezielt angesprochen werden. Wichtig sind konkrete Angebote zur befristeten Mitarbeit, die an den Verein binden können. Damit solche Angebote angenommen werden, sollte die »Kontaktschwelle« so niedrig wie möglich sein: Regelmäßige Öffnungszeiten sind ebenso wichtig wie die Möglichkeit, auf dem Anrufbeantworter eine Nachricht zu hinterlassen. Und wer die »Schwelle« zu einem Verein überschritten hat, darf nicht mit »Haut und Haaren« in die Vereinsarbeit einbezogen werden, sondern muss als Interessent oder Interessentin behandelt werden, der oder die sich orientiert und prüft, ob der Verein der richtige Ort für Engagement ist.

Die »Kern«-Öffentlichkeit ist Ausgangspunkt der Öffentlichkeitsarbeit. Sie muss nicht notwendig in deren Mittelpunkt stehen. Ist zum Beispiel die Nachfrage von Betroffenen so groß, dass ein Selbsthilfeverein weder alle Interessierten beraten noch genügend Gruppen betreuen kann, muss er darauf verzichten, weitere Betroffene anzusprechen. Er wird seine Öffentlichkeitsarbeit darauf konzentrieren, Unterstützung für den Ausbau seiner Arbeit zu bekommen.

Ausgangspunkt meint: Gerät die »Kern«-Öffentlichkeit aus dem Blick, verliert ein Verein und damit seine Öffentlichkeitsarbeit an Profil. Diese Feststellung ist eine Warnung vor Allmachtsfantasien. Damit meine ich die Vorstellung, für alle Ziele sei – eine bessere Öffentlichkeitsarbeit vorausgesetzt – »die« Öffentlichkeit zu gewinnen. Ein Verein zur Unterstützung von Aids-Kranken, der sich in seiner Öffentlichkeitsarbeit dem Denkhorizont derer anpasst, die nur monogame heterosexuelle Beziehungen akzeptieren, mag zwar einen Spendenerfolg erzielen und Zuspruch von der katholischen Kirche erhalten – aber er wird Profil verlieren und den Zugang zu den meisten Betroffenen. Kurz: Will ein Verein neue Zielgruppen ansprechen, muss er neue Wege, Mittel und Formen der Ansprache finden – und darauf achten, nicht sein Profil zu verlieren.

Medienöffentlichkeit

Wer sich an Teilöffentlichkeiten wendet, erreicht nur einen Ausschnitt der allgemeinen Öffentlichkeit. Die gezielte Ansprache von relevanten Teilöffentlichkeiten ist zwar wichtig, aber sie führt nicht notwendig zu großer öffentlicher Aufmerksamkeit. Das ist kein Widerspruch.

Die interne Öffentlichkeit, die fach(politische) und die »Kern«-Öffentlichkeit sind für die Arbeit eines Vereins *unmittelbar* wichtig: Sie tragen die Arbeit und sind potenzielle Mitglieder, (künftige) Spenderinnen, Unterstützer usw. Ein großer Teil der allgemeinen Öffentlichkeit ist hingegen für die konkrete Arbeit eines Vereins ohne Bedeutung. Und es wäre ein wenig sinnvolles Vorhaben, sie mit eigenen Medien erreichen zu wollen: Aufwand und Ertrag stünden in einem krassen Missverhältnis. Das ist die eine Seite.

Die andere Seite: Jeder Verein ist daran interessiert, im Rampenlicht der Öffentlichkeit zu stehen. Deshalb gilt die Pressearbeit häufig als der entscheidende Bereich der Öffentlichkeitsarbeit. Diese Sichtweise ist wenig nützlich: Pressearbeit und zielgruppenorientierte Öffentlichkeitsarbeit erfüllen unterschiedliche Funktionen. Um erfolgreich zu sein, sind sie aufeinander angewiesen.

Ein Bericht in der Presse, im Rundfunk oder Fernsehen verleiht einem Verein das Prädikat »von öffentlichem Interesse«. Das ist für die Arbeit eines Vereins sehr wichtig. Pressearbeit zielt auf *öffentliche Wahrnehmung*, die durch Presse, Rundfunk und Fernsehen hergestellt wird.* Zielgruppe der Pressearbeit sind die Produzenten dieser Wahrnehmung: Journalistinnen und Journalisten.

Medienöffentlichkeit erleichtert (1.) die Ansprache bestimmter Teilöffentlichkeiten und bekräftigt (2.) Interesse und Engagement dieser Teilöffentlichkeiten für einen Verein.

1. Wer beispielsweise überlegt, Mitglied eines Sportvereins zu werden, liest die Selbstdarstellung eines SC e. V. aufmerksamer, wenn über diesen Verein in den Medien etwas zu lesen oder hören war. Eine Stadtverordnete wird die Initiative oder den Antrag eines Vereins ernster nehmen, wenn sie ihn aus der Presse kennt.
2. Öffentliche Wahrnehmung kann Mitglieder binden, Mitarbeiterinnen und Mitarbeiter motivieren, Spenderinnen und

* Mit der »öffentlichen Meinung« ist es ähnlich: Sie wird erst als *veröffentlichte* Meinung beachtet.

Spender bestärken und Interessierte aktivieren. Allerdings verpufft der Effekt von Medienresonanz weitgehend, wenn sie nicht von einer zielgruppenorientierten Öffentlichkeitsarbeit begleitet wird. Gäbe es ein Erfolgsrezept für Öffentlichkeitsarbeit, dann sorgten eine aufeinander abgestimmte Zielgruppenansprache und Pressearbeit für die notwendige Würze.

2. Sein, Schein und Design: Der Auftritt muss stimmen

Das Vorhaben, die Presse- und Öffentlichkeitsarbeit zu verbessern, ist eine paradoxe Angelegenheit, und (in Anlehnung an *Milka* formuliert) die schönsten Weisheiten sind asiatisch. Was paradox ist, illustriere ich mit einem kleinen Bericht.

Ein Verein aus dem Ruhrgebiet will seine Öffentlichkeitsarbeit verbessern und holt sich deshalb Anregungen von einer PR-Expertin, wie sein Informationsmaterial ansprechender gestaltet und besser getextet werden kann.

»Die Gestaltung von Faltblättern und Broschüren ist *die Inszenierung einer Mitteilung*«,* klärt die Expertin auf und fragt, »was soll denn mitgeteilt werden?«

»Wir wollen darüber informieren, wer wir sind, und was wir machen«, lautet die (arglose) Antwort.

»Und was ist der Sinn und Zweck dieser Kommunikationsmaßnahme?« – bohrt die Expertin weiter.

»Wir wollen Menschen auf unsere Arbeit aufmerksam machen, Interesse wecken.«

Die Frage, ob eine *interne Situationsanalyse* sichergestellt habe, dass der Verein auf einen größeren *Respons* vorbereitet sei,

* Diese und die folgenden *kursiv* gesetzten Formulierungen stammen aus Selbstdarstellungen und Präsentationsunterlagen von verschiedenen Werbeagenturen.

und drei weitere Fragen werden noch nachdenklich beantwortet. Aber als die Expertin auf die Notwendigkeit einer *zielgruppenaffinen Mediaplanung* als notwendige Begleitmaßnahme zu sprechen kommt, wird stillschweigend der Beschluss gefasst, den Zivildienstleistenden zu einer Fortbildung in Desktop Publishing zu schicken und ihm die Gestaltung des nächsten Faltblatts zu übertragen.

»Denke in Jahrhunderten, handle in Jahrzehnten und ignoriere kurzfristiges Gewinnstreben«, lautet eine japanische Weisheit. Und in China rät man Menschen, die etwas erreichen wollen: »Du musst auf den Mond zielen, wenn du über den nächsten Zaun willst.«

Sie denken über den Tag hinaus, und um kurzfristiges Gewinnstreben geht es Ihrem Verein ohnehin nicht. Nur: Ihr nächstes Projekt soll in der Öffentlichkeit mehr beachtet werden.

Das Paradoxe: Wer heute seine Öffentlichkeitsarbeit verbessern will, steht vor der Tatsache, dass die Basis jeden Erfolgs *die systematische, auf eine langfristige Wirkung angelegte Entwicklung von Kommunikationsmaßnahmen* ist. Und deshalb bleibt der gute Wille, die Öffentlichkeitsarbeit zu verbessern, häufig guter Wille.

Als Hüter und Verkünder dieser Komplexität treten die »C«ologen auf, die komplexe Zusammenhänge in treffliche Worte fassen können – und vor denen ein Verein sich nur blamieren kann, wenn er lediglich bessere Faltblätter machen will. »C«ologen setzen auf die Unternehmensidentität, auf die Corporate *Identity*. Das ist der Oberbegriff für alle Einflussgrößen, die das Corporate *Image* eines Unternehmens bestimmen: das Erscheinungsbild (Corporate *Design*), die interne und externe Kommunikation (Corporate *Communication*) und das Verhalten aller Beschäftigten (Corporate *Behaviour*).

Das ist nur die Mindestausstattung. Mit Corporate lässt sich noch viel mehr verbinden: *Wording, Culture, Mission, Message, Environment, Product* – zum Beispiel.

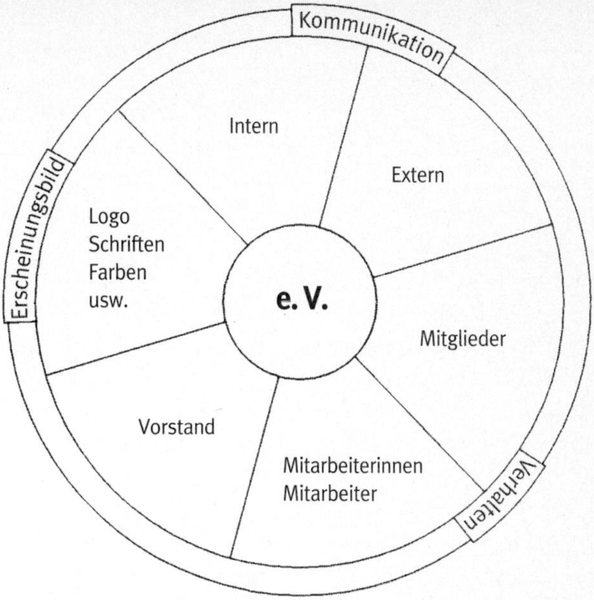

Ich mache immer wieder zwei Erfahrungen mit der »C«ologie: (1.) Die »C«-Moden sind konservativen Vorständen willkommener Vorwand, alles beim Alten zu lassen. (2.) Viele Vereine sind trotz des guten Willens, neue Wege in der Öffentlichkeitsarbeit zu beschreiten, stecken geblieben oder haben von der Reise ins »C«-Land nur neues Briefpapier mitgebracht.

Zwar sollten Reisen in ein neues Land gut vorbereitet werden, aber man sollte auch darauf achten, nicht noch im Sommer über den Katalogen zu sitzen, statt Land und Leute zu erkunden. Wer auf den Mond zielt, um über den nächsten Zaun zu kommen, sollte nicht die Zäune vermehren. Nur wer sich bewegt, kann etwas bewegen. Wer sich ins Land der Presse- und Öffentlichkeitsarbeit begibt, sollte das »hohe C« im Gepäck haben. Die Fragen der Expertin in der kleinen Gesprächssequenz sind sinnvoll.

Doch irgendwo muss man anfangen, das Rad ins Rollen zu bringen. Wer anfängt, kann keinen gordischen Knoten durchschlagen. Wer anfängt, packt einen Teil der ganzen Aufgabe an und sollte sich bemühen, Zusammenhänge im Auge zu behalten. Ich weise auf solche Zusammenhänge hin und gebe Anregungen, die Ihnen helfen, Fragehaltungen zu entwickeln. Die Abbildung auf Seite 31 zeigt die Felder, auf denen sich das Rad bewegt, das ins Rollen gebracht werden soll.

»Was imponieren soll, muss Charakter haben«

Viele Unternehmen beschränken sich schon lange nicht mehr darauf, für ihr Produkt zu werben. Von *Shell* bis zur *Dresdner Bank* wird an einer »Unternehmensidentität« (Corporate Identity) gearbeitet: Mit Profil, Reputation und Vertrauen soll ein umsatzsteigerndes Image erreicht werden.

Vereine, die um öffentliche Aufmerksamkeit konkurrieren, stehen vor der gleichen Aufgabe, sie müssen Profil, Reputation und Vertrauen gewinnen. Doch sie sollten eigene Mittel wählen, wenn ihre Zwecke sich von denen eines Ölkonzerns oder einer Bank unterscheiden. Herkömmliche PR-Konzepte lassen sich aus (mindestens) zwei Gründen nicht umstandslos in den Nonprofit-Bereich übertragen.

1. Wenn eine Frau einen Mann kennen lernt und ihm erzählt, wie großartig sie ist, dann ist das Reklame. Wenn sie ihm sagt, wie gut er aussieht, dann ist das Werbung. Wenn er sich für sie entscheidet, weil er von anderen gehört hat, sie sei eine tolle Frau, dann ist das Public Relations.* Die Frau hat ein gutes Image. Gewinnt der Mann einen anderen Eindruck, ist das Image dahin. Hat die Frau Ecken und Kanten, und ist sie bestimmt statt immer nur freundlich – weil Falten bekommt, wer nach allen Seiten lächelt –, dann hat sie Persönlichkeit. Sie

* Diese Definition geht auf einen Bankier zurück. Ich habe die Geschlechterrelation umgekehrt.

ist nicht auf Image-PR angewiesen, sondern kann ihre Persönlichkeit darstellen.

Shell hat Millionen ausgegeben für das Soll-Bild (Image) eines Konzerns, der sich für den Umweltschutz engagiert. Die geplante Versenkung der Ölplattform *Brent Spar* und die Konzernpolitik in Nigeria haben weltweit Aufsehen erregt und gezeigt: Dieses Image entspricht nicht der Unternehmensidentität, sondern ist nur Mittel zum Zweck, viel Benzin zu verkaufen. Die Millionen für die Imagepflege wurden in den Sand gesetzt. Und Millionen kostete der Versuch einer Imagekorrektur.

Vereine sollten es in der Öffentlichkeitsarbeit lieber mit Goethe halten: mit Charakter (moderner: Persönlichkeit) imponieren, statt emsig am Image zu polieren.

2. Dem Konzept der Corporate Identity liegt ein autoritäres Denkmuster zugrunde. Eine CI aufzubauen ist ein langfristiges Ziel, das nur erreicht werden kann, wenn sich die »ganze Organisation, einer gesamthaften Ausrichtung *unterwirft*« – meint PR-»Papst« Horst Avenarius.* Die Bundeswehr und die Heilsarmee unterliegen einer »gesamthaften Ausrichtung«. Es gab einmal den »Kruppianer«, und auch *McDonald's* bemüht sich um eine »gesamthafte Ausrichtung«. Für die Öffentlichkeitsarbeit eines Vereins sind solche hierarchisch strukturierten Unternehmen keine geeigneten Leitbilder. Gefolgschaft lässt sich verordnen, (Vereins-)Identität und Persönlichkeit nicht. Das gilt bereits für die leichtere Übung, die Arbeit an einem Corporate Design (CD).

Auftritt 1: Das Erscheinungsbild

Der optische Auftritt eines Vereins – Logo, Briefpapier, Anzeigen, Visitenkarten usw. – dient als Haltepunkt. Er soll der Öffentlichkeit eine positive Orientierung bieten und in der Fülle

* Public Relations. Darmstadt 1995, S. 170 – Hervorhebung N. F.

visueller Einflüsse Wahrnehmung ermöglichen und für Wiedererkennung sorgen. Das Erscheinungsbild als Element der Öffentlichkeitsarbeit sollte funktional sein*:

- die Kommunikation nach innen und nach außen erleichtern,
- die Trägerinnen und Träger der Vereinsarbeit motivieren und
- die Mitglieder binden.

Damit ein neues oder verändertes visuelles Erscheinungsbild diese Funktionen erfüllen kann, muss es von den Beteiligten angenommen werden. Pragmatische und grundsätzliche Gesichtspunkte sprechen gegen Versuche, ein Erscheinungsbild administrativ von oben durchzusetzen.

Die *pragmatischen*: Manchen Mitgliedern und Mitarbeitern mag es gleichgültig sein, ob das Vereinslogo geändert oder eine neue Vereinsfarbe eingeführt wird. Probleme entstehen, wenn viele nicht mitziehen und weiter das alte Briefpapier oder die bisherigen Plakatvordrucke verwenden. Wenn die neue Schrift nicht benutzt oder die alten Farben beibehalten werden, ist der neue einheitliche optische Auftritt verpatzt. Zudem ist jedes administrative Verordnen mit dem Risiko verbunden, dass die Voraussetzungen und Möglichkeiten der Nutzer und Anwenderinnen eines neuen CD nicht ausreichend berücksichtigt werden. Eine Organisation mit mehreren Einrichtungen oder ein Dachverband mit zahlreichen Mitgliedsorganisationen verbaut sich die Chance eines neuen Auftritts aus einem Guss, wenn die »nachgeordneten« Einheiten das neue Erscheinungsbild nicht für ihre Zwecke umsetzen können.

Die *grundsätzlichen* Überlegungen: Der Kegelclub »Alle Neune« oder der Golfclub »Elite« mögen als hierarchisch strukturierte Vereine funktionieren, in denen Veränderungen von oben nach unten verordnet werden können. Ein moderner Verein, ein lebendiger Verband mit unterschiedlichen Menschen kann nicht auf eine Ausdrucksweise von Identität verpflichtet werden – vor

* In der PR-Welt heißt das: form follows function.

allem dann nicht, wenn er demokratischen Organisationsprinzipien verpflichtet ist.

Grafische Elemente wie ein Logo, Farbe(n), Schriften, Formate usw. werden nur dann ein tragendes Element in der Öffentlichkeitsarbeit, wenn sie angenommen werden. Das ist keine Frage des Geschmacks, sondern der Demokratie. Notwendig sind Diskussionen über das Selbstverständnis der Mitglieder, der Mitarbeiter und Mitarbeiterinnen und nicht zuletzt der Vorstandsmitglieder. Ob, warum und wozu ein Verein mit einer neuen Typografie oder einer zusätzlichen Farbe auftreten will, bedarf der Diskussion, weil CD-Veränderungen einen Widerspruch auf die Tagesordnung setzen, der in jeder Organisation besteht: den Widerspruch zwischen dem Wunsch nach Wandel und dem Bedürfnis nach Kontinuität. Mit ihm sind weitere Fragen verknüpft: Wie ist das Verhältnis zwischen Hauptamtlichen und Ehrenamtlichen, zwischen jung und alt?

Aus Zielen, dem Selbstverständnis oder Grundideen lässt sich nicht zwingend ein Design entwickeln. Doch die Verständigung über ein neues Erscheinungsbild kann mit anregenden Diskussionen über Ziele und Anliegen eines Vereins verknüpft werden, die im Arbeitsalltag oft in den Hintergrund treten:

- Was soll in den Vordergrund gestellt werden? Und was ist der dafür nötige Auftritt?
- Soll seriös informiert oder »mit Biss« motiviert werden? Welche Farben und welche Schrift erscheinen dafür geeignet?
- Bringt das »handgestrickte« oder das grafisch perfekte Plakat das Selbstverständnis besser zum Ausdruck? Welche Variante deckt sich besser mit den Vorstellungen der Mitglieder und dem Lebensstil der Adressatinnen und Adressaten?

Und wie wichtig ist schließlich allen Beteiligten das Äußere, das Briefpapier, die Einrichtung des Büros, der Tagungs- und Veranstaltungsräume usw.?

Ein neues Erscheinungsbild sollte am Ende solcher Überlegungen stehen. An dem Diskussionsprozess müssen sich nicht alle beteiligen. Wichtig ist allerdings ein transparenter Entscheidungsprozess, der dazu führt, dass das Ergebnis kommuniziert werden kann. Sind diese Voraussetzungen erfüllt, kann die Verbesserung der Öffentlichkeitsarbeit sinnvoll an diesem Punkt beginnen – ist Design nicht nur Schein.

Drei Empfehlungen zum Erscheinungsbild steuere ich bei:

1. Mit einem aufwendigen und detailverliebten Design lässt sich nur schwer arbeiten. Alle Materialien müssen zentral gestaltet werden, eine flexible Anwendung für wechselnde Zwecke ist nur sehr schwer möglich. Deshalb rate ich zu einem aus *wenigen* und *eindeutigen* Elementen bestehendem Erscheinungsbild, das einfach zu realisieren und für unterschiedliche Anforderungen einzusetzen ist.
2. Das Erscheinungsbild sollte *klar und eindeutig* sein. Mit Anlehnungen an den Zeitgeist oder Mischungen aus drei gelungenen optischen Auftritten anderer Organisationen erreicht man das Gegenteil. Wer heute *trendy* ist, ist schon morgen *out* und nie eindeutig. Mischungen ergeben zwar ein Profil, aber kein klares. Klarheit und Eindeutigkeit machen unterscheidbar und unverwechselbar. Das ist eine wichtige Voraussetzung, um öffentlich wahrgenommen (und wieder erkannt) zu werden.
3. Wo immer und wann immer es möglich ist, sollten *gewohnte Bahnen verlassen* werden – bei der Papierauswahl ebenso wie bei Falztechnik oder der Farbgebung. Es kommt nicht darauf an, das ganz Neue zu erfinden, sondern aus den Dingen etwas zu machen.

Wie ein neues oder verändertes Erscheinungsbild auch ausfallen mag: Will sich ein Verein aus einem Guss präsentieren, müssen alle wissen, die mitgießen, welche Eisen ins Feuer kommen. Deshalb sollte eine kleine Handreichung erstellt werden, in der alle notwendigen Informationen über den Umgang mit den Elementen dieses Erscheinungsbildes enthalten sind – zum Beispiel:

- welche Schriften für welche Textteile (Überschrift, Zwischenüberschrift, Fließtext) verwendet werden sollen,

- an welcher Stelle das Logo stehen soll,
- welche Farbangaben in der Druckerei benötigt werden,
- wie der Vereinsname geschrieben werden soll (zum Beispiel immer in VERSALIEN oder *kursiv*).

Auftritt 2: Die Kommunikation

Ein schwer zu verstehender Faltblatt-Text, in dem auf jeder Seite ein Fachjargon fröhliche Urstände feiert, erzielt einen Effekt. Nur selten ist es der beabsichtigte. Welcher Verein will schon den Eindruck erwecken, eine Einrichtung für Insider zu sein?

Mir begegnet in Vereinen und Initiativen immer wieder der Typ Martin Luther: »Hier stehe ich, ich kann nicht anders; Gott helfe mir.« Diese Haltung war sehr mutig und ist vorbildlich für alle, die gegen den Strom schwimmen. Diese Haltung ist ein gutes Fundament für eine Organisation und kann davor bewahren, richtungslos dem Zeitgeist hinterherzulaufen. Mit dieser Haltung lässt sich jedoch keine vernünftige Öffentlichkeitsarbeit machen.

Ein Bildungsverein, der einen Kurs »Feste im Jahreskreis der matrifocalen Frauen- und Göttinnenkultur Be-Leben« anbietet, will sich zu seinem spirituellen Ansatz bekennen, aber kein Angebot machen. Wer in einer Kursankündigung schreibt, »Prana, Orgon, Odem, Lebensenergie sind Begriffe für die Kraft, die in unseren Zellen pulsiert und den Atem in Bewegung setzt. Sie erfasst unseren innersten Kern«, signalisiert die eigene Lebensphilosophie und verzichtet auf eine nachvollziehbare Mitteilung.

In Programmen, Selbstdarstellungen und Pressemitteilungen vieler Vereine dominieren (neben langweiligen Ausführungen über die Vereinsgeschichte und -struktur) Bekenntnisse. Das eint viele Texte unabhängig davon, ob es um Politik, Bildung, Pflege oder Selbsthilfe geht. Das ist ein untrügliches Zeichen für die Verwechslung von Selbstverständnis und Kommunikation – für Schwächen in der Öffentlichkeitsarbeit.

Wenn ich anderen über meinen Nervenzusammenbruch berichten will, brauche ich einen klaren Kopf. Ich muss mir zunächst darüber klar werden, wie es zu dem Zusammenbruch kam, bevor ich andere darüber informiere, um Rat frage oder auffordere, mich dabei zu unterstützen, ein gesünderes Leben zu führen. Karikierend formuliert: Wenn ich spirimäßig drauf bin, muss ich, wenn es um Öffentlichkeitsarbeit geht, sehr kopflastig checken, was notwendig ist, damit meine Vibrations echt cool rüberkommen.

Was soll kommuniziert werden? So lautet eine Kernfrage von Öffentlichkeitsarbeit, mit der weitere Fragen verbunden sind:

- Wie lauten die Mitteilungen, und was sollen sie transportieren? Meinung, Information, Emotion?
- Was sollen diese Mitteilungen erreichen? Zustimmung, Wir-Gefühl, Aktion, Interesse, Einstellungsveränderungen?
- Wie müssen sie beschaffen sein? Einfach oder komplex, umfassend oder exemplarisch, ironisch oder seriös, emotional oder sachlich?

Bei der Entwicklung eines Kommunikationskonzepts ist auch der Frage nachzugehen, ob die Grundsätze der Kommunikation nach außen mit der internen Kommunikationspraxis übereinstimmen:

- Sind alle über das informiert, was nach außen kommuniziert werden soll?
- Wird die Kommunikationsidee von allen getragen, oder ist sie eine einsame Entscheidung von oben?

Diese Fragen schließen die Prüfung ein,

- wie die Kommunikationsabläufe im Inneren und nach außen aussehen,
- ob die Kommunikationsabläufe sich bewährt haben oder alles nur Routine ist,
- ob es direktere Kommunikationswege gibt, und wie sie beschritten werden können.

Vor der Forderung nach mehr Kommunikation mit relevanten Teilöffentlichkeiten sind also die Fragen nach den Zielen, Wegen und dem Stil der Kommunikation zu klären – ist eine Verständigung über die »Unternehmenskommunikation« erforderlich. Ich gebe hierzu sieben Empfehlungen:

1. Ob Faltblatt, Pressemitteilung, Anzeige, Mitgliederrundbrief oder Vereinszeitung: *Glaubwürdigkeit* ist der wichtigste Grundsatz jeder Kommunikation. Potemkinsche Dörfer, Jubelberichte oder Weltuntergangsbeschwörungen schaffen kein Vertrauen. Es kommt nicht darauf an, die Realität schwarz zu malen oder den Verein schönzufärben, sondern sie und ihn ins richtige Licht zu rücken. Wenn das gelingt, kann die Bereitschaft geweckt werden, sie zu verändern oder im Verein mitzumachen.
2. Wer kommuniziert, muss sich *auf den Kommunikationspartner einstellen*. Ich habe im ersten Abschnitt darauf hingewiesen, dass unterschiedliche Teilöffentlichkeiten auch unterschiedliche Erwartungen haben. In einer Vereinszeitung mag es *adressatengerecht* sein, ein Wir-Gefühl anzusprechen, um Bindung zu erreichen. In Informationen für Fachleute oder Interessierte muss Kompetenz kommuniziert oder Interesse geweckt werden. Wenn Interessierte für ein Projekt gewonnen werden sollen, ist in der Ansprache darauf zu achten, dass nicht der Eindruck entsteht, Bindung sei die (un)heimliche Voraussetzung für Engagement.
3. Wie das Erscheinungsbild sollte auch die Kommunikation *klar* und *eindeutig* sein, um das Vereinsprofil herauszustellen: Ist ein Verein keine bürokratische, sondern eine vitale, demokratische Organisation; geht es in der Vereinsarbeit nicht um Bevormundung, sondern um Hilfe zur Selbsthilfe; sind Patienten oder Klientinnen nicht Objekte der Verwaltung, sondern Subjekte, deren Selbstbestimmung gefördert werden soll – dann sollten Mitteilungen argumentativ und verständlich sein statt bürokratisch und kompliziert, direkt statt modisch, anschaulich statt pathetisch.

4. Verlassen Sie gewohnte Bahnen, lautete eine Empfehlung zum Erscheinungsbild, die ich verknüpft habe mit dem Hinweis, dass es nicht darauf ankommt, das ganz Neue zu erfinden, sondern aus den Dingen etwas zu machen. Dieser Grundsatz gilt auch für die Vereinskommunikation. Weder Vereinsdeutsch noch Fachjargon, weder Neudeutsch noch Szenesprache sind *originell* und *überraschend* – sondern Teil des täglichen Sprachmülls, der Kommunikationskanäle verstopft. Mit Schopenhauer als Maxime formuliert: »*Man gebrauche gewöhnliche Worte und sage ungewöhnliche Dinge.*«
5. »Dialogorientierte Kommunikation« ist der Modebegriff in der PR-Welt. Alte Kommunikationskonzepte werden neu verpackt und mit Etikett »dialogorientiert« versehen. Der Dialog, symmetrische Kommunikation, ist vereinsintern unerläßlich, um sich über (Kommunikations-) Ziele zu verständigen, einen Konsens über die Arbeitsgrundlagen zu finden. So bestechend der Gedanke des »Runden Tisches« ist, in der Öffentlichkeitsarbeit muss man in der Regel mit bescheideneren Möbeln auskommen. *Dialogorientierte* Kommunikation kann hier heißen, alle Mitteilungen sind *replikfähig*; Kommunikation beschreibt präzise und argumentiert sachlich, sodass widersprochen bzw. richtig gestellt werden kann – Verständigung also möglich ist.
6. In einer Veröffentlichung des Vorsitzenden des Ehrenrates der Deutschen Public Relations Gesellschaft sind herrliche Klischees über »alternative Öffentlichkeitsarbeit« versammelt. Alternative PR, heißt es zum Beispiel, »ist die Aufgabe aller Aktivisten«, von denen kein professionelles Verhalten, sondern »Betroffenheit erwartet« wird.* Zu den Merkmalen alternativer Öffentlichkeitsarbeit zählt der Autor die *direkte* Kommunikation. Es sei dahingestellt, ob direkte Kommunikation typisch ist für alternative PR (oder die Urform von Öf-

* Horst Avenarius: Public Relations. Darmstadt 1995, S. 314.

fentlichkeitsarbeit). Sie ist in jedem Falle wichtig, weil besonders eindrucksbildend. Menschen werden viel eher für glaubwürdig und überzeugend gehalten als Organisationen. Deshalb stehen zum Beispiel manche Politiker viel höher in der Gunst der Öffentlichkeit als ihre Partei.

7. Schließlich sollten Sie »nie vergessen, dass die Gesellschaft lieber *unterhalten* als unterrichtet werden will« (Adolf Freiherr von Knigge).

Auftritt 3: Das Verhalten

Schokolade muss nur schmecken; niemand verlangt mehr von *Milka*. Vereine sind keine Konsumartikel. An sie werden andere Erwartungen gestellt. Deshalb nützt einem Verein die beste Public Relations wenig, wenn die Human Relations nicht stimmen. Und ein neues Design ist nur Schein, wenn die Mitarbeiterinnen und Mitarbeiter lästern, »der alte Verein bleibt auch im Fracke derselbe wie in der Jacke«, weil die Arbeitsatmosphäre schlecht ist und alle überlastet sind. Professionelle Kommunikation ist vergebliche Mühe, wenn sie im Vereinsalltag keine Entsprechung findet: im Verhalten der Mitarbeiterinnen und Mitarbeiter, im Auftreten des Vorstandes und im Selbstverständnis der Mitglieder. Sind die Mitarbeiterinnen und Mitarbeiter unfreundlich, die angebotenen Dienstleistungen unzureichend und die Arbeit insgesamt dilettantisch, verpufft die beste Öffentlichkeitsarbeit.

Vereine sind Dienstleistungsunternehmen, von denen ein Service erwartet wird, der sich deutlich vom Verhalten von Behörden, Ämtern und ähnlichen Einrichtungen unterscheidet – ein Angebot, das die Kundin und den Kunden in den Mittelpunkt stellt. Diese Formulierung mag manchen missfallen. Ich will damit die Abgrenzung zu zwei Organisationstypen unterstreichen. Die *staatliche Bürokratie* behandelt Bürgerinnen und Bürger überwiegend als Bittsteller. *Die selbstgefällige Organisation* erwartet Dankbarkeit, dass es sie gibt (»*Seien Sie doch froh, dass Sie bei uns mitmachen können, einen Platz bekommen*«). Ob und wie weit ein Unterschied zu diesen Institutionen erfahrbar ist, entscheidet maßgeblich über die Reputation eines Vereins (und darüber, ob Interessierte lieber auf kommerzielle Dienstleistungen zurückgreifen).

Rufe ich einen Sportverein an und bekomme nur unfreundliche Gesprächspartner an den Apparat, sind alle PR-Bemühungen dieses Vereins umsonst. Ich gehe zu einem Fitnessstudio, wo ich gegen Bezahlung freundlich behandelt werde.

Wenn ich einem Verein eine Spende überweisen will und mir niemand die Kontonummer sagen kann, weil die Buchhalterin in Urlaub ist, überweise ich das Geld einem Verein, dem ich mehr zutraue.

Wird mir zu verstehen gegeben, ich sei ein Störenfried, weil ich mich darüber beschwere, dass ich die schon dreimal versprochene Spendenquittung noch immer nicht erhalten habe, kann der Verein nicht mehr mit einer Spende von mir rechnen.*

Habe ich mit Mühen die Öffnungszeiten eines Vereins herausbekommen und muss zu dieser Zeit – mit dem Trost »Kollege kommt gleich« – auf dem Flur herumstehen, wo nicht einmal eine Information über die Arbeit des Vereins ausliegt, sieht man mich einmal und nie wieder.

Ich gehe zu einem Verein, weil ich mitarbeiten will. Doch niemand kümmert sich um mich. Unausgesprochen wird mir signalisiert: *Wir bleiben lieber unter uns* (*wir mögen uns zwar nicht, aber wir kennen uns*). Nach dieser Erfahrung erreicht mich selbst die beste Öffentlichkeitsarbeit nicht mehr.

Macht der Vereinsvorsitzende im Kulturausschuss der Stadt andere Projekte schlecht, um eine möglichst hohe Fördersumme für seinen Verein herauszuschlagen, glaube ich dem Verein kein Wort mehr, wenn er für sein Konzept einer demokratischen Stadtteilkultur wirbt.

* Am Rande bemerkt: Jede Beschwerde ist eine kostenlose Organisationsberatung bzw. Marktforschung.

Kurz: Wie im kommerziellen Bereich ist Öffentlichkeitsarbeit nur dann langfristig erfolgreich, wenn das »Produkt« hält, was Erscheinungsbild und Kommunikation versprechen. Und die »Produkt«qualität eines Vereins hängt maßgeblich vom professionellen Verhalten der Menschen ab, die ihn tragen.

Vor *Verhaltens*empfehlungen hüte ich mich. Deshalb nur ein allgemeiner Hinweis: Es wird viel über Parteienverdrossenheit diskutiert. Sie ist Ausdruck eines allgemeinen Trends: Die Vorbehalte gegen (Groß-)Organisationen nehmen zu. Der DGB leidet unter dieser Entwicklung ebenso wie die SPD und die CDU. Neben dem Wandel im Lebensstil sind zwei Erfahrungen mit Organisationen aller Art Ursache dieser Entwicklung: Organisationen richten viel Energie auf ihre Selbsterhaltung, statt sich um die Lösung gesellschaftlicher Probleme zu kümmern. Zudem sind die Strukturen vieler Organisationen nicht transparent und ermöglichen den Einzelnen wenig Einflussmöglichkeiten.

Ein transparent und demokratisch strukturierter Verein, der problem- bzw. aufgabenorientiert statt auf sich selbst fixiert ist, hat gute Voraussetzungen für die Öffentlichkeitsarbeit und ein großes Plus, wenn sich aufgrund seiner Öffentlichkeitsarbeit Interessierte melden.

3. Es muss nicht immer das Jubiläum sein: Anlässe für Presse- und Öffentlichkeitsarbeit

Presse- und Öffentlichkeitsarbeit bemüht sich um ein knappes Gut: Aufmerksamkeit. Wer ein soziales, kulturelles oder politisches Anliegen auf die gesellschaftliche Tagesordnung setzen will, muss sich darum kümmern, dass die Öffentlichkeit (bzw. relevante Teilöffentlichkeiten) dieses Anliegen beachtet. Presse- und Öffentlichkeitsarbeit erfüllt also eine Bringschuld.

Wem oder was Aufmerksamkeit »geschenkt« wird, hängt ab von

- der Bedeutung eines Themas,
- der Prominenz einer Person oder Organisation,
- der Originalität, Neuigkeit oder dem Unterhaltungswert eines Ereignisses oder Vorschlags,
- den Werten, die mit einem Thema verknüpft sind,

und von der Öffentlichkeitsarbeit.

Öffentlichkeitsarbeit ist Pflege öffentlicher Beziehungen. Beziehungen sind nicht selbstverständlich, sondern eine kontinuierliche Aufgabe. Kommunikation entsteht nicht automatisch, sondern muss ermöglicht werden.

Anlässe entdecken

Bei allem, was ein Verein plant, ist der Gesichtspunkt der öffentlichen Vermittlung von Anfang an zu bedenken. In vielen Vereinen ist das nicht die Regel. Vielmehr wird an Öffentlichkeitsarbeit erst dann gedacht, wenn schon ein ausgearbeitetes Konzept für eine Aktion oder Veranstaltung vorliegt. Die Öffentlichkeitsarbeit soll sich »nur« noch darum kümmern, *wie* diese Aktion oder Veranstaltung in die Öffentlichkeit gebracht werden kann. Ein solches Vorgehen unterschätzt die Bedeutung von Öffentlichkeitsarbeit und schafft schlechte Voraussetzungen für eine erfolgreiche Öffentlichkeitsarbeit. Gute Voraussetzungen sind gegeben, wenn in jeder Planungsphase geklärt wird, *wie* eine Aktion oder Veranstaltung *gemacht* werden kann, um öffentliches Interesse zu wecken.

»25 Jahre XYZ e. V.« kann wie das 10-jährige Jubiläum gefeiert werden: Grußwort der Bürgermeisterin, Ansprache des Vorsitzenden, Buffet ... Es geht auch anders: Die Jubiläumsfeier kann mit einem originellen Programm bestritten werden – und dann ist es nicht mehr schwer zu werben. *Im* Jubiläum stecken Möglichkeiten, die Öffentlichkeit zu interessieren. Öffentlichkeitsarbeit hat die Aufgabe, diese Möglichkeiten zu entdecken.

Eine Podiumsdiskussion kann die Eitelkeit des Vorstands befriedigen, wenn alle Mitglieder an der Diskussion teilnehmen.

Allerdings darf nicht erwartet werden, dass diese Podiumsdiskussion auf öffentliches Interesse stößt. Soll die Aufmerksamkeit möglichst vieler Menschen geweckt werden, ist zu prüfen, wer an der Diskussion teilnehmen und wie das Thema akzentuiert werden soll. Das gehört zur Öffentlichkeitsarbeit. Eine Veranstaltung mit einem langweiligen Thema und einem Podium, das weder prominent besetzt ist noch spannende Kontroversen erwarten lässt, ist mit dem besten Faltblatt nicht schmackhaft zu machen. Auch in der Öffentlichkeitsarbeit gilt: Vorbeugen ist besser als ausbügeln.

Viele Vereine können von großen Unternehmen mindestes in einer Hinsicht lernen: wie die Rolle von Öffentlichkeitsarbeit zu bestimmen ist. Große Unternehmen veranstalten zum Beispiel keine Podiumsdiskussionen, an denen nur die Konzernspitze teilnimmt. Vielmehr laden sie *Greenpeace* oder andere Organisationen ein, um öffentlich zu streiten. In den Chefetagen dieser Unternehmen hat man begriffen, öffentliche Veranstaltungen müssen, sollen sie dem Veranstalter nutzen, der Öffentlichkeit etwas bieten. Öffentlichkeitsarbeit wird als Managementaufgabe angesehen; sie ist nicht bloß Umsetzung von Vorstandsbeschlüssen. Anders formuliert: Öffentlichkeitsarbeit muss aus der Vereinsarbeit etwas machen; das gelingt in dem Maße, wie *in* der Arbeit Anlässe für Öffentlichkeitsarbeit entdeckt werden.

Anlässe nutzen

Wenn Sie sich auf Themen beziehen, die bereits in der öffentlichen Diskussion sind, erhöht sich die Chance, öffentlich wahrgenommen zu werden. Wenn Sie solche Themen *aufgreifen* und auf Ihre Vereinsarbeit beziehen, können Sie in Ihrer Stadt oder Gemeinde Themen *setzen*. Notwendig dafür ist ein wenig Fantasie und die Bereitschaft, sich einzumischen. Ich spiele diesen Vorschlag an einem Beispiel durch.

Gesundheits- und Sozialpolitik ist zu einem »Dauerbrenner« geworden. Ständig werden neue Gesetze, Erlasse und Regelungen verabschiedet, die sehr viele Menschen betreffen. Und – ob Renten- oder »Gesundheitsstrukturreform« – es wird immer schwerer, den Überblick zu behalten. Vereine, die in diesem Bereich arbeiten, sollten nicht nur intern über Verschlechterungen klagen, sondern diese Themen zum Anlass für Öffentlichkeitsarbeit nehmen.

Ist der Informationsbedarf über ein Thema groß, kommen Angebote gut an, die diesen Bedarf befriedigen. Das kann ein Vortrag sein. Es geht es aber auch origineller: Eine *Anhörung* von Expertinnen und Experten bietet Interessierten mehr Möglichkeiten, unterschiedliche Sichtweisen kennen zu lernen und gezielt zu fragen. Sie können auch eine *»Hot-Line«* einrichten: Fachleute beantworten am Telefon Fragen über ein neues Gesetz oder wie man sich vor einer Grippewelle schützen kann. Dafür brauchen Sie nicht mehr als einen Telefonanschluss (ein zweiter oder dritter Anschluss kann für einen Tag gemietet werden).

Nehmen Sie Stellung, wenn in Berlin Pflegeleistungen gekürzt oder in Ihrer Stadt Zuschüsse gestrichen werden. Sie können

- eine sozialpolitische Fehlentscheidung oder bürokratischen Unverstand als *Hammer des Jahres* oder mit dem *Schnarchsack des Monats* »prämieren« und in der Begründung für die Preisverleihung ausführlich und sachlich informieren;
- zusammen mit anderen Vereinen in einem *Aufruf* gegen Kürzungen im Gesundheitswesen protestieren und Alternativen vorstellen;
- in *Leserbriefen* auf die Konsequenzen für die Betroffenen hinweisen;
- ein Forum für Meinungsäußerungen zur Verfügung stellen: Sie mieten für eine Dekade (10 bis 12 Tage) zwei oder drei Plakatwände an zentralen Stellen und lassen sie weiß plakatieren. Alle Bürgerinnen und Bürger können auf diesen Großflächen ihre Meinung aufschreiben;
- Plakatflächen bestimmten Personen bzw. Einrichtungen mit der Aufforderung zur Verfügung stellen, ihre Vorstellungen –

von Sicherheit im Alter oder einer humanen Medizin – in Wort und Bild auszudrücken: Schulklassen, einem Zeichenkurs der Volkshochschule, einer bekannten Künstlerin in der Stadt usw.;
- vor Wahlen die Kandidatinnen und Kandidaten der verschiedenen Parteien auffordern, zu den zentralen Fragen und Problemen Ihrer Arbeit Stellung zu nehmen.

Anlässe schaffen

Für bestimmte Themen und Probleme interessieren sich nur bestimmte Menschen. Will ein Verein über den Kreis der Interessierten hinaus Menschen ansprechen, müssen Anlässe geschaffen werden, um ins Gespräch zu kommen und im Gespräch zu bleiben. *Event-Marketing* nennt das die Werbeszene: Ein Autohaus engagiert einen (meist mittelmäßigen) Popstar und einen Zauberer, die Bratwurst und das Bier kosten weniger als ein Euro – und »nebenbei« kann das Publikum einen Blick auf die neuen Modelle werfen.

Auch Vereine sollten Ereignisse schaffen, um auf sich aufmerksam zu machen, um Menschen und Medien einzuladen. Allerdings sollten Sie sich dabei nicht auf das Niveau der *events* von Autohäusern oder Baumärkten begeben: Billige Bratwürste machen nicht neugierig, und ein gewöhnlicher Zauberer schafft keine Medienresonanz. Sollen Menschen interessiert werden und nicht nur konsumieren, muss das Ereignis das Vereinsprofil ausdrücken.

Das muss nicht immer der Vortrag, Basar, die Ausstellung oder eine andere Veranstaltung sein, die unmittelbar mit der Vereinsarbeit zusammenhängt. Kontraste fallen auf. Schon ein Ortswechsel kann einen Kontrast schaffen (statt im Seniorenheim im Schwulenzentrum, statt im Jugendzentrum in einer Fabrik, statt in den Vereinsräumen ...).

Ideal sind solche Anlässe, die dem Verein und anderen nützen – zum Beispiel Nachwuchsförderung: Ein Verein versucht sich nicht selbst an einem neuen Erscheinungsbild und beauftragt auch keine Agentur, sondern veranstaltet einen Wettbewerb, an dem sich junge und angehende Grafikerinnen und Grafiker beteiligen können. Das ist ebenso eine Meldung wert wie die Ausstellung der Ergebnisse einschließlich Preisverleihung.

Oder: Es wird ein (bescheidener) Preis für den besten Aufsatz einer Schülerin oder eines Schülers über ein interessantes Thema ausgeschrieben und (Lokal-) Prominenz für die Jury gewonnen.

Ein Verein kann auch als Förderverein auftreten und zum Beispiel einen thematisch ausgerichteten Flohmarkt organisieren. Die Standgebühren werden an *terres des hommes*, *amnesty international* oder ein kommunales Projekt überwiesen.

Es bedeutet zusätzlich Arbeit, Anlässe für Öffentlichkeitsarbeit zu schaffen – Arbeit, die lohnt, weil öffentliche Resonanz belohnt. Wenn diese Arbeit Routine durchbricht, kann sie auch Spaß machen und so die interne Öffentlichkeit motivieren.

4. Adressaten, Auftritt, Anlässe: 12 Grundsätze

1. Öffentlichkeitsarbeit ist eine *Managementaufgabe* und nicht bloß Umsetzung von Vorstandsbeschlüssen. Bei allen Planungen ist der Gesichtspunkt der öffentlichen Vermittlung von Anfang an zu bedenken.
2. *Glaubwürdigkeit* ist der wichtigste Grundsatz jeder Kommunikation. Potemkinsche Dörfer, Jubelberichte oder Weltuntergangsbeschwörungen schaffen kein Vertrauen. Es kommt nicht darauf an, die Realität schwarz zu malen oder einen Verein schönzufärben, sondern sie und ihn ins richtige Licht zu rücken.
3. Die Kernfrage von Öffentlichkeitsarbeit lautet: *Was soll wozu kommuniziert werden?*

4. »Die« Öffentlichkeit ist nicht zu erreichen. Um
   - Öffentlichkeitsarbeit überschaubar machen,
   - Schwerpunkte setzen,
   - Mittel und Medien gezielt einsetzen

   zu können, muss bestimmt werden, welche *Teilöffentlichkeiten* Vorrang in der Öffentlichkeitsarbeit haben.
5. Unterschiedliche Zielgruppen haben unterschiedliche Erwartungen. Jede Öffentlichkeitsarbeit muss sich daher um ein *adressatengerechtes Angebot* und eine *zielgruppenorientierte Ansprache* bemühen.
6. *Medienresonanz* hat nur dann eine nachhaltige Wirkung, wenn sie nicht von einer *zielgruppenorientierten Öffentlichkeitsarbeit* begleitet wird.
7. Vereine sind *Dienstleistungsunternehmen*, von denen ein Service erwartet wird, der sich deutlich vom Verhalten von Behörden, Ämtern und ähnlicher Einrichtungen unterscheidet – ein Angebot, das die Kundin und den Kunden in den Mittelpunkt stellt.
8. Die Grundsätze der Kommunikation nach außen müssen mit der *internen Kommunikationspraxis* übereinstimmen:
   - Mitarbeiter und Mitglieder müssen über die Ziele der Arbeit informiert sein.
   - Arbeitsvorhaben und Arbeitsbereiche müssen transparent gemacht und überschaubare Beteiligungsmöglichkeiten angeboten werden.
   - Alle Mitglieder sollten wissen, wen sie wann ohne großen Aufwand ansprechen können, wenn sie sich für ein bestimmtes Thema interessieren.
9. Öffentlichkeitsarbeit ist nur dann langfristig erfolgreich, wenn das »Produkt« hält, was in der Kommunikation versprochen wird. Die »Produkt«-Qualität eines Vereins hängt maßgeblich vom professionellen Verhalten der Menschen ab, die ihn tragen. Erfolgreiche Public Relations ist nur dann möglich, wenn die *Human Relations* einer Organisation stimmen.

Professionelle Kommunikation muss im Vereinsalltag eine Entsprechung finden: im Verhalten der Mitarbeiterinnen und Mitarbeiter, im Auftreten des Vorstandes und im Selbstverständnis der Mitglieder.

10. Das Corporate Design soll für eine positive Wahrnehmung und Wiedererkennung sorgen. Das Erscheinungsbild muss *klar und eindeutig* sein. Klarheit und Eindeutigkeit machen unterscheidbar und unverwechselbar.
11. Wo immer und wann immer es möglich ist, sollten bei Events, Materialien und Medien *gewohnte Bahnen verlassen* werden. Es kommt nicht darauf an, das ganz Neue zu erfinden, sondern aus den Dingen etwas zu machen.
12. Menschen werden lieber *unterhalten* als unterrichtet.

II. Schreiben für die Presse- und Öffentlichkeitsarbeit

Dem Fisch muss der Köder schmecken
– nicht dem Angler.

Presse- und Öffentlichkeitsarbeit ist viel Schreibarbeit: Für die Vereinszeitung einen Bericht schreiben, für die Lokalzeitung einen Leserbrief, an Interessentinnen eine Antwort, an die Presse eine Einladung zur Eröffnung neuer Räume. Und das ist längst noch nicht alles. Selbstdarstellungen müssen geschrieben werden, Pressemitteilungen, Broschüren und anderes mehr.

Presse- und Öffentlichkeitsarbeit ist zu einem großen Teil über Texte vermittelte Kommunikation. Texte sind zentrales Element jedes Auftritts; sie sind ein Spiegel der Corporate Identity. Texte können die Reputation eines Vereins fördern oder schmälern, sie können sein Profil schärfen oder verwässern, sie können Vertrauen schaffen oder nicht. Gute Texte sind also eine Bedingung für erfolgreiche Kommunikation. Was sind *gute* Texte?

Gute Texte sind Texte, die gelesen werden, weil sie
- verständlich sind und keine Rätsel aufgeben,
- Interesse wecken und nicht langweilen,
- neugierig machen und nicht abschrecken.

Verständliche und interessante Texte sind wichtig für eine erfolgreiche Presse- und Öffentlichkeitsarbeit. Verständlich und interessant zu schreiben fällt vielen schwer. Vielen graust es vor dem Schreiben. Das ist nicht verwunderlich. Weder in der Schule noch an der Hochschule konnte und kann man es lernen. Vor allem Hochschulen sind Orte, an denen eine »akademische Prosa« gepflegt wird, die es immens erschwert, verständlich und interessant zu schreiben.

Was braucht es, um gute Texte zu schreiben? Dreierlei:

1. Man muss sich trennen von akademischer Prosa, von Sozialpädagogen-, Soziologinnen- oder anderem Fachjargon und von Bürokratendeutsch, das beim Umgang mit Ämtern und Behörden auf den eigenen Stil abfärbt.
2. Die Einsicht, dass Schreiben schreiben für andere ist: Beim Schreiben für die Presse- und Öffentlichkeitsarbeit kommt es darauf an, die potenziellen Leserinnen und Leser vor Augen zu haben: Was mag sie interessieren, neugierig machen, überzeugen? Oder noch grundlegender: Was kann ich tun, damit sie meinen Text lesen? Lyriker oder Schriftstellerinnen mögen sich als unverstandene Größen gefallen. In der Presse- und Öffentlichkeitsarbeit kann man sich mit dieser Attitüde nicht herausreden, denn jeder schlechte Text ist eine verpasste Kommunikationschance.
3. Schließlich sind ein paar Regeln zu beachten, die in diesem Kapitel im Mittelpunkt stehen.

Ich gehe zunächst auf die Grundvoraussetzungen für gute Texte ein: die Wortwahl, den Satzbau und die Frage, wie baue ich einen Text auf, und wie fange ich an? Es folgen Hinweise, was bei bestimmten Textformen beachtet werden sollte: Wie schreibt man einen ansprechenden Brief und wie eine gewinnende Selbstdarstellung? Wie bringt man einen interessanten Artikel für die Lokalzeitung zu Papier? Was ist bei einem Leserbrief und anderen Texten zu berücksichtigen?

Ein Hinweis vorab: Gute Schreiberinnen und Schreiber sind vor allem gute Umschreiberinnen und Umschreiber. Auch Profis gelingen nicht auf Anhieb verständliche und interessante Texte. Da sie das wissen, quälen sie sich nicht mit dem Schreiben, sondern produzieren einen ersten (zweiten, dritten) Entwurf, aus dem ein gelungener Text werden kann. Wenn es Ihnen gelingt, diese Haltung einzunehmen, können Sie sich gelassen ans Schreiben machen. Es beruhigt zu wissen, dass verbessert werden kann (und muss), was im ersten Durchgang zu Papier gebracht wurde. Wie Sie verbessern können, wissen Sie am Ende des Kapitels.

1. Kurz und prägnant, konkret und anschaulich: Wörter und Sätze

Wenn sich in der städtischen Grünanlage die Flora aufgrund ergiebiger Niederschläge positiv entwickelt, dann haben wir was? Einen scheußlichen Satz, das Gegenteil von kurz und prägnant, konkret und anschaulich. Wenn nach einem Regenschauer im Stadtpark alles blüht, dann freue ich mich über die Natur und die Formulierung.

1.1 Wörter

Diese zwei Varianten derselben Sache zeigen: Ich kann mit einfachen Worten einen Sachverhalt treffend und anschaulich ausdrücken. Und ich kann mit schwergängigen, aufgeblasenen und leblosen Wörtern das Gegenteil erreichen. Auf welche Wörter kommt es vor allem an?

Verben, Verben, Verben

Es sind vor allem Verben, die Texte konkret und anschaulich machen, die ihnen Farbe geben und Leben einhauchen. Sie machen rund ein Viertel unseres Wortschatzes aus. In vielen Texten führen sie ein Schattendasein. Substantive verdrängen sie und entziehen Texten Farbe und Leben. Werfen Sie einen kritischen Blick auf die Pressemitteilung des *Netzwerks Ostend*, die ich bereits in der Einleitung zitiert habe:

> »Die Versorgung alter und kranker Menschen ist gefährdet
> Netzwerk Ostend: ein konstruktives Lösungsmodell
>
> Das Netzwerk Ostend ist eine Arbeitsgemeinschaft verschiedenster Einrichtungen der Altenarbeit. Die mitarbeitenden RepräsentantInnen der unterschiedlichsten Institutionen stellten ihre Vorschläge zur *Verbesserung* der Situation alter Menschen den zuständigen BezirkspolitikerInnen und Bundestagsabgeordneten vor.

Es wurden u. a. angesprochen:
- *Einrichtung* eines pflegerischen Notdienstes;
- *Schaffung* von Transparenz über das vorhandene Angebot, z. B. in Form eines Stadtteilführers;
- *Unterstützung* von pflegenden Angehörigen durch Schulung und Beratung.

Der Sozialdezernent Herr Dehm, der Bundestagsabgeordnete Herr Pfeifer sowie die VertreterInnen der Bezirksfraktionen zeigten sich beeindruckt von der kooperativen Zusammenarbeit und wollen das Netzwerk auch in Zukunft unterstützen.«

In diesem Text feiert die Substantivitis fröhliche Urstände: Verben wie verbessern, einrichten, schaffen, unterstützen, wurden (mit der Endung *ung*) substantiviert, in Hauptwörter umgewandelt. Substantiv folgt auf Substantiv. Das Ergebnis ist ein trockener und schwerfälliger Nominalstil, den wir aus Behörden und Amtsstuben kennen. Man kann sich nur schwer vorstellen, dass das *Netzwerk Ostend* ein »konstruktives Lösungsmodell« ist. Es entsteht vielmehr der Eindruck, dass es sich hier um schwerfällige Bürokraten handelt; von Dynamik ist – jedenfalls in diesem Text – nichts zu spüren. Er ist eine schlechte Visitenkarte. Anders liest sich der Text, wenn die ursprünglichen Verben eingesetzt werden:

MitarbeiterInnen des Netzwerk Ostend, einer Arbeitsgemeinschaft verschiedener* Einrichtungen der Altenarbeit, erläuterten BezirkspolitikerInnen und Bundestagsabgeordneten ihre Vorstellungen, wie die Situation alter Menschen *verbessert* werden kann.

Das Netzwerk informierte unter anderem darüber,
- wie ein Pflegenotdienst *eingerichtet* werden und
- das Angebot überschaubar *gemacht* werden kann,**

* Verschiedener genügt, die Einrichtungen sind nicht verschiedenst.

** Wenn es ein Angebot gibt, dann ist es immer vorhanden – ein *vorhandenes* Angebot ist ein Doppelmoppel.

- wie pflegende Angehörige durch Schulung und Beratung *unterstützt* werden können.

»Ich kam, sah und siegte«, soll Cäsar gesagt haben. Dieser Satz lässt sich auch anders formulieren: Nach Erreich*ung* der hiesigen Örtlichkeiten und Besichtig*ung* derselben war mir die Erring*ung* des Sieges möglich. Bloß, wer glaubt das, wenn es so formuliert wird?

Man kann schreiben: »Erst kommt der Wald zu Tode, dann scheidet der Mensch aus dem Leben.« Populär würde solch ein Satz nie. Anders der Slogan der Umweltbewegung: »Erst stirbt der Wald, dann stirbt der Mensch.«

»Als Frau wird man häufig vor die Notwendigkeit einer Entscheidung zwischen Kinderwunsch und Beruf gestellt.« Dieser Nominalstil schwächt einen gesellschaftlichen Skandal ab. Die folgende Formulierung gibt diesem Missstand den richtigen Ausdruck: »Frauen *müssen* sich häufig zwischen Kinderwunsch und Beruf entscheiden.«

Der Schulrat mag schreiben, »Bei Unterbleiben der sofortigen Inangriff*nahme* des Schulbaus wird der Stadt großer Schaden erwachsen.« Wenn Sie deutlich machen wollen, dass Ihr Verein sich dafür *einsetzt*, dass die Schule sofort gebaut wird, wenn Ihre Initiative Probleme *anpackt*, Ihr Projekt etwas *bewegt*, wenn Ihr Verband sich für Menschen *engagiert*, dann lassen Sie das auch in Ihren Texten erkennen – durch Verben.

Der Nominalstil ist schwerfällig. Und in der Regel ist ein Text auch umso schwerer zu verstehen, je weniger Verben er enthält. Deshalb die Empfehlung: Vermeiden Sie Substantivierungen. Vermeiden Sie die Inaugenschein*nahme* und Inangriff*nahme*, die Inbetrieb*nahme* und Rücksicht*nahme*, die Erreich*ung* und Find*ung*, die Beinhalt*ung* (die häufig Bein-Haltung gelesen wird) und Erteil*ung*, die Mittelaufbring*ung* und andere Substantivierungen.

Nur wenn etwas regelmäßig und routiniert geschieht, ist ein Hauptwort angebracht, zum Beispiel: die *Zubereitung* der Mahlzeiten, die *Reinigung* des Schornsteins oder die *Ziehung* der Lottozahlen.

Wenn etwas getan wird oder getan werden soll, dann sollte das auch durch Tätigkeitswörter ausgedrückt werden. Substantive stehen für Gegenstände und regelmäßige, gleichförmige Vorgänge. Sind Sie unsicher, ob Sie ein Verb oder ein Hauptwort wählen sollen, entscheiden Sie sich für das Verb. (Substantiviert: Im Falle eines Zweifels über die Wortwahl sollte die Entscheidung zugunsten eines Verbs getroffen werden.)

Mein Plädoyer für Verben ist ein Plädoyer für »echte« und gegen Funktionsverben. Das sind Verben, die nicht ohne Substantive auskommen: Einige Beispiele:

- unter Beweis stellen statt beweisen
- Beachtung schenken — beachten oder kümmern
- zum Vorwurf machen — vorwerfen
- in Verlust geraten — verlieren
- in Augenschein nehmen — betrachten, ansehen, untersuchen

Funktionsverben, auch Streckverben genannt, machen Texte dröge und laden zu Schachtelsätzen ein. Zwei Beispiele:

Herr Wortmann *schenkt*, das ist zum einen Ausdruck seines Selbstverständnisses als Pädagoge und zum anderen seines Verständnisses von demokratischer Wissenschaft, allen Teilnehmerinnen und Teilnehmern seiner Lehrveranstaltungen, gleich ob sie am Fachbereich eingeschrieben sind oder nicht, *Beachtung*.

Frau Wortmann *stellte* gestern im überfüllten Gemeindehaus von Stockstadt auf einer Veranstaltung, die der Verein *Frauen helfen Frauen* organisiert hatte, in der Diskussion über die Rechte von Frauenbeauftragten in der Kommune nicht nur ihre juristische Sachkenntnis, sondern auch ihr Engagement für die Gleichberechtigung von Frauen *unter Beweis*.

Nach 32 bzw. 42 Worten erfahren die Leserinnen und Leser, was Frau Wortmann *stellt* und Herr Wortmann *schenkt*. In der Zwischenzeit rätseln sie: *Schenkt* Herr Wortmann vielleicht

- allen Kaffee ein,
- den Teilnehmerinnen und Teilnehmern 10 €,
- endlich reinen Wein ein?

Stellt Frau Wortmann

- unsinnige Behauptungen auf,
- ihren neuen Partner vor,
- alles auf den Kopf?

Der erlösende zweite Teil des Streckverbs steht am Satzende. Die Lesenden sind bei solchen Satzkonstruktionen häufig so angestrengt damit beschäftigt, die Satzaussage (Beachtung schenken, unter Beweis stellen) zu erfassen, dass der Satz nicht verstanden wird oder ein falscher Zwischensinn entsteht. *Falscher Zwischensinn* meint: Mit der ersten Hälfte eines Streckverbs oder eines zusammengesetzten Verbs verbindet sich eine andere Bedeutung. Ein einfaches Beispiel: Peter *versagte* (oh weh, der Ärmste!) dem Vorschlag des Chefs *die Zustimmung*. Bei einem so kurzen Satz entstehen keine Verständnisschwierigkeiten. Die Beispiele mit Herrn und Frau Wortmann zeigen jedoch, dass Funktionsverben zu schwer verständlichen Monstersätzen verführen. Deshalb, und weil Funktionsverben meist zu steifen Formulierungen führen, rate ich von diesen unechten Verben ab.

Schreiben Sie also nicht: »In allen Veranstaltungen *besteht* für Jugendliche *die Möglichkeit*, sich mit der Suchtthematik auseinanderzusetzen und sich über Alternativen zum Suchtmittelgebrauch zu informieren.«

Schreiben Sie: »In allen Veranstaltungen *können* sich Jugendliche mit der Suchtthematik auseinander setzen und …«

Oder besser noch: »In allen Veranstaltungen können sich Jugendliche mit dem Thema Sucht auseinandersetzen und sich über Alternativen zu Zigaretten, Alkohol, Haschisch und anderen Drogen informieren.«*

Die dritte Empfehlung lautet: Imponier- und Spreizverben

* Ich erläutere diese Veränderungen auf der Seite 58 f.

vermeiden. Das sind Bürokraten-Verben wie *bewirken* und *bewerkstelligen, vergegenwärtigen* und *beinhalten.* Sie machen einen Text holprig und steif.

»Das Buch beinhaltet viele anregende Überlegungen. Es vergegenwärtigt uns, dass viele Probleme noch ungelöst sind.« Solche Sätze sind der verunglückte Versuch, sich »gewählt« auszudrücken. Ich empfehle, lieber schlicht und treffend zu schreiben: »Das Buch enthält viele anregende Überlegungen, die deutlich machen, dass noch viele Probleme ungelöst sind.«

Zu den Imponier- und Spreizverben zähle ich auch alle Verben mit überflüssigen Vorsilben: *ab*ändern, *ab*klären, *ab*mildern, *ab*sichern, *ab*sinken, *ab*stützen, *ab*zielen, *an*kaufen, *an*liefern, *an*mieten, *an*raten, *auf*füllen, *auf*spalten, *auf*zeigen usw. Ändern ist ändern und mieten ist mieten. Die Vorsilben *ab* oder *an* sind nichts anderes als ein krampfhafter Versuch, ein Verb aufzublasen. Das mag modern sein, guter Stil ist es nicht.

Silbenschleppzüge

Zur Kategorie der Imponierwörter, die das Lesen erschweren und Texte farblos machen, gehören auch Silbenschleppzüge, zusammengesetzte Substantive wie Suchtmittelgebrauch, Familienbildungsmaßnahme, Freizeitgestaltungsmöglichkeiten, Gesundheitsförderungsprogramme oder Passivhausexpertenanhörung (die gibt es wirklich).

Beliebt ist auch der Unsinn, schlichte, aber treffende Worte aufzublähen: aus der Antwort wird die Rückantwort und aus der Erinnerung die *Rück*erinnerung, die Aufgabe wird zur Aufgaben*stellung*, Ziele verwandeln sich in Ziel*setzungen*, Ziel*stellungen* oder Ziel*projektionen*, aus einem Thema wird schnell eine Thema*tik* und aus einem Problem häufig eine Problem*atik* usw.

Verwenden Sie, wenn möglich, kurze Wörter. Sie erleichtern das Verständnis, und sie sind in der Regel geläufiger und anschaulicher.

Statt: »In allen Veranstaltungen besteht für Jugendliche die Möglichkeit, sich mit der *Suchtthematik* auseinanderzusetzen und sich über Alternativen zum *Suchtmittelgebrauch* zu informieren.«

Besser: »In allen Veranstaltungen können sich Jugendliche mit dem Thema Sucht auseinandersetzen und sich über Alternativen zu Zigaretten, Alkohol, Haschisch und anderen Drogen informieren.«

Nicht: »Aufgrund *ergiebiger Niederschläge* entwickelt sich die Flora in der *städtischen Grünanlage* positiv.«

Sondern: »Nach dem Regenschauer blühen im Stadtpark alle Pflanzen.«

Fremdwörter

Verfügen Sie über genügend kommunikative Kompetenz, um in einem Diskurs latente Spannungen und manifeste Dissonanzen nicht nur zu registrieren und affektiv zu bewältigen, sondern sie auch produktiv zu einem Konsens zu führen, der eine Diskurskontinuität gewährleistet? Oder treten in solchen Situationen mündlicher Textproduktion bei Ihnen Realitätsmystifzierungen auf, die Sie daran hindern, die konfliktären Faktoren des Diskursprozesses, die Attribuierungen, die transrationalen Vorgänge, die Ambivalenzen und Aggressionen zu reflektieren und zu verbalisieren?

Wer so schreibt, schreibt unnötig kompliziert. Wer so schreibt, hat kein Interesse, anderen etwas mitzuteilen. Wer so schreibt, will imponieren oder einschüchtern – aber nicht kommunizieren. Ich plädiere nicht für Deutschtümelei. *Plädieren* ist ein Fremdwort, das Ihnen vertraut ist. Zum Glück sind die Zeiten vorüber, in denen aus einem Patienten ein *Kränkling* werden sollte. Bleiben wir Patient oder Patientin, und frankieren wir unsere Briefe (statt sie freizumachen).

Es wäre Unsinn, Fremdwörter um jeden Preis vermeiden zu wollen. Wolf Schneider wettert gegen *Airbag*, *Swimmingpool* und andere Anglizismen und Amerikanismen. Seine Übersetzungsvorschläge: *Luftsack* und *Schwimmbecken.** Wer spricht oder schreibt über den *Luftsack*? Niemand. *Luftsack* ist zwar kein Fremdwort. Aber *Luftsack* kommt uns fremd vor. *Airbag* hat sich durchgesetzt. *Swimmingpool* auch. Oder wurden Sie schon einmal im Urlaub gefragt, »kommst du mit ins Schwimmbecken?«

Gut überlegen sollten Sie,

- ob *impliziert* in Ihren Texten stehen muss,
- und ob Sie schreiben: »Er verwendet in seinen Texten *viele Entlehnungen aus dem Amerikanischen*« (so übersetzt der *Duden* Amerikanismen).

Fremdwörter sind die richtigen Wörter, wenn

1. ein griffiges deutsches Wort fehlt: Job und Flop, Team und Trend;
2. es keine angemessene Übersetzung gibt: Eine *Exkursion* ist kein Ausflug und die *Psyche* nicht dasselbe wie die Seele;
3. wenn sie sich in der Umgangssprache eingebürgert haben: *Computer*, Cousine (statt Base) Mountainbike (wer weiß, was ein *Bergrad* ist?), Flirt (Übersetzung im *Duden*: »harmloses, kokettes Spiel mit der Liebe«);
4. wenn Lokalkolorit vermittelt werden soll: Die *Datscha* ist zwar ein *Wochenend-* bzw. *Ferienhaus*, doch diese Übersetzung trifft nicht diesen Wunschtraum vieler Menschen in Russland (und in der ehemaligen DDR, wo dieses Wort, zumindest bis zur Vereinigung, fester Bestandteil der Alltagssprache war);
5. wenn es auf der gleichen Stilebene kein passendes deutsches Wort gibt: *Schwul* ist vielfach noch ein Schimpfwort. Und so lange dies so ist, bleibt nur das Fremdwort *homosexuell.*

Prüfen Sie deshalb, ob das deutsche Wort oder das Fremdwort besser passt. Das Fremdwort muss verständlich und treffend sein.

Wer auf Fremdworte verzichtet, wählt damit nicht notwendig

* Deutsch fürs Leben. Reinbek 1994, S. 63 f.

verständliche Worte. Ich verdeutliche das an drei Beispielen. Aus einer Selbstdarstellung eines Vereins für Gesundheitshilfe:

> »Das Ziel unserer Arbeit ist es, die Bedürfnisse alter, kranker, behinderter Menschen aufzugreifen und zum Gegenstand unseres Handelns zu machen. Wir wollen den genannten Bevölkerungsgruppen so lange und so weit wie möglich ein selbständiges Leben in ihrer vertrauten Umgebung ermöglichen. Wir orientieren uns an einem ganzheitlichen Menschenbild. Der Mensch ist eine Einheit aus Körper, Seele und Geist, eingebunden in sein soziales Umfeld und geprägt durch seine Lebensgeschichte.«

Aus einer Pressemitteilung einer Drogenberatungsstelle:

> »Auch Eltern und anderen Bezugspersonen werden Informationen und Anregungen vermittelt, die einer möglichen Suchtentwicklung bereits frühzeitig entgegenwirken können.«

Aus einer Veranstaltungsankündigung einer freien Kunsthochschule:

> »Über bildnerisches Selbsttun sollen Erkenntnisse über die subtilen Qualitäten der sozialen Lebenswelt erfahrbar gemacht werden. Es werden keine Vorkenntnisse erwartet.«

Auf Fremdwörter wird in diesen Texten verzichtet – von den »subtilen Qualitäten« im dritten Beispiel einmal abgesehen. Selbst *Psyche* wird durch *Seele* und *Geist* popularisiert. Trotzdem sind viele Begriffe in dem Sinne *Fremd*-Wörter, dass ihr Bedeutungszusammenhang vielen Menschen fremd ist. Das *ganzheitliche Menschenbild* ist vielen ebenso wenig geläufig wie *Bezugspersonen* oder *bildnerisches Selbsttun*. Das sind Fachtermini, die

- entweder Kennerinnen und Kennern signalisieren sollen, hier geht es irgendwie »waldorfmäßig« zu – und *ganzheitlich* oder *Selbsttun* reicht als Signal;

- oder auf Gedankenlosigkeit oder Faulheit schließen lassen: Ich habe keine Lust mir zu überlegen, wen ich mit *Bezugspersonen* meine.

Wenn die freie Kunsthochschule ihren Adressatenkreis nicht erweitern möchte, ist gegen *subtiles Selbsttun* und *bildnerische Qualitäten* (oder umgekehrt) nichts einzuwenden. Warum dann aber der Hinweis, dass keine Vorkenntnisse erwartet werden? Und wenn die Drogenberatungsstelle nicht alle Erwachsenen ansprechen will, sondern nur Bezugspersonen, lohnt es nicht, einen besseren Text zu schreiben.* Wenn sich diese Einrichtungen mehr öffentliche Resonanz wünschen, sollten sie ihren Fachjargon durch anschauliche und geläufige Ausdrücke ersetzen – zum Beispiel Bezugspersonen schlicht durch Erwachsene. Und der Verein für Gesundheitshilfe sollte bei einer Neuauflage seiner Selbstdarstellung mindestens den ersten Satz überarbeiten. Ist es wirklich sein *Ziel*, *Bedürfnisse* alter, kranker, behinderter Menschen aufzugreifen und *zum Gegenstand* des *Handelns* zu machen? Oder soll gesagt werden: Wir kümmern uns um alte, kranke und behinderte Menschen (oder: Die Bedürfnisse alter, kranker und behinderter Menschen stehen im Mittelpunkt unserer Arbeit)?

Phrasen und Schwulst

Ich komme noch einmal auf die Pressemitteilung des *Netzwerks Ostend* zurück. Im letzten Absatz heißt es:

> »Der Sozialdezernent Herr Dehm, der Bundestagsabgeordnete Herr Pfeifer sowie die VertreterInnen der Bezirksfraktionen zeigten sich beeindruckt von der kooperativen Zusammenarbeit und wollen das Netzwerk auch in Zukunft unterstützen.«

* In einem verbesserten Text müsste es heißen: »Erwachsene erhalten Informationen und Anregungen, *wie sie* …«, denn nicht die Informationen und Anregungen, sondern die Erwachsenen können etwas tun gegen eine *mögliche Suchtentwicklung*, die auch sprachlich verhindert werden sollte.

Sich beeindruckt zeigen ist pathetische Politikersprache, Schwulst. Wie sahen die Damen und Herren aus, als sie sich *beeindruckt zeigten*? Wenn es, warum auch immer, sein muss, genügt: »Die ... waren beeindruckt.«

Sie zeigen sich, vermute ich, nicht von einer Pizza oder einem Spielfilm beeindruckt. Eine Pizza *schmeckt* Ihnen und ein Film *gefällt* Ihnen oder *amüsiert* Sie. Beeindruckt hat Sie vielleicht die Kameraführung oder die Hauptdarstellerin. Anders formuliert: Wählen Sie das treffende Wort, um einen Sachverhalt auszudrücken, vermeiden Sie Phrasen und Schwulst – zum Beispiel: nackte (oder reine) Wahrheit, die brennenden Fragen und weitreichenden Beschlüsse, die vollendeten Tatsachen und vorrangigen Anliegen, die eingehenden Beratungen und tief greifenden Veränderungen, die schwerwiegenden Eingriffe und unausbleiblichen Folgen.

Schreiben Sie, was Sache ist, klar, direkt und verständlich. Überlassen Sie es den Autoren des Katechismus der Katholischen Kirche, sexuelles Verlangen zu übersetzen in »Regung des sinnlichen Strebevermögens« und nur der »leiblichen Vereinigung« das Prädikat sündenfrei zu verleihen, die »Vollzug des *ehelichen* Aktes« ist.

Bilder

Bilder können einen Text anschaulich machen. Eine Metapher kann einem Text Kraft geben. Zu viel des Guten schadet in jedem Falle. Und: Bilder verblassen. Die *Spitze des Eisbergs* war einmal ein originelles Bild. Mittlerweile haben wir diese Formulierung hundertmal gelesen oder gehört. Sie ist langweilig geworden. Auch Bilder bzw. Metaphern wie *des Kaisers Bart* oder *das Kind mit dem Bade ausschütten* sind nicht mehr originell und erzeugen eher Überdruss als Lesevergnügen.

Verwenden Sie solche Bilder nur dann, wenn Sie ein Bild originell weiterführen können. Ein Beispiel: »Diesmal genügte es dem Innenminister offenbar nicht, das Kind mit dem Bade auszuschütten; diesmal musste er dem Kind auch noch Seife in die Augen reiben.«

Es erfordert Arbeit, treffende Bilder zu finden. Selbst Vielschreiber greifen häufig daneben: »Auf dem Pferdemarkt wechselten nach alter Sitte zahlreiche Vierbeiner mit einem Handschlag ihren Besitzer.« Ich weiß nicht, ob sie das mit den Vorder- oder Hinterhufen gemacht haben. Ich weiß jedoch: Mit falschen Bildern kann man sich blamieren.

Mit Bildern lässt sich großer Unsinn anrichten, wenn man sie mischt. Ich führe nur einige solcher Stilblüten an, die durch Bildermischungen entstehen: »Dem *Schweinswürstchen* bläst der *Wind des Zeitgeistes* ins *Gesicht*«, wurde vom Münchner Oktoberfest gemeldet. Manche hauen *mit scharfer Zunge* auf den *Putz* oder meinen, der *Zahn der Zeit* habe schon manche *Träne getrocknet*, und im Gesundheitsmagazin *Elan* war zu lesen: »Die *Prostata* ist die *Achillesferse* der reifen Jugend.«

Verwenden Sie deshalb Bilder nur dann, wenn sie einen Vorgang oder Sachverhalt wirklich anschaulicher machen. Vermeiden Sie Bilder, wenn sie zu Missverständnissen führen können.

Adjektive

Mit dem Adjektiv verhält es sich wie mit vielen Dingen im Leben: In Maßen ist es nützlich, hilfreich und belebend. Adjektive

- dienen zur Unterscheidung bzw. Verdeutlichung: das *grüne* Fahrrad (nicht das *gelbe)*, ein *moralisches* Gebot (kein *juristisches)*,
- werden gebraucht, um etwas zu bewerten: ein *interessantes* Buch (kein *langweiliges*),
- können Vorgänge und Situationen anschaulicher machen: *bedrückende* Stille, *gelassene* Heiterkeit, *mühsam* bewegten sie sich vorwärts, *plötzlich* kam ihr der Gedanke.

Mit Adjektiven können Überraschungen erzielt werden:

- Die Landwirtschaftsministerin zeigte dem Chef des Bauernverbands *charmant* die kalte Schulter.

- Der Kanzler lächelte *eisig* über den Vorschlag seines Umweltministers.

Damit Adjektive ihre nützliche Wirkung entfalten können, müssen Sie sorgfältig prüfen, ob ein Adjektiv notwendig und passend ist. Wenn ein »Lehrer, jünger aussehend«, in einer Anzeige eine Frau sucht, die »lebendig und anschmiegsam« ist, dann hat er sich in den Adjektiven vergriffen. Welcher Lehrer wollte sich an eine Frau schmiegen, die nicht *lebendig* ist? Gemeint ist hier wohl: *lebhaft*. Und die Ergänzung der Berufsangabe *(jünger aussehend)* lässt allenfalls auf ein schlechtes Image von Lehrern schließen.

Der »pflegerische Notdienst«, den das *Netzwerk Ostend* einrichten möchte, ist ein sprachlicher Pflegefall. Ein solcher Notdienst kann notwendig und hilfreich sein, er kann effizient oder ineffizient arbeiten – er kann aber nicht *pflegerisch* sein. Schamhaare sind keine *schamhaften* Haare, ein Frauenhaus ist kein *frauliches* Haus. Es ist zwar weit verbreitet, den ersten Teil eines zusammengesetzten Hauptwortes in ein Adjektiv zu verwandeln, Sprachmurks bleibt es trotzdem. Machen Sie sich also keine ökologischen Gedanken, sondern kümmern Sie sich um unsere Umwelt. Überlegen Sie nicht lange, ob Sie in den zivildienstlichen Bereich gehen sollen, entscheiden Sie sich für den Zivildienst.

Auf einen sorgfältigen Umgang mit Adjektiven sollten Sie vor allem dann achten, wenn Sie ein Adjektiv steigern. Wo Dinge an den Mann oder die Frau gebracht werden sollen, wo der Verkauf zählt, regieren der Komparativ und vor allem der Superlativ, die Steigerung des Adjektivs. Da »wäscht YXZ so weiß, *weißer* geht's nicht«. Und es wird vom »*weißesten* Weiß meines Lebens« geschwärmt. Alles (sprachlicher) Unsinn, den kein vernünftiger Mensch glaubt. Der Superlativ ist unseriös, marktschreierisch. Verwenden Sie ihn deshalb sehr sparsam. Sie ersparen sich und anderen einen schlechten Stil und Dummheiten wie optimal*ste* Bedingungen, in kein*ster* Weise, extrem*ste* Ansichten oder minimal*ste* Übereinstimmungen.

Hier werden Steigerungen, zum Beispiel *optimal*, nochmals gesteigert. Um Aufmerksamkeit zu wecken, wird auch schon mal der falsche Teil eines zusammengesetzten Adjektivs gesteigert: bestgeordnet*ste* Verhältnisse, bestangezogen*ster* Mann, meistgelesen*ste* Autorin.

Gemeint sind bestens geordnete Verhältnisse, der am besten angezogene Mann, die am meisten gelesene Autorin. Das wäre grammatisch richtig. Aber wer würde sich schon trauen, solche eindeutigen Behauptungen aufzustellen? Die Suche nach Sensation trieb folgende Stilblüte hervor: der zusehends schmalbrüstig*ere* linke Flügel der Partei. Versuchen Sie einmal, sich diesen »schmalbrüstigeren« linken Flügel vorzustellen. Gesagt werden sollte: Der linke Flügel der Partei wird kleiner. Angebracht ist demnach ein Adjektiv, das gesteigert werden kann: klein.

Gehen Sie sparsam mit Superlativen um. Verzichten Sie im Zweifelsfalle auf einen Superlativ (meist genügt ein Komparativ). Und beachten Sie, dass viele Adjektive nicht gesteigert werden können.

Synonyme

Sie haben wahrscheinlich in der Schule gelernt, dass zu einem »guten Stil« ein Wechsel im Ausdruck gehört. Diese Empfehlung ist richtig und wichtig. Es ist langweilig, wenn ich dreimal hintereinander das Wort *machen* lesen muss: »Wir *machen* am 3. Oktober unsere neue Sozialstation in der Beusselstraße auf. Mit dieser Station können wir künftig ein breiteres Angebot *machen* und laden alle Bewohnerinnen und Bewohner ein *mitzumachen.*«

Weniger eintönig ist folgende Formulierung: »Wir eröffnen am 3. Oktober unsere neue Sozialstation in der Beusselstraße. Mit dieser Station können wir künftig unser Angebot erweitern und laden alle ein, das Programm mitzugestalten.«

Die Empfehlung wird falsch, wenn sie absolut gesetzt wird: Von einem Wechsel im Ausdruck ist dann abzuraten, wenn die Verwendung von Synonymen

1. das Verständnis eines Textes erschwert oder
2. verbrauchte Bilder und Klischees zur Folge hat bzw.
3. dazu führt, dass man sich blamiert.

1. Häufig erschweren Pronomen das Verständnis eines Textes. So wird eine Seminarankündigung des *Männerbüros Göttingen e. V.* durch ein Fürwort zum Rätsel:

> »Die zentralen Aspekte sind die Fähigkeit zum persönlichen Kontakt und die Entfaltung der eigenen Autorität. *Sie* helfen, Grenzen zu setzen und dadurch mehr Spielraum für zwischenmenschliche Begegnung zu haben. Als Alternative zu autoritärer Distanz einerseits bzw. distanzloser Vertraulichkeit andererseits helfen *sie*, den Kontakt zu Männern ... lebendiger und fruchtbarer zu gestalten.«

Im Johannes-Evangelium heißt es: »Im Anfang war das Wort, und das Wort war bei Gott, und Gott war das Wort.« Dreimal *Wort* und zweimal *Gott* in einem Satz! Das würde jeden Deutschlehrer zur Verzweiflung bringen. Doch dieser Satz ist verständlich – und sehr eindringlich. Das kann für folgende »Übersetzung« nicht gesagt werden, die Wolf Schneider als Warnung vor Synonymen dient: »Am Anfang war das Wort. Es befand sich bei Gott, und letzterer war identisch mit ersterem.«*

Ein Text wird steif und schwer verständlich, wenn um jeden Preis Pronomen verwendet werden. Deshalb ist es besser, gelegentlich ein Wort zu wiederholen, als das Verständnis eines Textes durch Pronomen oder andere Synonyme zu erschweren. Das erspart auch Peinlichkeiten: »Von Drogen abhängige *Menschen* halten sich meist dort auf, wo *sie* gespritzt oder geraucht werden.«

Aus der Zeitung kennen Sie folgende Synonyme: *Berlin* steht für die Bundesregierung, *Washington* für die Regierung der USA. Solche Synonyme sind so lange kein Problem, wie sie allgemein-

* Deutsch für Profis. München 1985, S. 66.

verständlich sind. Aber wofür stehen der Ballhausplatz oder Daressalam?

Am Ballhausplatz in Wien ist der Sitz der Regierung von Österreich, und Daressalam ist die Hauptstadt von Tansania. Wenn Sie nicht die Allgemeinbildung der Menschen testen wollen, die Ihre Texte lesen sollen, dann verzichten Sie lieber auf solche und ähnliche Synonyme. Sie machen einen Text nicht besser. Synonyme haben häufig nur die Funktion, den Leserinnen und Lesern zu imponieren. Meine Empfehlung lautet dagegen: Beeindrucken Sie mit verständlichen (und interessanten) Texten. Wiederholen Sie ein Wort, wenn es dem Textverständnis dient.

2. Die zwanghafte Suche nach Synonymen führt auch dazu, dass auf verbrauchte Bilder und Klischees zurückgegriffen wird: Das Reh wird in der (Regenbogen-)Presse zum *Bambi*, der Elefant zum *Dickhäuter* oder *Jumbo*, Köln, Wien oder Frankfurt zur *Domstadt, Donau-* bzw. *Mainmetropole*. Der Delfin heißt im zweiten Satz *Flipper*, aus dem Storch wird *Freund Adebar*, auf Kirche folgt *Gotteshaus*. Und so geht es wenig originell weiter: Hase = *Meister Lampe*, Dackel = *Waldi*, Wildschwein = *Schwarzkittel*.
3. »Wer seinen Hund liebt, muss nicht auch seine Flöhe lieben«, sagte Heiner Geißler einmal in einem *Zeit*-Interview. Wessen Flöhe meint er? Die eigenen? Oder die des Hundes? Wenn er die des Hundes meinte, wäre korrekt gewesen: »Wer seinen Hund liebt, muss nicht auch *dessen* Flöhe lieben.«

Abkürzungen

Wenn Sie über das Personalvertretungsgesetz oder ein Antidiskriminierungsgesetz schreiben, über das Aufmerksamkeits-Defizit-Syndrom oder den American Standard Code for Information Interchance – dann haben alle Verständnis für sinnvolle Abkürzungen.

Abkürzungen müssen eingeführt werden. Zum Beispiel so:

»Das Antidiskriminierungsgesetz (ADG) hat zahlreiche Lücken. Hauptschwäche des ADG ist allerdings ...«

Viele verlieren die Lust zum Lesen, wenn sich Abkürzungen in einem Text häufen. Ein erfundenes Beispiel:

> Wir können z. Zt., v. a. aufgrund personeller Engpässe, unsere PCs nicht bzw. nicht fristgemäß liefern. Deshalb müssen wir Sie um ca. 2, u. U. auch 3 Wochen Geduld bitten. Da wir mit dieser Verzögerung Ziff. 5, Abs. 4 unseres Vertrages nicht erfüllen, bieten wir Ihnen ...

Wenn viele Abkürzungen für die Leserinnen und Leser *neu* sind, werden sie bei einem längeren Text auf der zweiten oder dritten Seite rätseln: Was heißt ADS? Wofür steht UNCTAD? Was ist der Unterschied zwischen NGO und NRO? Deshalb: Verwenden Sie Abkürzungen sehr sparsam.

1.2 Sätze

Ich beginne mit einer Zumutung:

> »Der Stil nun, der Gefahr läuft, durch seine langen verwickelten Sätze selbst den gutmütigsten Leser zu verprellen, tatsächlich doch in seinem Aufbau die komplexe Struktur der sozialen Welt wiederzugeben sucht, und dies mittels einer Sprache, die Disparatestes zu einer – in sich zugleich durch seine rigorose Perspektive hierarchisierten – Einheit fügt, verdankt sich dem Willen, die traditionellen Formen des Ausdrucks aus Literatur, Philosophie und Wissenschaft so weit wie möglich auszuschöpfen, um auf diese Weise nicht nur Dinge zu Wort kommen zu lassen, die bislang daraus de facto oder de jure verbannt waren, sondern auch jedes Abgleiten der Lektüre in die Vereinfachung des weltläufigen Essayismus oder der politischen Polemik zu hintertreiben.«*

* Pierre Bourdieu: Die feinen Unterschiede – Kritik der gesellschaftlichen Urteilskraft. Frankfurt/Main 1982, S. 14.

Schön gesagt, oder? Was Bourdieu schreibt, ist an vielen Universitäten im Soziologiestudium Pflichtlektüre. Das sind Ihre Artikel und Selbstdarstellungen nicht. Deshalb sollten Sie Wörter so zusammenfügen, dass verständliche Sätze dabei herauskommen. Verständlichkeit ist zwar nicht alles, aber ohne Verständlichkeit ist alles nichts.

Kürze und Würze

Kurze Sätze sind meist verständlicher und lesen sich oft angenehmer als lange Sätze. Liegt also in der Kürze die Würze?

Niemand mag längere Texte, in denen ein kurzer Hauptsatz dem anderen folgt. Es ist nichts gewonnen, wenn die Leserinnen und Leser zwar jeden Satz verstehen, aber nach dem vierten oder fünften Minisatz gelangweilt den Text weglegen. Ein Bericht etwa über einen USA-Aufenthalt ist nicht sehr anschaulich, wenn er nur aus kurzen Sätzen wie diesen besteht: »Das Frühstück fanden wir nicht gut. Unser Mietwagen war sehr alt.«

Um Farbe in diese Sätze zu bekommen, brauche ich ein paar Worte mehr. Ich beschreibe, was *nicht gut* war: Dünner Kaffee, trockene Hörnchen, ein kleines Stück Butter und ein Klecks Marmelade. Das nannten sie in Florida »Kontinentales Frühstück«. Oder ich finde ein Bild für *alt*: Der Mietwagen war wohl während Eisenhowers Präsidentschaft angeschafft worden.

Es gibt also nicht die »richtige« Satzlänge. Nicht jeder lange Satz ist unverständlich und nicht jeder kurze informativ oder anschaulich. So sind die meisten Steuerbescheide und Schreiben von Gerichten, Arbeitsämtern oder anderen Behörden kurz und knapp – und schwer zu verstehen: Die Absender schreiben so wenig wie möglich, um sich Arbeit zu sparen. Sie bürden die Arbeit lieber den Leserinnen und Lesern auf. Andere schreiben lange Sätze, weil sie sich nicht die Mühe machen wollen, einen Sachverhalt knapp und präzise auszudrücken. Wer sich keine Mühe gibt, schreibt weder mit langen noch mit kurzen Sätzen verständlich.

Jeder Satz sollte das Ergebnis von Arbeit sein. Das sind die folgenden beiden Sätze nicht:

»Das Netzwerk Ostend ist eine Arbeitsgemeinschaft verschiedenster Einrichtungen der Altenarbeit. Die mitarbeitenden RepräsentantInnen der unterschiedlichsten Institutionen stellten ihre Vorschläge zur Verbesserung der Situation alter Menschen den zuständigen BezirkspolitikerInnen und Bundestagsabgeordneten vor.«

Hier kann abgespeckt werden: *Mitarbeitende RepräsentantInnen* sind MitarbeiterInnen, und es genügt völlig, entweder *verschiedene Einrichtungen* oder *unterschiedliche Institutionen* zu schreiben: »MitarbeiterInnen des Netzwerks Ostend, einer Arbeitsgemeinschaft verschiedener Einrichtungen der Altenarbeit, stellten ...«

Ich muss nicht zu bedenken geben, dass ein Projekt »von der Kostenseite her gesehen« zu teuer ist. Es genügt der Hinweis: »Das Projekt kostet zu viel« (ist zu teuer). Und es steckt Ballast in der Feststellung: »Die gemachten Aussagen sind klar formuliert.« Aussagen sind immer »gemacht«, also: »Die Aussagen sind klar (formuliert).«

Jedem Satz sollte die Überlegung vorausgehen, ob bestimmte Wörter notwendig sind oder nicht. Der einzelne Satz sollte verständlich und der gesamte Text flüssig zu lesen sein. Packen Sie deshalb nicht zu viel in den Hauptsatz, und fallen Sie nicht in einen Hackstil. Wechseln Sie zwischen mäßig kurzen und mäßig langen Sätzen.

Sätze ohne Schachtel

Das Hauptübel vieler Sätze ist nicht ihre Länge, sondern die Bauweise. An erster Stelle auf der Problemskala steht der Schachtelsatz: »Ich sprang, als der Wecker klingelte, sofort aus dem Bett.« Ein eingeschobener Nebensatz ist in der Regel kein Problem. Auch dann nicht, wenn Satzgegenstand und Satzaussage getrennt werden: »Unser Büro, das zwei Straßen vom Rathaus entfernt liegt, ist montags geschlossen.«

Vielen ist allerdings eine Schachtel zu wenig: »Ich sprang, als der Wecker klingelt, den ich auf die Truhe gestellte hatte, sofort aus dem Bett.« Noch mehr Nebensätze zwischen dem Hauptsatz sind eine Zumutung: »Ich sprang, als der Wecker klingelte, den ich auf die Truhe gestellt hatte, die neben dem Eichenschrank steht, sofort aus dem Bett.«

Die Zumutung wird zur Katastrophe, wenn auch noch die Nebensätze verschachtelt werden: »Ich sprang, als der Wecker, den ich auf die Truhe, die neben dem Eichenschrank steht, gestellt hatte, klingelte, sofort aus dem Bett.« Dabei ist dieser Satz mit 23 Wörtern nicht besonders lang. Deshalb: Vermeiden Sie Schachtelsätze. Dazu gibt es folgende Möglichkeiten:

1. Nebensätze anhängen

Schachtelsatz: »Sie hatte, als der Geschäftsführer eintraf, der vom Vorstand informiert worden war, der Presse bereits ihren Rücktritt mitgeteilt.« Derselbe Satz mit den Nebensätzen nach dem Hauptsatz: »Sie hatte ihren Rücktritt der Presse bereits mitgeteilt, als der Geschäftsführer eintraf, der vom Vorstand informiert worden war.«

Mehr als zwei angehängte Nebensätze sollten Sie vermeiden, da sonst »Bandwurmsätze« entstehen: »Ich sprang sofort aus dem Bett, als der Wecker läutete, den ich auf die Truhe gestellt hatte, die neben dem Eichenschrank steht.« Hier folgt nach dem Hauptsatz Nebensatz auf Nebensatz. Dieser Bandwurmsatz ist verständlicher als ein Schachtelsatz. Doch solche Nebensatzreihen wirken meist langweilig, besonders wenn alle Nebensätze mit Relativpronomen oder mit *dass* beginnen: »Ich sprang sofort aus dem Bett, als der Wecker läutete, *den* ich auf die Truhe gestellt hatte, *die* neben dem Eichenschrank steht, *den* mir meine Mutter geschenkt hatte, *die* in der Möbelbranche arbeitet.«

2. Lange Sätze auflösen

Entwirren Sie lange Sätze: »Vor einer Fortsetzung der Richtungskämpfe, die nach der Wahl eines Mitglieds der Grünen zur Kassiererin des Vereins im Vorstand ausgebrochen waren, warnte auf einer Klausurtagung, die am Wochenende in der Nähe von Bonn stattfand, der Vorsitzende die Vereinsmitglieder.«

Flüssiger und verständlicher sind zwei Sätze: »Der Vorsitzende warnte am Wochenende auf einer Klausurtagung die Vereinsmitglieder vor einer Fortsetzung der Richtungskämpfe, die nach der Wahl eines Mitglieds der Grünen zur Kassiererin ausgebrochen waren. Die Klausurtagung fand in der Nähe von Bonn statt.«

3. Satzaussage dicht beim Satzgegenstand

Mark Twain merkte einmal an: »Wenn der deutsche Schriftsteller in einen Satz taucht, dann hat man ihn die längste Zeit gesehen, bis er auf der anderen Seite seines Ozeans wieder auftaucht mit seinem Verbum im Mund.«

Nicht nur deutsche Literaten stellen die Satzaussage gerne an das Satzende. Ein Beispiel: »Der DGB-Vorstand, der unter den Vorzeichen eines kontinuierlichen Rückgangs der Mitgliederzahlen vor allem in den neuen Bundesländern und anhaltend hoher Arbeitslosigkeit trotz voller Auftragsbücher in den meisten Branchen einen neuen Vorsitzenden – ein Mann musste es wieder sein – nominierte, *steht vor* erheblichen finanziellen *Problemen.*«

Nach 38 Wörtern wird hier mit der Satzaussage herausgerückt. Verständlicher ist der Satz, beginnt er mit dem Satzgegenstand und der Satzaussage: »Der DGB-Vorstand steht vor erheblichen finanziellen Problemen« (Abgespeckt: »Beim DGB wird das Geld knapp«). Jetzt kann man anhängen: »die Ergebnis eines kontinuierlichen Rückgangs der Mitgliederzahlen sind«. Nun beginnt ein neuer Satz, in dem über die weiteren Zusammenhänge informiert wird. Damit sind die ersten drei Empfehlungen berücksichtigt:

- Aus einem langen Satz werden mehrere überschaubare Sätze gebildet.
- Nebensätze werden an den Hauptsatz angehängt.
- Der Satzgegenstand und die Satzaussage stehen dicht beieinander.

Man kann den Leserinnen und Lesern noch mehr zumuten als den von Mark Twain karikierten »deutschen« Satzbau. Man muss nur im Hauptsatz *und* in eingeschobenen Nebensätzen Satzgegenstand und Satzaussage auseinander reißen. Das geht so: »Derjenige, der den, der das Ortsschild, das auf der Straße, die zum Dorfplatz führt, steht, beschädigt hat, überführt, erhält eine Belohnung aus der Gemeindekasse.«

Stellt man den Hauptsatz an den Anfang und in den Nebensätzen Satzgegenstand und Satzaussage zusammen, lautet dieser Satz: »Derjenige erhält eine Belohnung aus der Gemeindekasse, der den überführt, der das Ortsschild beschädigt hat, das auf der Straße steht, die zum Dorfplatz führt.« Das ist sicher kein schöner, aber ein verständlicher (Bandwurm-)Satz. Besser sind zwei Sätze: »Das Ortsschild an der Straße zum Dorfplatz ist beschädigt worden. Wer den Täter überführt, erhält eine Belohnung aus der Gemeindekasse.«

4. Satzgegenstand und Satzaussage an den Satzanfang

Machen Sie sich zur Schreibmaxime: zunächst Satzgegenstand und Satzaussage, dann alles Weitere. Schreiben Sie nicht: »Den Vorschlag, die Verbandsspitze durch eine Urwahl von der Basis bestimmen zu lassen, wie etwa Wittler-Koch vorgeschlagen hatte, lehnt der Vorsitzende Münz ab.« Schreiben das Wichtigste zuerst: »Der Vorsitzende Münz lehnte den Vorschlag ab, die Verbandsspitze durch eine Urwahl von der Basis wählen zu lassen.«

5. Zusammengesetzte Verben nicht trennen

»Vertreter der Landesregierung *nehmen*, keineswegs freiwillig, sondern um ihr angeschlagenes Image aufzupolieren, was angesichts der bevorstehenden Landtagswahlen dringend geboten erscheint, nach langem Zögern nun doch an der Tagung über alternative Drogenpolitik am kommenden Wochenende *teil*.«

Hier hilft ein anderes Verb weiter: »Vertreter der Landesregierung *beteiligen* sich an der Tagung über alternative Drogenpolitik, die am kommenden Wochenende stattfindet. Die Regierung hatte lange gezögert ...« Statt »teilte ... mit« können Sie *informierte* schreiben usw.*

Neben der Wortwahl hilft der Doppelpunkt, Sätze übersichtlich zu machen. »Bei Problemen können angesprochen werden: die Vertrauenslehrerin, die Klassensprecherin, die Schülervertretung, die Rektorin, der Schulpsychologische Dienst oder die Sozialpädagogen.«

Oder man stellt das Verb hinter das erste Glied der Aufzählung: »Bei Problemen können die Vertrauenslehrerin angesprochen werden, die Klassensprecherin, die Schülervertretung, die Rektorin, der Schulpsychologische Dienst oder die Sozialpädagogen.«

6. Hauptsache in den Hauptsatz

Was ist in den beiden folgenden Sätzen die Hauptsache?

> »Die Mitarbeiterinnen im Frauenhaus ABC, denen fünf neue Planstellen bewilligt wurden, machten eine Radtour entlang des Mains.«

> »Die Delegierten des Dachverbandes, die auf der Bundeskonferenz ihren Richtungsstreit beigelegt hatten, bevorzugen Vollwertkost.«

* Vgl. auch die Hinweise über Streckverben auf Seite 56 f.

Ich meine, fünf neue Planstellen sind wichtiger als eine Radtour, und das Ende eines Richtungsstreits ist bedeutender als die Vorliebe für Vollwertkost. Deshalb gehören diese Fakten in den Hauptsatz:

»Den Mitarbeiterinnen im Frauenhaus ABC wurden fünf neue Planstellen bewilligt. Das feierten sie mit einer Radtour entlang des Mains.«

»Die Delegierten des Dachverbandes beendeten auf ihrer Bundeskonferenz ihren Richtungsstreit.«

Es mag wichtig sein, dass die Delegierten Vollwertkost bevorzugen. Wenn das die Hauptsache ist, gibt es keinen Grund, in einem eingeschobenen Nebensatz den Richtungsstreit zu erwähnen.

Ich muss mir also klarmachen, was ist das Wichtigste? Ich muss mir überlegen, was ist die Hauptsache? Das Wichtigste, die Hauptsache kommt in den Hauptsatz. Das mag selbstverständlich erscheinen. Ein Blick in die Zeitung zeigt, dass solche Überlegungen häufig nicht angestellt werden:

»Das Ergebnis der Landtagswahl in ..., das durch eine niedrige Wahlbeteiligung, Verluste der SPD, deutliche Gewinne der Grünen und ein Scheitern der FDP gekennzeichnet ist, wirft Fragen auf.«

Der Hauptsatz lautet: »Das Ergebnis der Landtagswahl in ... wirft Fragen auf.« Das ist eine banale Feststellung. Interessant sind die Informationen im Nebensatz. Interessant könnte auch sein, *welche* Fragen *sich* aus dem Wahlergebnis *ergeben* (ein Ergebnis kann nichts tun – auch keine Fragen aufwerfen). In jedem Fall muss der Satz aufgelöst und die Hauptsache in Hauptsätze gepackt werden:

»Bei der Landtagswahl in ... war die Wahlbeteiligung niedrig. Die SPD verlor Stimmen, die Grünen erzielten deutliche Gewinne, und die FDP flog aus dem Landtag. Die SPD muss sich angesichts des Erfolgs der Grünen fragen, ...«

Oder:

»Bei der Landtagswahl in ... war die Wahlbeteiligung niedrig. Die SPD verlor Stimmen, die Grünen erzielten deutliche Gewinne, und die FDP flog aus dem Landtag. Aus diesem Ergebnis ergeben sich drei Fragen: ...«

Wenn Sie prüfen, was ist die Hauptsache? Und wenn Sie diese Hauptsache in einem zusammenhängenden Hauptsatz ausdrücken – dann erledigen sich viele Probleme mit Schachtelsätzen fast von selbst.

Aktiv und Positiv

Das Passiv und Verneinungen sind weitere Möglichkeiten, Sätze leblos und schwer verständlich zu machen. Sie kennen folgende Formulierungen aus der Tagespresse:

- »In Berlin wird darauf hingewiesen, dass ...«;
- »In Regierungskreisen wird davon gesprochen, dass ...«;
- »In gewöhnlich gut unterrichteten Kreisen wird davon ausgegangen, dass ...«

Journalistinnen und Journalisten benutzen das Passiv, wenn sie ihre Informationsquellen verschweigen wollen. Vermeiden Sie Passivkonstruktionen, wenn Sie nichts zu verheimlichen haben. Ihre Sätze werden lebendiger, und Sie erleichtern es den Leserinnen und Lesern, Ihre Berichte oder Briefe zu verstehen.

Schreiben Sie nicht: »Die Verschiebung der Bafög-Erhöhung auf das nächste Jahr ist von der CDU kritisiert worden.« Sondern: »Die CDU kritisierte, dass die Bafög-Erhöhung auf das nächste Jahr verschoben wurde.« Werden die Verantwortlichen genannt, wird das Passiv auch aus dem Nebensatz verbannt: »Die CDU kritisierte, dass die Bundesregierung die Bafög-Erhöhungen auf das nächste Jahr verschoben hat.«

Das Beispiel zeigt: Inhalt und Stil sind verknüpft. Das kommt häufig vor. Sie können in einem Brief zurückhaltend reklamieren: »Die Ware wurde nicht termingerecht geliefert.« Und Sie können selbstbewusst beanstanden: »*Sie* haben die Ware nicht rechtzeitig geliefert.« Man kann in einer Stellungnahme schreiben: »Es ist davon auszugehen, dass ...« Und man kann selbstbewusst formulieren: »Ich meine, dass ...«

Die Leideform ist angebracht, wenn

- tatsächlich ein Erleiden ausgedrückt werden soll: Ich wurde im Urlaub von Mücken gequält;
- niemanden interessiert, wer die handelnde Person ist: Das Schwimmbad wird im Sommer um acht Uhr geöffnet;
- ein Handlungsträger fehlt: In der Geschäftsordnung ist vorgesehen, dass ... Die Geschäftsordnung kann nichts vorsehen, sondern nur die, die die Geschäftsordnung gemacht haben (schreiben Sie deshalb nicht: Die Geschäftsordnung sieht vor, dass...).

Vermeiden Sie auch Verneinungen. Eine Verneinung ist kein Problem. Die doppelte Verneinung macht vielen Schwierigkeiten, die dreifache Verneinung ist eine Katastrophe. Doch bleiben wir bei der doppelten Verneinung: »Es ist so unüblich nicht« – also: üblich. »Unter den vier Fraktionen ist keine, die nicht koalitionsfähig wäre« – also: alle vier Fraktionen sind koalitionsfähig.

Zwei Verneinungen heben einander auf, ergeben eine Bejahung. Diese logische Konstruktion hilft nicht immer weiter. Wie lautet zum Beispiel die Bejahung folgender Verneinung? »Wer nicht rechts wählen will, darf nicht ABC wählen.« Gemeint ist: Wer ABC wählt, wählt rechts. Und wer versteht, was gemeint ist, wenn wider Willen Nonsens geschrieben wird: »Zur Strafe wurde ihm verboten, sechs Wochen kein Moped zu fahren.« Wie interpretieren Sie folgenden Satz: »Meyer ist nicht unvermögend.« Verfügt Meyer über mäßigen Reichtum? Oder ist *nicht unvermögend* eine ironische Untertreibung? – Es ist leicht (so schwer nicht), sich und andere mit Verneinungen unglücklich zu machen.

Ich habe für verständliche Wörter und Sätze plädiert – nicht für den Stil der *Bild* oder ähnlicher Zeitungen. Texte sollten Leserinnen und Lesern nicht das Denken abnehmen, sondern informieren, zum Denken anregen. Wer Texte schreibt, sollte die Lesenden ernst nehmen – und das heißt: ihnen Denkfähigkeit unterstellen.

Verstehen ist nicht identisch mit wohl fühlen. Leser der *Bild*-Zeitung, Leserinnen der Regenbogenpresse fühlen sich wohl in »ihrem« Blatt. Ich bezweifle, dass sie aufgrund der Lektüre dieser Blätter etwas *verstehen*, zum Beispiel über gesellschaftliche Zusammenhänge. Bei guten Texten sollen Leserinnen und Leser

- sich wundern – zum Beispiel über das gute Angebot Ihres Vereins und nicht über viele Fremd- und Fachwörter,
- irritiert sein – über Ihre originellen Anregungen und pfiffigen Ideen und nicht, weil der Text so umständlich geschrieben ist;
- den einen oder anderen Satz zwei- oder dreimal lesen – weil Sie treffend formuliert haben und nicht, weil jeder Satz schwer verständlich ist.

Ich habe zu Beginn des Kapitels geschrieben: Gute Schreiberinnen und Schreiber sind vor allem gute Umschreiberinnen und Umschreiber. Mit den vorangegangenen Hinweisen verfügen Sie über Werkzeuge, die Ihnen helfen, verständliche und anschauliche Sätze zu schreiben. Bevor ich auf den Aufbau eines Textes eingehe, zeige ich, wie mit den Hinweisen zur Wortwahl und zum Satzbau systematisch gearbeitet werden kann.

Ich habe aus verschiedenen Texten eine Einladung montiert. Diese Einladung ist zwar erfunden, aber die einzelnen Sätze sind Zitate.

> Auf unserer Arbeitstagung stehen folgende Problemkomplexe im Mittelpunkt:
> 1. Schaffung von Transparenz über das vorhandene Angebot, z. B. in Form eines Stadtteilführers.
> 2. Die Zielperspektiven des offenen Strafvollzugs in ihrer jeweiligen Beziehung zur finanziellen Dimension und zur rechtspolitischen Diskussion.
> 3. Was ist, nach der gelungenen Weckung des Bewusstseins für den hohen Stellenwert von Öffentlichkeitsarbeit, der nächste Schritt zur Erreichung von klaren Zielsetzungen und eindeutigen Zuständigkeiten?

In vier Schritten kann aus dieser Vorlage eine vernünftige Einladung werden. Die ersten beiden Schritte sind »Pflicht«, der dritte und vierte Schritt »Kür«. Zunächst zur Pflicht.

1. Schritt: aufgeblasene Formulierungen und Substantivierungen ersetzen.

- Aus den Problem*komplexen* werden Probleme, aus der Ziel*perspektive* und den Ziel*setzungen* Ziele;
- *in Form eines* Stadtteilführers wird schlicht zu *durch* einen Stadtteilführer (so wie »Sie zeigte ihre Zuneigung *in Form eines Beischlafangebots*« ersetzt werden kann durch die Formulierung »Sie zeigte ihre Zuneigung durch die Aufforderung, miteinander zu schlafen«);
- da Beziehungen immer *jeweilig* sind, kann jeweilig entfallen;
- die Substantivierungen Schaff*ung*, Weck*ung* und Erreich*ung* werden durch Verben ersetzt.

2. Schritt: den Schachtelsatz entwirren. Damit erhalten wir folgende Fassung:

> Auf unserer Arbeitstagung stehen folgende Probleme im Mittelpunkt:

1. Wie kann Transparenz über das Angebot geschaffen werden? Durch einen Stadtteilführer?
2. Die Ziele des offenen Strafvollzugs in Beziehung zur finanziellen Dimension und zur rechtspolitischen Diskussion.
3. Es ist gelungen, Bewusstsein zu wecken für den hohen Stellenwert von Öffentlichkeitsarbeit. Was ist nun der nächste Schritt, um klare Ziele und eindeutige Zuständigkeiten zu erreichen?

Nun zur Kür.

3. Schritt: durch mehr Verben und weniger Hauptwörter Farbe in die Sätze bringen.

Auf unserer Arbeitstagung wollen wir drei Probleme klären:
1. Wie kann das Angebot transparent gemacht werden? Durch einen Stadtteilführer?
2. Was soll mit dem offenen Strafvollzug erreicht werden, wie ist er zu finanzieren und was wird in der Rechtspolitik diskutiert?
3. Der hohe Stellenwert von Öffentlichkeitsarbeit ist inzwischen bewusst. Was ist nun zu tun, um klare Ziele und eindeutige Zuständigkeiten zu erreichen?

4. Schritt: durch prägnante Verben dem Text den letzten Schliff geben. Die Endfassung der Einladung lautet dann:

Auf unserer Arbeitstagung wollen wir drei Probleme klären:
1. Wie machen wir unser Angebot überschaubar? Durch einen Stadtteilführer?
2. Was soll der offene Strafvollzug, was kostet er, und was wollen die Politiker?
3. Alle wissen inzwischen, wie wichtig Öffentlichkeitsarbeit ist. Was können wir nun tun, um klare Ziele und eindeutige Zuständigkeiten zu erreichen?

Dem einen oder der anderen mag meine Neufassung nicht »anspruchsvoll« genug klingen. Puristinnen und Puristen werden kritisieren, dass »bewusst« nicht dasselbe ist wie »wissen«. Ich meine, die Arbeitstagung sollte anspruchsvoll sein. Die Einladung soll Interesse wecken, neugierig machen – und für diesen Zweck riskiere ich die Bedeutungsverschiebung von *bewusst* zu *wissen* und von *finanzieren* zu *kosten*. In Abwandlung des Eingangsmottos zu diesem Kapitel: Die Einladung soll die Einzuladenden einladen, nicht die Einladenden.

1.3 Checkliste: Wortwahl und Satzbau

Kurz und prägnant, konkret und anschaulich:
7 Grundsätze

1. Kurz ist gut: Verwenden Sie kurze, geläufige Wörter; sie sind fast immer verständlicher und anschaulicher als lange. Vermeiden Sie Behördendeutsch, Silbenschleppzüge und Blähwörter.
2. Mit Verben werden Texte konkret und anschaulich. Vermeiden Sie Substantivierungen und Streckverben. Sie machen Texte steif und schwer verständlich.
3. Zurückhaltung ist eine Tugend – bei Fach- und Fremdwörtern, Pronomen und Abkürzungen. Wenn Fach- und Fremdwörter oder Abkürzungen notwendig sind, sollten sie erläutert bzw. eingeführt werden.
4. Schreiben Sie so, dass Ihre Leserinnen und Leser sich wundern – zum Beispiel über ein gutes Angebot oder eine originelle Anregung, aber nicht über verschachtelte Sätze.
5. Irritieren Sie Leserinnen und Leser mit pfiffigen Ideen, aber nicht mit Sätzen, bei denen sie angestrengt nach der Satzaussage suchen müssen.
6. Die Hauptsache gehört in den Hauptsatz.
7. Satzaussage und Satzgegenstand sollten beieinander stehen.

Kurz und prägnant, konkret und anschaulich: Checkliste

- ❑ Enthält der Text viele Verben?
- ❑ Sind die Verben echte Verben und keine Funktionsverben?
- ❑ Ist der Text frei von Imponier- und Spreizverben?
- ❑ Wurden Substantivierungen vermieden?
- ❑ Sind die Fremdwörter verständlich und treffend?
- ❑ Werden Fachwörter erläutert?
- ❑ Sind alle Abkürzungen notwendig?
- ❑ Sind die Abkürzungen eingeführt?
- ❑ Sind alle Silbenschleppzüge abgehängt?
- ❑ Ist der Text phrasen- und schwulstfrei?
- ❑ Wurden verbrauchte Bilder vermieden?
- ❑ Erfüllen die Adjektive ihre Funktion?
- ❑ Werden Pronomen zurückhaltend und eindeutig eingesetzt?
- ❑ Sind die Sätze klar gebaut?
- ❑ Steht die Hauptsache im Hauptsatz?
- ❑ Stehen Satzgegenstand und Satzaussage dicht beieinander?
- ❑ Wird das Passiv dort vermieden, wo es nicht notwendig ist?
- ❑ Sind die Verneinungen erforderlich und verständlich?

2. Interessant statt chronologisch: Textanfang und Textaufbau

Kurt Tucholsky empfiehlt in seinen *Ratschlägen für einen schlechten Redner*:

> »Fange nie mit dem Anfang an, sondern immer drei Meilen vor dem Anfang! Etwa so: ›Meine Damen und meine Herren! Bevor ich zum Thema des heutigen Abends komme, lassen Sie mich Ihnen kurz …‹ Hier hast Du schon so ziemlich alles, was einen schönen Anfang ausmacht: eine steife Anrede; der Anfang vor dem Anfang; die Ankündigung, dass und was du zu sprechen beabsichtigst, und das

Wörtchen kurz. So gewinnst Du im Nu die Herzen und die Ohren der Zuhörer.«*

Was ist ein guter Anfang? Was ist ein guter Anfang für einen Text, der nicht gesprochen, sondern gelesen werden soll? Mit den Worten Tucholskys lässt sich antworten: ein Anfang, der Herzen und Augen der Leserinnen und Leser gewinnt. Wie das gelingen kann, ist ein Thema dieses Abschnitts. Ich zeige, wie Wörter und Sätze zu interessanten Texten zusammengefügt werden können. Ich erläutere, was beim Aufbau eines Textes beachtet werden sollte, gleich ob Sie eine Pressemitteilung schreiben, eine Selbstdarstellung formulieren oder eine Veranstaltung ankündigen wollen. Auf die *speziellen* Anforderungen an unterschiedliche Textformen gehe ich in den folgenden Abschnitten ein.

Ich fange mit dem Anfang an.

2.1 Der Anfang muss stimmen

Ich beginne mit drei schlechten Beispielen: einer Kleinanzeige, einer Presseerklärung von einer Bundestagsabgeordneten der Grünen und einem »Waschzettel«** für eine Pressekonferenz.

> DGB-Festreisen. Die DGB-Reisen Dortmund, eine gewerkschaftliche Reisevereinigung, der auch der DGB-Kreis Bergisch Land als Mitglied angehört, bieten auch in diesem Jahr wieder ein umfangreiches Reiseprogramm für die bevorstehenden Festtage an. So führen mehrtägige Fahrten in der Adventszeit u. a. nach Amsterdam, zum Nürnberger Christkindlmarkt …

> Weil der Bayerische Umweltminister … nach wie vor die Gefahr für Leben und Gesundheit von Dachdeckern und Bauhandwerkern

* Gesammelte Werke Bd. 8, S. 290, Reinbek 1993.
** Näheres über Waschzettel im nächsten Kapitel.

leugnet, die in vielen Gegenden Bayerns durch hochradioaktiv verseuchten Staub auf Hausdächern mit einer spezifischen Aktivität von mehr als 130 000 Bq/kg verursacht wird, hat MdB … gegen Minister … bei der Staatsanwaltschaft München I Anzeige erstattet.

»Sucht hat immer eine Geschichte« ist das Leitthema der Öffentlichkeitskampagne zur Suchtvorbeugung des Ministeriums für Arbeit, Gesundheit und Soziales (MAGS) des Landes NRW. Mit der Kampagne soll die Bedeutung und Notwendigkeit der suchtvorbeugenden Arbeit in NRW herausgestellt werden. Sucht wird als umfassendes Problem gesehen, bei dem sowohl persönliche, soziale und suchtmittelspezifische Faktoren als mögliche Ursachen einer …

Alles Murks. Der Anfang der Presseerklärung lässt sich noch retten. Es müssen lediglich aus dem Monstersatz mehrere Sätze gemacht und die Hauptsache an den Anfang gestellt werden:

»Die Bundestagsabgeordnete … hat den Bayerischen Umweltminister … angezeigt, weil er die Gesundheit* von Dachdeckern und Bauhandwerkern aufs Spiel setzt. Der Hintergrund: In vielen Gegenden …«

Nach dem ersten Satz wissen Leserin und Leser, worum es geht. Und der erste Satz kann Interesse wecken, da Umweltminister nicht alle Tage angezeigt werden.

Anders sieht es beim dritten Beispiel aus. Selbst wenn es gelänge, den schrecklichen Nominalstil aufzulösen (*das* Leitthema *der* Öffentlichkeitskampagne *zur* Suchtvorbeugung *des* Ministeriums *des* Landes), wäre das Dilemma dieses Anfangs nicht behoben: Was sollte daran interessant sein, dass die *Öffentlichkeitskampagne* ein *Leitthema* hat? Wen soll es neugierig machen, dass die *Kampagne* die *Bedeutung* der *Notwendigkeit* herausstellen will?

* Die Formulierung »Gefahr für Leben und Gesundheit« ist pathetisch. Wenn das *Leben* gefährdet ist, dann ist die Gesundheit egal.

Der Anzeigentext, geschaltet in einem Stadtmagazin, erinnert an den Stil der »Bäckerblume« und anderer »Kundenzeitungen«, die beim Metzger, in Drogerien usw. ausliegen: betulich erzählen, nicht zur Sache kommen. (»Einen Trost hält der hochsommerliche Juni in diesem Jahr für alle, die unter der Hitze stöhnen, bereit. Es gibt leckere deutsche Erdbeeren in Hülle und Fülle. Jetzt, liebe Hausfrauen, ist Einmachzeit!«)

Die Pressemitteilung fängt richtig an. Sie ist nur schlecht formuliert. Dieser Mangel lässt sich beheben. Die Anzeige und der Text über die Suchtvorbeugungsöffentlichkeitskampagne sind durch Umformulierungen nicht zu retten. Sie müssen neu geschrieben werden. Mit Goethe formuliert: »Wer das erste Knopfloch verfehlt, kommt mit dem Zuknöpfen nicht zu Rande.«*

Was ist hier das Hauptübel? Beide Texte wurden von »Egoisten« geschrieben, die vor allem ihre Organisation im Kopf hatten und nicht die Leserinnen und Leser. Was interessiert mich, wenn ich verreisen will? Bestimmt nicht, dass zu DGB-*Reisen Dortmund* »auch der DGB-Kreis Bergisch Land gehört«. Ich will zunächst wissen, welche Reiseziele werden zu welchen Preisen angeboten? Es interessiert mich nicht, dass DGB-*Reisen Dortmund* »auch in diesem Jahr wieder ein umfangreiches Reiseprogramm für die bevorstehenden Festtage« anbietet. Ich will sofort »Butter bei die Fische« und keine Festtagslyrik. Eine Anzeige, die Interesse weckt, müsste zum Beispiel so anfangen: »Amsterdam, New York, Moskau und Hongkong. Das sind nur einige der Reiseziele, die DGB-*Reisen Dortmund* anbietet.« Wer verreisen will, wird weiterlesen.

Der »Waschzettel« ist nach dem Prinzip aufgebaut, das Langweiligste zuerst. Wie sieht ein Anfang aus, der neugierig macht? Wie kann es gelingen, die Leserinnen und Leser für die Kampa-

* Maximen und Reflexionen. Gedenkausgabe Bd. 9, S. 617. Zürich, Stuttgart 1948 ff.

gne zu interessieren? Diesen Fragen muss eine andere vorausgehen: *Warum* sollte sich jemand für dieses Thema interessieren? Zum Beispiel deshalb, weil Drogen ein großes gesellschaftliches Problem sind. Oder deshalb, weil Eltern wissen möchten, was sie tun können, um ihre Kinder vor Drogen zu schützen. Ein Text, der diese Interessen berücksichtigt, könnte so anfangen:

> »Bereits Grundschüler greifen zu Medikamenten, die Suchtstoffe enthalten. 44 % aller Jugendlichen zwischen 12 und 18 nehmen regelmäßig Grippemittel und 35 % Kopfschmerzmittel. Später folgt der Griff zu Ecstasy. Was führt zu dieser Entwicklung? Gibt es Hinweise und Signale, wenn ein Jugendlicher suchtgefährdet ist? Wie können Eltern vorbeugen?«

DGB-*Reisen Dortmund* bietet wirklich Reisen nach Amsterdam, New York, Moskau und Hongkong an. Diese attraktiven Reiseziele werden am Ende der Anzeige genannt. Das MAGS macht interessante Angebote, die am Schluss des »Waschzettels« aufgeführt werden.

Trotz guter Angebote entstanden schlechte Texte, weil die Verfasser beim Schreiben die »Organisationsbrille« auf und nicht den Zweck des Textes im Auge hatten. Wenn Texte die Leserinnen und Leser für etwas interessieren sollen, dann muss das an den Anfang gestellt werden, was interessant ist bzw. sein könnte. Wenn Ihr Verein, Ihre Initiative

- etwas macht – zum Beispiel eine Veranstaltung über Rechtsextremismus,
- etwas plant – zum Beispiel eine Demonstration gegen den Bau einer neuen Straße,
- etwas anbietet – zum Beispiel eine Beratung für Menschen, die verschuldet sind,

und darüber informieren will, dann gehört an den Anfang eines Textes

- entweder: *was* Sie machen, planen oder anbieten

- oder: *warum* Sie das machen, planen oder anbieten.

Entschieden kürzer und salopp formuliert: Erst den Nutzen für die Leserinnen und Leser herausstellen, dann vom eigenen Laden reden.

- Warum sollte jemand zu der Veranstaltung kommen?
- Warum sollte jemand an der Demonstration teilnehmen?
- Was bietet die Schuldenberatung an?

Ein Blick auf Selbstdarstellungen von Vereinen zeigt, dass in der Regel am Anfang nicht das *Was* oder *Warum* steht, sondern *Wer,* der eigene Verein:

> »Der Verein Schuldenfrei e. V. wurde 1992 gegründet. Seit 1995 ist er Mitglied des Paritätischen Wohlfahrtsverbandes Nordrhein-Westfalen. Die Vereinsgründung geht auf eine Initiative von …«

Hunderte von Selbstdarstellungen lesen sich so, als hätten die Verfasserinnen und Verfasser Tucholskys Ratschläge für einen schlechten Anfang missverstanden. Bei einem Text, der »Herzen und Augen der Leser« gewinnen soll, steht *am Anfang*

- das Wichtigste oder
- ein Zitat oder
- ein Aufmerksamkeitswecker.*

Das Wichtigste zuerst: Abgeordnete zeigt Umweltminister an. Das ist das Wichtigste. Dann kommen die näheren Umstände. Warum hat sie ihn angezeigt? Wie lautet ihr Vorwurf? Wo und wann hat sie ihn angezeigt? Was verspricht sie sich von dieser Anzeige? Ein Beispiel:

* Ausnahmen bestätigen diese Regel. Es gibt zwei Ausnahmen: den Kommentar und die Reportage. Ein klassischer Einstieg für einen Kommentar ist die Frage: »Nach dem Parteitag der SPD konzentriert sich das Interesse der Öffentlichkeit auf die Frage …«; »Wird ABCland nach dem Sturz des Diktators XYZ zur Demokratie zurückkehren oder …«. Reportagen oder Reiseberichte können mit anschaulichen oder spannenden Schilderungen einer Situation oder Szene beginnen.

»Die hochverschuldete XYZ AG kämpft mit dem Finanztod. Als Retter in der Not bietet sich ein studierter Forstwirt an. Hans-Helmut Heuler, so heißt der 53-jährige Bundestagsabgeordnete der SPD, möchte Nachfolger von Aufsichtsratschef ABC werden.«
Nach diesem Überblick folgt ein Porträt von Herrn Heuler.

Ein Zitat-Einstieg:

»Mit ihm kämen wir vom Regen in die Traufe.« Mit diesen Worten kommentiert der Vorsitzende des Betriebsrats der XYZ AG die Kandidatur von Hans-Helmut Heuler für den Vorsitz des Aufsichtsrats.

Und schließlich der Aufmerksamkeitswecker:

Sitzt in der XYZ AG die zweite Reihe bald in der ersten? Hans-Helmut Heuler will Aufsichtsratsvorsitzender werden.

Ich veranschauliche Vorzüge und Risiken dieser drei Wege, einen Text anzufangen, am Beispiel eines Briefes, den der *Verein für Jugendsozialarbeit e. V.* an alle Haushalte einer Kleinstadt verteilte.

»In gemeinsamer Anstrengung mit der Stadt Bad Honnef und dem Rhein-Sieg-Kreis ist es dem Verein für Jugendsozialarbeit e. V. gelungen, das Haus der Jugend an der Bahnhofstraße 2 zu sanieren und die unter pädagogischer Leitung stehende Einrichtung wieder allen Jugendlichen der Stadt zur Verfügung zu stellen.«

Dieser Satz hat so ziemlich alles, was ein schlechter Text braucht. An dieser Stelle interessiert nicht die aparte Mischung aus Schwulst und Bürokratenstil, sondern die Frage, wie kann mit drei unterschiedlichen Einstiegsformen ein ansprechender Anfang formuliert werden? Meine Vorschläge:

- das Wichtigste zuerst: Das Haus der Jugend ist wieder geöffnet;

- ein Zitat: »Hier geht echt die Post ab«, freut sich die 15-jährige Susanne über das neue Haus der Jugend;
- ein Aufmerksamkeitswecker: »Es ist schöner, interessanter und abwechslungsreicher: Das neue Haus der Jugend und sein Angebot.« Oder dicker aufgetragen: »Eine kleine Sensation: Das Haus der Jugend in Bad Honnef.«

Was der Aufmerksamkeitswecker verspricht, muss der folgende Text halten. Wenn im »wieder allen Jugendlichen der Stadt zur Verfügung stehenden« Haus der Jugend lediglich zwei neue Toiletten eingebaut und eine Tischtennisplatte angeschafft wurde, fühlen sich die Leserinnen und Leser auf den Arm genommen. Deshalb: Vorsicht mit dem Aufmerksamkeitswecker. Er baut Erwartungshaltungen auf, die erfüllt werden müssen. Und der Aufmerksamkeitswecker muss gut formuliert sein; er darf zum Beispiel nicht zu einer Mischung aus Modesprache und dem Behördendeutsch des Vereins für Jugendsozialarbeit geraten: »Der *Techno-Boom* bei Jugendlichen ist ungebrochen. Dem *trägt* das Haus der Jugend mit einem *Tanznachmittag Rechnung.*«

Ich fasse zusammen: Beim Sport muss man sich vorher warm machen. Bei Texten für die Presse- und Öffentlichkeitsarbeit muss es gleich losgehen. Am Ende eines Dramas steht der Höhepunkt und beim Krimi die Auflösung. In der Presse- und Öffentlichkeitsarbeit müssen die ersten Sätze Interesse und Aufmerksamkeit wecken. Vom Anfang hängt es ab, ob ein Text gelesen wird oder nicht. Der Anfang muss stimmen.

2.2 Aufbereiten statt zumuten: Textaufbau

Wenn der Anfang stimmt, geben Ihnen die Leserinnen und Lesern einen »Vorschuss«. Den sollten Sie nicht verspielen. Wer Interesse für seine Texte wecken muss, wer nicht über Sex, Crime und das englische Königshaus schreibt (oder was auch immer das »breite Publikum« interessieren mag), sondern über sperrige Themen, über Umweltzerstörung und Krankheit, Behinderung und Gewalt oder über die komplizieren Wege, die Menschen einschlagen müssen, um zu ihrem Recht zu kommen – der sollte Texte klar aufbauen, um die Zugangssperren niedrig zu halten.

Meine »Aufbauformel« lautet: AHA.

- **A**ufmerksamkeit: interessanter Anfang, dann die
- **H**auptsache: die wichtigsten Informationen und schließlich
- **A**lles Weitere: Einzelheiten und nähere Umstände.*

Diese »Aufbauformel« ist kein Rezept, sondern in erster Linie eine Fragehaltung vor und während des (Um-) Schreibens:

- Worüber soll informiert, wofür geworben werden?
- Wenn diese Ausgangsfrage beantwortet ist, lautet die nächste Frage:
- Wie müssen die notwendigen Fakten und Informationen aufbereitet werden?
- Die Antwort ergibt sich nicht aus einer »Logik der Sache«. Vielmehr muss – wie beim Textanfang – geprüft werden:
- Was mag die künftigen Leserinnen und Leser interessieren, was kann sie überzeugen?

In diese Fragehaltung sollte eine Empfehlung Tucholskys einbezogen werden. Am Schluss seiner *Ratschläge* schreibt er: »Was gestrichen ist, kann nicht durchfallen.«** Dieser Hinweis ist als Prüfauftrag zu verstehen, was den Lesenden erspart werden kann:

- eine ungeordnete Faktenhäufung,
- die Demonstration dessen, was der Schreiber alles weiß,

* Für Texte, in denen ein Standpunkt, eine Meinung erläutert werden soll, lautet diese Formel AAS: **A**ufmerksamkeit, **A**rgumente, **S**chlussfolgerung. Wenn es darum geht, an die Lesenden zu apellieren (an einer Demonstration teilzunehmen, sich gegen Mieterhöhungen zu wehren), empfehle ich für den Textaufbau A^3: Aufmerksamkeit, Argumente, Aufforderung. Ich komme darauf im nächsten Abschnitt zurück.

** »Merk Otto Brahms Spruch: Wat jestrichen is, kann nich durchfalln.« Gesammelte Werke Bd. 8, S. 292, Reinbek 1993.

- vieles, was vereinsintern zwar wichtig, für Leserinnen und Leser aber uninteressant ist.

Zum letzten Punkt: Uninteressant für Außenstehende ist meist die Geschichte eines Vereins, die Entwicklung eines Projekts, der Rahmen einer Aktion oder Veranstaltung. Mein Hinweis, dass der »Organisationsblick« der Feind eines interessanten Anfangs ist, muss deshalb ergänzt werden: Die Chronologie ist die Freundin der Langeweile. Zwei Beispiele für »Organisationsblick« und Langeweile durch Chronologie:

> Am 20. und 21. Januar veranstaltet der Paritätische Wohlfahrtsverband, seine Mitgliedsorganisationen und der Fachbereich Sozialpädagogik der Fachhochschule Hamburg in den Räumen der Fachhochschule, Saarlandstraße 30, eine Konferenz über Vorbeugemaßnahmen gegen Drogenkonsum.

> Im Rahmen des Aktionstages »Nein zur Gewalt gegen Frauen«, der seit dem 25. 11. 1981 durchgeführt wird, veranstaltet *Frauen helfen Frauen e.* V. am 24. November im Lesesaal der Stadtbibliothek eine Diskussionsveranstaltung über Sextourismus.

Im ersten Text ist zu erfahren, wer wann wo eine Konferenz durchführt. Im zweiten Text wird darüber informiert, wann wer in welchem Rahmen eine Diskussionsveranstaltung veranstaltet. Das ist – *zunächst* – alles langweilig. Was ist interessant? Nicht *dass* eine Konferenz oder eine Diskussionsveranstaltung stattfindet, sondern *was* dort geboten wird, *warum* Drogenkonsum oder Sextourismus wichtige Themen sind. Und genau dies erfährt man in den zitierten Texten erst am Ende – vorausgesetzt, man hört nicht nach den ersten Zeilen auf zu lesen. Als Regel formuliert: Fangen Sie nie einen Text mit »Am« oder »Im Rahmen« an.*

* Zumal ein Satzanfang mit »Im Rahmen« meistens zu langen Sätzen im Nominalstil führt.

Die Pronomen, die ich im letzten Absatz bemüht habe, sind ein wichtiges Hilfsmittel für den Aufbau eines Textes. Mit den Antworten auf die »W-Fragen« erhält man die Grundlagen für einen Text.

- *Wer* hat etwas gemacht/will etwas machen?
- *Was* ist passiert/was soll geschehen?
- *Wann* hat das Ereignis stattgefunden/wann findet es statt?
- *Wo* ist es passiert/soll es stattfinden?
- *Wie* ist es abgelaufen/wird es ablaufen?
- *Warum* ist es dazu gekommen, wurde das gemacht/soll das gemacht werden?

Überträgt man den zitierten Text über die Konferenz in der Fachhochschule für Sozialpädagogik (vervollständigt) in dieses Frageraster, ergibt sich folgende Textgrundlage:

Wer:	Der Paritätische Wohlfahrtsverband, seine Mitgliedsorganisationen und der Fachbereich Sozialpädagogik der Fachhochschule Hamburg
Was:	Konferenz über Suchtprävention
Wann:	20. und 21. Januar
Wo:	Hamburg, Fachhochschule, Saarlandstraße 30
Wie:	Vorträge und Arbeitsgruppen
Warum:	Immer mehr Jugendliche greifen zu Drogen; es müssen neue Wege der Vorbeugung gefunden werden.

Von *Grundlage* für einen Text spreche ich, weil der zitierte Text anders aufgebaut werden muss, wenn daraus eine interessante Ankündigung werden soll. Er ist Rohstoff, der für die Adressatinnen und Adressaten bearbeitet werden muss. Die Leitfrage dieser Bearbeitung lautet: Was ist wichtig, was interessant? Stellen Sie sich vor, Sie sollten wie in einem Hotel- oder Restaurantführer Sterne vergeben.

W-Fragen	Fakten	Bedeutung Interesse
Wer	Der Paritätische Wohlfahrtsverband und andere	***
Was	Konferenz über Suchtprävention	***
Wann	20. und 21. Januar	*
Wo	Hamburg, Fachhochschule, Saarlandstr. 30	*
Wie	Vorträge und Arbeitsgruppen	**
Warum	Mehr Jugendliche greifen zu Drogen; es müssen neue Wege der Vorbeugung gefunden werden	****

Warum und zu welchem Thema eine Konferenz von wem gemacht wird, ist aus meiner Sicht das Wichtigste. Wenn mich das Thema interessiert und der Veranstalter einen guten Ruf hat, dann setze ich mich auch in den Zug und fahre nach Hamburg. Wenn nichts Relevantes geboten wird, schaue ich erst gar nicht in meinen Terminkalender, ob ich am 20. und 21. Januar Zeit habe.

Wenn die Gesundheitsministerin die Konferenz eröffnen würde, erhielte die Wer-Spalte von mir vier Sterne. Ich mag die Frau nicht, aber sie ist prominent. Und da es bei einer Veranstaltungsankündigung nicht um mich geht, sondern darum, möglichst viele Menschen für die Konferenz zu interessieren, muss ich mit dem Pfund Prominenz wuchern.

Im Vereins- oder Verbandsalltag kann diese Haltung zu Konflikten führen: Wenn die Verbands- oder der Vereinsvorsitzende – ganz traditionell, aber nicht publikumswirksam – in einer Presseerklärung oder Selbstdarstellung die eigene Organisation oder den eigenen Namen an erster Stelle sehen will. Es ist oft ein zähes Ringen, Chefs klarzumachen, dass Texte nicht für sie, sondern für die Öffentlichkeit geschrieben werden.

Zurück zum Beispiel: Wenn die einzelnen Elemente der Textgrundlage bewertet sind, ist die Reihenfolge festzulegen. An den Anfang kommen die Informationen, denen die meisten Sterne verliehen wurden, am Ende stehen die »Einsterner«.

W-Fragen	**Fakten**	**Bedeutung Interesse**	**Rang**
Wer	Der Paritätische Wohlfahrtsverband u. a.	***	3
Was	Konferenz über Suchtprävention	***	2
Wann	20. und 21. Januar	*	6
Wo	Hamburg, Fachhochschule, Saarlandstr. 30	*	5
Wie	Vorträge und Arbeitsgruppen	**	4
Warum	Mehr Jugendliche greifen zu Drogen; es müssen neue Wege der Vorbeugung gefunden werden	****	1

Damit steht der Textaufbau fest und es kann mit dem Formulieren losgehen, mit dem Anfang, der stimmen muss. Mein Vorschlag:

> Viele Jugendliche greifen zu Drogen. Abschreckende Plakate, Filme und Broschüren bewirken nichts. Erforderlich sind neue Mittel und Wege in der Vorbeugung. Wie können Jugendliche angesprochen

werden? Was sind attraktive Alternativen zu Alkohol, Haschisch und anderen Drogen?
Diese Fragen stehen im Mittelpunkt einer Konferenz über Suchtprävention, die der Paritätische Wohlfahrtsverband zusammen mit den Vereinen »Clean« und »Gegendruck« sowie dem Fachbereich Sozialpädagogik der Fachhochschule Hamburg durchführt.
An zwei Tagen werden Wissenschaftlerinnen und Praktiker neue Konzepte vorstellen, die in sechs Arbeitsgruppen vertieft werden können.
Die Konferenz findet in der Fachhochschule Hamburg statt. Sie beginnt am 20. Januar um 10 Uhr und endet am 21. 1. um 17 Uhr. Die Fachhochschule ist in der Saarlandstraße 30.

Dieser Text ist nicht superoriginell. Er soll nicht mit Werbetexten konkurrieren (nach dem Muster: »It's cool man: Eine Konferenz. Zwei Tage volles Programm. Drogenvorbeugung satt. Mit turboguten Vorschlägen. Von Leuten vom Fach. Hingehen, mitreden ...«). Die Konferenz ist eine seriöse Veranstaltung. Und seriöse Anliegen müssen angemessen ausgedrückt werden. Wichtig ist: Seriös muss nicht langweilig heißen. Ich empfehle keine Werbesprache. Ich empfehle, Texte so aufzubauen, dass die Informationen klar zum Ausdruck kommen, die werbend wirken können.

Bei der Einschätzung, was die potenziellen Leserinnen und Leser interessiert, können Sie irren. Irren ist menschlich. Entscheidend ist, dass Sie beim Schreiben die Leserinnen und Leser im Blick haben, dass Sie die Organisationsbrille absetzen und die Chronologie, die Freundin der Langeweile, neidlos Historikerinnen und Historikern überlassen.

2.3 Kurz, informativ und interessant: Überschrift

Ich habe geschummelt. Auf der Seite 84 kündigte ich an, mit dem Anfang anzufangen. Die meisten Texte beginnen mit einer Überschrift. Auf sie gehe ich deshalb erst im letzten Teil dieses Abschnitts ein, weil ich die folgende Empfehlung auch durch die Gliederung meines Textes unterstreichen möchte: *Formulieren Sie Überschriften zum Schluss,* erst dann, wenn Ihr Text »steht«.

Ungeübte beginnen oft mit der Überschrift und investieren für ein paar Wörter viel Zeit und Energie. Beides fehlt ihnen dann für den weiteren Text. Und häufig werden mit der Überschrift Erwartungen geweckt, die der Text nicht eingelöst.

Eine Überschrift soll zwar Interesse, aber keine falschen Erwartungen wecken. In der *BILD-Zeitung* – die Überschriften auf der ersten Seite sind hier Chefsache – folgen auf riesige und knallige Überschriften meist magere Artikel. Wer regelmäßig *BILD* liest, weiß das und erwartet nichts anderes. Warum auch immer das so ist: Bei Ihrer Arbeit können Sie nicht auf eine solche Erwartungshaltung setzen. Sie machen keinen »Revolverjournalismus« und müssen (können und sollen) auf Überschriften wie »Wahnsinn! X mit Y im Bett erwischt!« verzichten.

Überschriften sind wichtig. Deshalb sollten Sie sich beim Formulieren Mühe geben. Aber treten Sie in keine falsche Konkurrenz. Eine Überschrift soll das Interesse der Leserinnen und Leser wecken und deshalb *kurz, informativ* und *griffig* sein – aber nicht reißerisch.

Damit eine Überschrift nicht zu lang wird, sollten Sie auf Artikel verzichten und auf Satzkonstruktionen, die Satzzeichen erfordern.

Damit eine Überschrift griffig wird, sollten Sie Substantivierungen und das Passiv vermeiden.

- Nicht: Für einen Klageverzicht gegen den § 218,
- sondern: CSU verzichtet auf Klage gegen § 218.

- Statt: Uni Münster wird von Abiturientinnen getestet,
- besser: Abiturientinnen testen die Uni Münster.*

Wenn Sie diese Hinweise beachten, gelingen Ihnen bessere Überschriften als die beiden folgenden. Der zitierte *Verein für Jugendsozialarbeit* eröffnet seinen Brief mit »Sehr geehrte Damen und Herren«, und die zitierte Abgeordnete der Grünen wählte folgende Überschrift: »Umweltminister … nimmt Krebsrisiko sorglos in Kauf. Grünen Politikerin erstattet Anzeige wegen Körperverletzung im Amt durch Unterlassung.«

»Sehr geehrte Damen und Herren« ist steif und einfallslos. Das Haus der Jugend wurde saniert und steht »wieder allen Jugendlichen der Stadt zur Verfügung«. Das ist eine gute Nachricht. Warum also nicht eine Überschrift daraus machen: »Eine gute Nachricht.«

Die Überschrift der Abgeordneten stellt uns vor ein Rätsel: Riskiert der Umweltminister etwa – und das auch noch *sorglos* – die *eigene* Gesundheit? In die Unterzeile »Anzeige *wegen* Körperverletzung *im* Amt *durch* Unterlassung« wurde in scheußlichem Nominalstil zu viel hineingepackt. *Im Amt*, also als Umweltminister, versteht sich von selbst. D*urch Unterlassung* ist eine juristische Feinheit, die nicht in eine Überschrift gehört. Für das Streckverb *in Kauf nehmen* brauchen wir ein echtes: *duldet* oder *gefährdet* und für *Anzeige erstatten* ein schlichtes aber kräftiges: *anzeigen*. Dann liest sich die Überschrift so: »Umweltminister duldet Krebsgefahr. Abgeordnete zeigt Minister … wegen Körperverletzung an.«

Ein drittes Beispiel: Ein Faltblatt des *Vereins für paritätische Sozialarbeit e. V.*, in dem das Angebot der Pflege-Station zur »häuslichen Kranken- und Altenpflege« vorgestellt wird. Sechs

* Anführungszeichen werden in Überschriften nur bei direkter Rede gesetzt, wenn die oder der Zitierte nicht erwähnt wird. Also entweder: »Kanzler gefährdet Arbeitsplätze« oder: CDU: Kanzler gefährdet Arbeitsplätze, jedoch nicht: CDU: »Kanzler gefährdet Arbeitsplätze«.

kurze Texte bis zu 20 Zeilen sind mit folgenden Überschriften versehen:

Was ist Pflege?
Was sind die Bestandteile und Inhalte der Pflege?
Welche Einzelmaßnahmen können wir übernehmen?
Wie wird Pflege finanziert?
Was sind die Kernaufgaben unserer Sozialstation?
Ihre Ansprechpartnerinnen!

Mir gefällt, wie hier die W-Fragen eingesetzt wurden. Doch die Formulierungen sind verbschwach und substantivlastig. Mit Ausnahme von *können* wurden nur Hilfsverben verwandt. Und ausgerechnet *können* ist überflüssig: »Welche Einzelmaßnahmen übernehmen wir?« genügt. *Einzelmaßnahmen* ist ebenso scheußlich wie *Kernaufgaben* und *Bestandteile und Inhalte der Pflege*. Ich entschlacke diese Formulierungen und füge einige »Vollverben« hinzu:

Was ist Pflege?
Was gehört zur Pflege?
Was können wir für Sie tun?
Wer zahlt?
Was können Sie von uns erwarten?
Wir sind für Sie da!

Für eine gute Überschrift müssen Sie keine Schaumschlägerei betreiben, sondern ein »Konzentrat« herstellen; Sie müssen nicht dichten, sondern verdichten: das Wichtigste in wenigen anschaulichen Worten zusammenfassen.

2.4 Checkliste Textaufbau und Textanfang

Interessant statt chronologisch:
7 Grundsätze

1. Schreiben für die Presse- und Öffentlichkeitsarbeit heißt schreiben für andere. Texte müssen die Leserinnen und Leser interessieren, nicht den Vorstand.
2. Vom Anfang hängt es ab, ob ein Text gelesen wird. Der Anfang muss stimmen.
3. Am Anfang steht, was für die Leserinnen und Leser interessant sein könnte, nicht der eigene Verein oder der Rahmen, innerhalb dessen etwas stattfindet.
4. Am Anfang steht das Wichtigste, ein interessantes Zitat oder ein Aufmerksamkeitswecker.
5. Die Chronologie ist die Freundin der Langeweile. AHA ist die »Aufbauformel« für interessante Texte: *A*ufmerksamkeit wecken, *H*auptsache, *A*lles Weitere.
6. Seriöse Texte müssen nicht langweilig sein.
7. Überschriften sollen Interesse wecken. Deshalb müssen sie griffig, informativ und kurz sein.

Interessant statt chronologisch: Checkliste

- ❑ Steht die Hauptsache im Hauptsatz?
- ❑ Steht am Anfang das, was für die Leserinnen und Leser interessant ist?
- ❑ Steht das *Was* und *Warum* vor dem *Wer* und *Wann*?
- ❑ Beginnt der Text mit dem Wichtigsten, einem interessanten Zitat oder einem Aufmerksamkeitswecker?
- ❑ Löst der Text die Erwartungen ein, die der Aufmerksamkeitswecker hervorruft?
- ❑ Kann der Text gekürzt, von überflüssigen Informationen befreit werden?
- ❑ Steht weder »Im Rahmen« noch »Am« in der ersten Zeile?
- ❑ Ist die Überschrift griffig, informativ und kurz?
- ❑ Ist die Überschrift frei von Substantivierungen?
- ❑ Kommt die Überschrift ohne Passiv und überflüssige Artikel aus?
- ❑ Hält der Text, was die Überschrift verspricht?

3. Berichten statt dichten, argumentieren statt lamentieren: Für Zeitungen schreiben

Reden ist Silber, Schweigen ist Blech. Jedenfalls dann, wenn Sie möchten, dass über das neue Konzept Ihres Vereins etwas in der Zeitung steht. Berichten die Medien nicht über das Konzept, Ihre Konferenz oder Ausstellung, hat sich das, was Sie auf die Beine gestellt haben, zwar ereignet. Es war aber kein Ereignis. Deshalb sollte vor einer Veranstaltung, Ausstellung usw. alles getan werden, um Journalistinnen und Journalisten für dieses Ereignis zu interessieren.

Im letzten Abschnitt habe ich gezeigt, wie Ankündigungen formuliert werden sollten, damit sie neugierig machen, Interesse wecken. Doch selbst die besten Texte sind keine Garantie, dass

Medienvertreter zur Konferenz kommen oder über die Ausstellung berichten. Vielleicht würden sie gerne kommen, müssen aber zur Pressekonferenz der Bürgermeisterin, die zur gleichen Zeit stattfindet. Vielleicht kommt ein Journalist oder eine Journalistin – aber nur weil sie das kalte Büfett lockt.

Über den Umgang mit Medienvertretern informiere ich im nächsten Kapitel. An dieser Stelle will ich ermuntern: Geben Sie nicht auf, wenn am nächsten (oder übernächsten) Tag nichts über Ihre Veranstaltung in der Zeitung steht. Sie haben noch einen Versuch und mit den W-Fragen und der AHA-Formel nützliche Werkzeuge, um selbst einen Bericht zu schreiben.

In diesem Abschnitt werden diese Werkzeuge verfeinert und ergänzt. Im Mittelpunkt steht die Frage: Was ist bei einem Bericht und was bei einem Kommentar zu beachten?

Mit *Bericht* meine ich Artikel, die in erster Linie informieren.* *Kommentar* verwende ich synonym für alle Arten von Meinungsbeiträgen. Das ist eine grobe Einteilung, wie ein Blick in die Zeitung zeigt: häufig wird zugleich informiert und kommentiert. Mir dient diese Unterscheidung zu einer übersichtlichen Darstellung.

3.1 AHA: Bericht

Nehmen wir an, Sie wollen über die Veranstaltungen berichten, von denen auf der Seite 92 die Rede war. Dann müssen Sie entscheiden, welchen Schwerpunkt Sie setzen wollen. Soll in erster Linie über

1. Ergebnisse,
2. den Ablauf der Konferenz bzw. Diskussion oder

* Präziser: *Nachricht* ist der Oberbegriff für Meldung und Bericht. Meldungen sind kurze Nachrichten bis etwa 25 Zeilen (sie werden auch Einspalter genannt). In Berichten werden Ereignisse ausführlicher dargestellt (Zweispalter oder Dreispalter).

3. Aussagen von Teilnehmerinnen und Teilnehmern berichtet werden?

1. Im *Ergebnisbericht* stehen am Anfang Informationen über das Ergebnis einer Veranstaltung, Konferenz oder Tagung. Danach kommen Informationen über die näheren Umstände, die zu diesem Ergebnis führten:

   Um 25 Millionen € will Gesundheitsministerin Schmidt den Etat zur Drogenvorbeugung aufstocken. Dies versprach die Ministerin den Teilnehmern einer Konferenz …

   Mit einem Aufruf zum Boykott von XYZ-Reisen endete gestern eine Podiumsdiskussion über Sextourismus …

2. Beim *Handlungsbericht* steht der Höhepunkt am Anfang. Dann wird berichtet, wie es zu diesem Höhepunkt kam. Der Handlungsbericht ist also nicht chronologisch aufgebaut.

   Unter gellendem Pfeifen brach Gesundheitsministerin Schmidt ihre Rede ab, die sie zum Abschluss …

   Im Nu war gestern der Katalog *Männer ihrer Träume* vergriffen, den die Veranstalterinnen einer Podiumsdiskussion über Sextourismus …

3. Ein *Zitatenbericht* beginnt mit einer zentralen Aussage einer Politikerin, eines Konferenzteilnehmers, eines Vereinsvorsitzenden usw. Es folgen Informationen über die Hintergründe und/oder den Anlass dieser Äußerung.

   »Die Drogenpolitik der Bundesregierung ist völlig gescheitert.« Mit dieser Feststellung eröffnete …

   »Dass meine Fluggesellschaft an dieser Schweinerei verdient, habe ich nicht gewusst«, empörte sich gestern eine Stewardess der ABC-Air während einer Podiumsdiskussion über Sextourismus im …

Aussagen können in direkter oder in indirekter Rede wiedergegeben werden.

Direkte Rede: »Die Drogenpolitik der Bundesregierung ist völlig gescheitert.« Mit dieser Feststellung eröffnete Maria Koch, sozialpolitische Expertin der …, gestern ihren Vortrag.

Indirekte Rede:

- Variante 1: Die Drogenpolitik der Bundesregierung *sei* völlig gescheitert. Diese Ansicht äußerte Maria Koch …
- Variante 2: Nach Ansicht von Maria Koch *ist* die Drogenpolitik der Bundesregierung völlig gescheitert.

Meine **AHA**-»Aufbauformel« muss also für Berichte ergänzt werden um die Kriterien

- Höhepunkt des Geschehens,
- wichtigstes Ereignis,
- pointiertes Zitat.

Ob man einen Ergebnis-, Handlungs- oder Zitatenbericht schreibt und wie er aufgebaut wird, hängt vom Nachrichtenwert

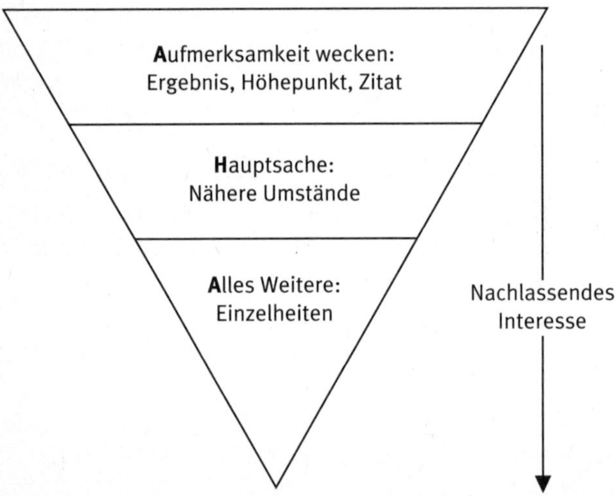

eines Ereignisses ab. Im letzten Abschnitt habe ich vorgeschlagen, die einzelnen Textelemente nach den Kriterien »Bedeutung und Interesse« zu bewerten. Diese Kriterien können für Berichte näher bestimmt werden.

Nachrichtenwert

↙	↘
Publikumsinteresse	**Bedeutung**
↓	↓
Ort	Ausmaß
Zeit	Konsequenz
Unterhaltungswert	
Neuigkeitsgehalt	
Bedeutungsnähe	
Prominenz	

Die *Bedeutung* einer Nachricht hängt ab vom Ausmaß und den Konsequenzen eines Ereignisses. Ich beziehe diese Kriterien auf mein Beispiel: Wenn an der Konferenz viele Menschen teilgenommen haben (Ausmaß) oder wenn ein wichtiges Ergebnis erzielt wurde (Konsequenz), dann war sie ein Ereignis von Bedeutung.

Unter *Publikumsinteresse* werden folgende Faktoren gefasst: der Ort, Zeitpunkt, Unterhaltungswert, Neuigkeitsgehalt und die Bedeutungsnähe* eines Ereignisses sowie die Prominenz der beteiligten Personen, Parteien, Verbände.

* Bedeutungsnähe haben Ereignisse, die mit den Erfahrungen und Interessen der Leserinnen und Leser verbunden sind. Viele alte Menschen lesen in der Lokalzeitung zuerst die Todesanzeigen. Für *Emma*-Leserinnen hat die Veranstaltung über Sextourismus Bedeutungsnähe, für Sozialpädagogen oder die Eltern drogenabhängiger Jugendlicher die Konferenz über Suchtprävention.

Ich übertrage diese Kriterien in ein Raster für einen Bericht über die Konferenz des *Paritätischen Wohlfahrtsverbands* (und nehme einmal den unwahrscheinlichen Fall an, dass die Gesundheitsministerin 25 Millionen € versprochen hat):

W-Fragen	**Fakten**	**Bedeutung Interesse**
Wer	Gesundheitsministerin, Paritätischer Wohlfahrtsverband und andere	Prominenz
Was	25 Millionen Euro mehr für Suchtprävention Konferenz über Suchtprävention	Ausmaß/Konsequenz Neuigkeitsgehalt Bedeutungsnähe
Wann	20. und 21. Januar	Aktualität
Wo	Hamburg, Fachhochschule*	Nähe
Wie	Vorträge und Arbeitsgruppen	Neuigkeitsgehalt Unterhaltungswert
Warum	Mehr Jugendliche greifen zu Drogen. Neue Wege der Vorbeugung müssen gefunden werden	Ausmaß/Konsequenz

* Für einen Bericht über die Konferenz sind nähere Ortsangaben uninteressant.

Das Interesse der Leserinnen und Leser wächst, so wird angenommen, wenn ein Ereignis

- in der *Nähe* stattfand,
- *aktuell* ist,

- einen *Unterhaltungswert* hat, weil es kurios, ungewöhnlich, spannend oder dramatisch war,
- einen *Neuigkeitswert* besitzt, weil es bisher noch nicht vorgekommen ist,
- den Leserinnen und Lesern etwas bedeutet, weil es ihnen thematisch »nahe« ist, und wenn
- die Beteiligten *prominent* sind.

Ich beziehe diese Kriterien auf die beiden Beispiele: Die Lokalredaktion beachtet die Konferenz bzw. Podiumsdiskussion nur dann, wenn sie in der Stadt oder Gemeinde stattfanden. Überregionale Zeitungen interessieren sich weniger für den Ort des Ereignisses.

Erscheint die Zeitung nicht täglich, tritt der Zeitpunkt der Konferenz bzw. Podiumsdiskussion in den Hintergrund. Beteiligte sich (was eher unwahrscheinlich ist) der Bürgermeister an der Diskussion über Sextourismus, erhöht das den Nachrichtenwert. Fand in Ihrer Stadt, Ihrem Dorf oder Landkreis noch nie eine Veranstaltung über Sextourismus statt, dann handelt es sich um ein Ereignis mit hohem Neuigkeitsgehalt.*

Ich übertrage diese Überlegungen in ein Raster für einen Ergebnisbericht, der unmittelbar nach der Konferenz für die Lokalzeitung geschrieben wird:

* Bedeutung und Interesse sind nicht notwendig identisch. Wenn zum Beispiel der Enkel von Opa Schmidt nach 25 Jahren plötzlich wieder auftaucht (und gar als Millionär aus den USA), dann mag das viele Leserinnen und Leser des Lokalteils rühren, von allgemeiner Bedeutung ist dieses Ereignis sicher nicht.

W-Fragen	Fakten	Bedeutung Interesse	Rang
Wer	Gesundheitsministerin, Paritätischer Wohlfahrtsverband u. a.	Prominenz ∗∗∗∗	2
Was	25 Millionen Euro mehr für Suchtprävention Konferenz über Suchtprävention	Ausmaß/Konsequenz Neuigkeitsgehalt ∗∗∗∗ Bedeutungsnähe ∗∗	1
Wann	20. und 21. Januar	Aktualität ∗∗∗	3
Wo	Hamburg, Fachhochschule	Nähe ∗∗	4
Wie	Vorträge und Arbeitsgruppen	Neuigkeitsgehalt Unterhaltungswert ∗	6
Warum	Mehr Jugendliche greifen zu Drogen. Neue Wege der Vorbeugung müssen gefunden werden	Ausmaß/Konsequenz ∗∗	5

Die Gesundheitsministerin und die versprochenen 25 Millionen bekommen vier Sterne. Die Veranstalter treten in der Bedeutung für den Aufbau der Meldung ebenso zurück wie die Konferenzthemen und ihr gesellschaftlicher Hintergrund.

Die genannten Kriterien orientieren sich in erster Linie an Verkaufszahlen. Zeitungsverlage sind Wirtschaftsunternehmen, die vor allem an hohen Auflagenziffern und einem guten Geschäft interessiert sind. Und die politische Grundrichtung der jeweiligen Zeitung spielt eine entscheidende Rolle bei der Nachrichtenauswahl. Ich empfehle nicht, diesen Kriterien vorbehaltlos zu folgen. Wenn Sie sich zum Beispiel dafür engagieren, dass Bäuerinnen und Bauern in der »Dritten Welt« faire Preise für ihre Produkte gezahlt bekommen, ist *Nähe* nicht gegeben (und das Thema ist bei manchen konservativen Blättern nicht gerne gesehen).

Wenn Sie einen Bericht in der Zeitung unterbringen wollen, müssen Sie auch taktische Überlegungen anstellen. Nehmen wir an, die Zeitung in Ihrer Stadt polemisiert heftig gegen eine Verkehrsberuhigung der Innenstadt. Die Initiative, in der Sie mitarbeiten, setzt sich für eine autofreie City ein. Sie haben eine Veranstaltung durchgeführt, auf der eine prominente Politikerin gesprochen hat. Erwähnen Sie das in Ihrer Meldung oder Ihrem Bericht für die Zeitung zuerst, bringen Sie erst danach die Argumente, die vorgetragen wurden. Es ist also nützlich, die Kriterien zu kennen, nach denen der »Wert« einer Nachricht beurteilt wird. Kennen muss nicht anpassen heißen.

Sie können andere Entscheidungskriterien entwickeln. Wichtig ist,

- *dass* Sie eine Meldung oder einen Bericht nach Kriterien strukturieren,
- *dass* Sie sorgfältig abwägen zwischen dem, was Ihnen wichtig erscheint, und dem, was die Leser interessieren könnte bzw. der zuständige Redakteur, der den Weg zu den Leserinnen frei machen oder versperren kann.

Diese Überlegungen sind auch dann wichtig, wenn Ihr Verein eine eigene Zeitung herausgibt. Für Vereins- oder Verbandszeitungen gelten keine anderen Regeln. Gehen Sie nicht davon aus, dass Vereinsmitglieder »ganz andere« Leserinnen und Leser sind, die mit Begeisterung langweilige Berichte lesen. Unterstellen Sie lieber Menschen wie »du und ich«, die nicht gelangweilt werden möchten.

3.2 AAS und A^3: Kommentar und Leserbrief

Die »klassischen« Meinungsbeiträge in Medien sind der Kommentar, der Leitartikel und die Glosse. Kommentare werten Ereignisse und Entwicklungen. Sie sind im Fernsehen, zum Beispiel in den *Tagesthemen*, und bei Zeitungen und Zeitschriften meist das Privileg leitender Redakteure.

Da Sie nicht in dieser Rolle sind, kommentieren Sie vielleicht in der Zeitung Ihres Vereins, schreiben gelegentlich für Ihren Verein einen Gastkommentar in der Lokalzeitung oder verfassen »kleine Kommentare«: Leserbriefe.

Für jeden dieser drei Fälle sind folgende Hinweise zu beachten:

1. Die Leserinnen und Leser müssen über das Ereignis informiert sein, das Sie kommentieren.
2. Ein Kommentar sollte möglichst wenig Meldung enthalten. Wenn Meldungen aufgenommen werden, um deutlich zu machen, was kommentiert wird, dann nur als kurze Verweise. Zum Beispiel: »Der Bürgermeister hat sich wieder einmal als Elefant im politischen Porzellanladen erwiesen. Seine Entscheidung ...«.
3. Kommentare sind kein Forum, um »Dampf abzulassen« oder Empörung loszuwerden. Sie können ein Ereignis oder eine Entwicklung scharf kritisieren, sollten dabei aber stets *rational argumentieren.*

Argumentieren steht in diesem Abschnitt im Vordergrund. Es geht um die Frage: Wie kann eine Argumentation aufgebaut werden, wenn Sie in einem Kommentar ein Vorgang bewerten oder in einem Leserbrief ein Ereignis kommentieren?

Die erste Antwortet lautet: *vom Ziel her denken.* Viele Meinungsbeiträge sind deshalb weitschweifig oder konfus, weil sie nicht vom Ziel des Textes her gedacht sind. Anfängerinnen und Anfänger verwenden meist sehr viel Zeit und Energie darauf, den ersten Satz gut zu formulieren. Beides fehlt ihnen dann oft für den Hauptteil des Textes.

Ich empfehle daher, mit der Frage zu beginnen: Was ist das Ziel meines Artikels, was will ich erreichen? Wenn Sie darüber Klarheit haben, verfügen Sie über den entscheidenden Ausgangs- und Bezugspunkt für eine strukturierte Argumentation.

Konzentrieren Sie sich dann auf die *Begründung*. Was spricht dafür? Welche Argumente und Beispiele stützen mein Anliegen, meine Forderungen oder meinen Standpunkt? Überlegen Sie erst zum Schluss, wie fange ich an, welchen Einstieg wähle ich?

Die Struktur des *Hauptteils* ergibt sich aus dem Ziel eines Beitrags. Ich unterscheide zwischen Texten mit dem Ziel, von einer *Problemlösung*, einem *Vorschlag* zu überzeugen, und Texten, die einen *Standpunkt* begründen.

A³: Problemlösung

Steht eine Problemlösung, ein Vorschlag im Vordergrund, bietet sich für den begründenden Hauptteil folgende Argumentationsstruktur an:

1. Situationsbeschreibung
   Wie ist der augenblickliche Zustand? Wie war die Situation bisher?
2. Perspektive
   Wie sollte es sein? Welcher Zustand soll erreicht werden? Wie kann eine bessere Situation aussehen?
3. Lösungsmöglichkeiten
   Wie kann das Ziel erreicht werden? Wie soll vorgegangen werden? Was ist (sind) meine Forderung(en)?

Ein Beispiel:
Aufmerksamkeit wecken: Einleitung
Ein altes Sprichwort aus Asien sagt: »Umwege erhöhen die Ortskenntnis.« Gegen Umwege ist nichts einzuwenden, wenn man zum Beispiel im Urlaub mit Zeit und Muße eine fremde Stadt

besichtigt. Umwege werden zu Irrwegen, wenn Menschen auf dem Weg verloren gehen.

Argumente: Hauptteil
1. Situationsbeschreibung
Genau das ist die Situation in unserem Verein. Seit drei Jahren nimmt die Zahl der aktiven Mitglieder kontinuierlich ab. Vor allem Frauen und junge Mitglieder ziehen sich von der Mitarbeit zurück. Zwei Gründe werden für diesen Schritt genannt:
- keine Möglichkeiten, wirklich Einfluss auf die Vereinsarbeit nehmen zu können,
- fehlende Diskussionsbereitschaft des Vorstands und der Vereins»veteranen«.

Wenn diese Entwicklung anhält, sind wir in drei Jahren ein Seniorenverein.

2. Perspektive
Wie müsste ein Vereinsleben aussehen, das Frauen und Jugendliche nicht abschreckt? Dazu gehören sicher: Sitzungen mit lebhaften Diskussionen, bei denen gestritten *und* gelacht wird; Sitzungen, auf denen nicht nur Geschichten von früher erzählt, sondern Perspektiven entwickelt werden; Diskussionen, bei denen auf die Stimmen aller, auch junger Mitglieder, gehört wird; Sitzungen, bei denen auch über persönliche Erfahrungen und Probleme gesprochen wird, das so genannte Private nicht verpönt ist.

3. Lösungsmöglichkeiten
Wie ist eine solche Situation bzw. Atmosphäre zu erreichen? Mit guten Worten und Vorsätzen ist es nicht getan, das zeigen die Erfahrungen der letzten Jahre. Wir müssen neue Strukturen schaffen, die Gewähr leisten, dass unsere Arbeit und unsere Sitzungen effektiver und attraktiver werden.

Aufforderung: Schluss

Deshalb schlage ich folgende Veränderungen vor: …

AAS: Standpunkt

Steht die Begründung eines Standpunkts im Vordergrund, sieht eine typische Argumentationsfolge so aus:

1. **A**ufmerksamkeit wecken: Behauptung (Einleitung)
2. **A**rgumente: Begründung (Hauptteil)
3. **S**chlussfolgerung (Schluss)

Wenn Sie einen Leserbrief schreiben, beziehen Sie sich auf einen Kommentar, ein Interview oder einen Bericht. Der eigene Standpunkt wird in der Auseinandersetzung mit den Auffassungen entwickelt, die in diesem Kommentar, Interview usw. geäußert wurden. Dazu müssen Sie in der Einleitung diese Auffassungen bzw. Meinungen aufgreifen. Die Einleitung besteht dann aus zwei Teilen: Argumentation aufgreifen und eine Behauptung entgegenstellen, die Aufmerksamkeit weckt. Drei Beispiele:

1. Einem Standpunkt *widersprechen*

Marina Klein vertritt in ihrem Leitartikel vom Wochenende die Auffassung, die Drogenszene im Schlosspark müsse »mit aller Härte« aufgelöst werden. Ich meine, ihre Vorschläge sind eine schlechte Mischung aus einem Plädoyer für Polizeiwillkür und dem Motto »Heiliger Sankt Florian, verschon mein Haus, zünd andere an«.

2. Standpunkte *verbinden*

Die Grünen plädieren für eine autofreie Innenstadt. Der Einzelhandel appelliert, seine Interessen zu berücksichtigen. Ich meine, man kann die City für Autos sperren, ohne dem Einzelhandel zu schaden.

3. Standpunkte verbinden und *weiterentwickeln*
Die Mitarbeiter klagen über fehlende Mitbestimmung. Die Leitung klagt über mangelnde Effizienz. Beide Seiten haben Recht – und das Problem nur unzureichend erfasst.

Diese Argumentationsschemata sind Anregungen; sie können flexibel für Texte verwendet werden, in denen es darauf ankommt, schlüssig zu argumentieren. Auf keinen Fall sollten sie als Anleitung zum Schematismus missverstanden werden.

3.3 Die Form muss stimmen: Manuskript

Wenn Sie sich die Mühe gemacht haben, einen Text für eine Zeitung zu schreiben, dann sollten Sie auch die Zeit und Energie für ein ordentliches Manuskript aufbringen. Sie erleichtern damit Redakteurinnen und Redakteuren die Arbeit und erhöhen so die Chance, dass Ihr Text gebracht wird.

Die äußere Form

Der erste Eindruck ist oft entscheidend. Wenn Sie einer Zeitung keine Sensationsmeldung anzubieten haben, sollte Ihr Manuskript so aussehen, dass der zuständige Redakteur es nicht gleich in den Papierkorb wirft. Deshalb:

- schreiben Sie mit dem PC,
- achten Sie auf ein gut lesbares Schriftbild,
- schreiben Sie mit großem Zeilenabstand, das erleichtert das Redigieren,
- lassen Sie einen breiten Rand für Korrekturen (höchstens 60 Zeichen bzw. Anschläge pro Zeile),
- vermeiden Sie Tippfehler.

Und vergessen Sie nicht,

- im Anschreiben das zuständige Ressort zu vermerken (Lokalredaktion, Frauenredaktion usw.),
- Ihren Namen und Ihre vollständige Anschrift anzugeben.

Bei Leserbriefen sollten Sie zudem auf folgende drei Punkte achten:

- Kurze Briefe (ca. 1800 Zeichen) haben die größte Chance gedruckt zu werden.
- Geben Sie den Titel und das Datum des Artikels an, auf den sich Ihr Leserbrief bezieht.
- Vergessen Sie nicht eine treffende Überschrift.

»Schreibregeln«

Redakteure stehen meist unter Zeitdruck. Es ärgert sie daher, wenn sie im Text viel redigieren müssen. Stimmen Sie »Ihren« Redakteur freundlich, indem Sie ihm diese Arbeit ersparen. Beachten Sie einige Regeln des Metiers.

Zahlen: Heute gilt die alte Buchdruckerregel nicht mehr, nach der die Zahlen von 1 bis 12 in Buchstaben und die Zahlen von 13 an in Ziffern zu setzen sind. Die Zahlen von 1 bis 12 werden in Ziffern gesetzt, wenn die Zahl und das folgende Hauptwort, das eine Sache näher bezeichnet, besonders beachtet werden sollen: Kurbel mit *2 Wellen*. In Ziffern schreibt man auch Dezimalzahlen (6,5 Prozent), Zahlen vor Abkürzungen (10 €, 8 cm) und Wertangaben (Briefmarken zu 1,53 €). Zahlen von 13 an können ausgeschrieben werden, sofern sie übersichtlich sind: »Er blickte auf fünfzig Berufsjahre zurück.« Für ungefähre Angaben gilt: Was nicht exakt gemeint ist, sollte nicht in Ziffern geschrieben werden: »Tausend Teilnehmer«, wenn es nicht exakt 1000 sind. Und bei Vergleichen wird für Zahlen eine Schreibweise gewählt: »Gegen den Antrag stimmten 31 Kolleginnen, für ihn 7.«

Abkürzungen: Vermeiden Sie Abkürzungen.

Namen: Personen werden in Meldungen und Berichten mit Vor- und Zunamen erwähnt. Es ist nicht üblich, *Herr* oder *Frau* dem Namen voranzustellen. Titel wie *Dr.* oder *Prof.* werden in einigen Medien genannt, bei anderen nicht. Titel sollten dann aufgeführt werden, wenn sie mit dem Inhalt einer Meldung oder eines Berichts direkt zu tun haben.

3.4 Checkliste: Für Zeitungen schreiben

Bericht und Meldung, Kommentar und Leserbrief: 7 Grundsätze

1. Menschen möchten informiert oder unterhalten werden – nicht gelangweilt. Deshalb lautet die zentrale Frage beim Schreiben: Was könnte die Leserinnen und Leser interessieren?
2. Meldungen und Berichte müssen einen Nachrichtenwert haben.
3. Kommentare und Leserbriefe dienen nicht dazu »Dampf abzulassen«. Scharfe Kritik ist erlaubt – wenn sie gut begründet ist.
4. Kommentare und Leserbriefe werden vom Ziel her aufgebaut.
5. Der erste Eindruck ist oft entscheidend: Die Manuskript-Form muss stimmen.
6. Wer Rechtschreibregeln beachtet und Tippfehler vermeidet, erleichtert Redakteurinnen und Redakteuren die Arbeit. Das stimmt sie wohlwollend.
7. Der Absender muss klar erkennbar und erreichbar sein.

Bericht und Meldung, Kommentar und Leserbrief: Checkliste

- ❑ Wurde im Bericht der richtige Schwerpunkt (Ergebnis, Handlung oder Aussagen) gesetzt?
- ❑ Steht am Anfang das zentrale Ergebnis (Ergebnisbericht) bzw. der Höhepunkt der Veranstaltung, Aktion usw. (Handlungsbericht) oder die zentrale Aussage (Zitatenbericht)?
- ❑ Wurde der Nachrichtenwert für die Leserinnen und Leser bestimmt? Folgt der Aufbau des Berichts den Kriterien »Bedeutung« und »Publikumsinteresse«?

- ❑ Hat der Kommentar bzw. Leserbrief einen Aufmerksamkeitswecker? Ist die Situationsbeschreibung präzise, die Perspektive klar und der Lösungsvorschlag nachvollziehbar?
- ❑ Ist der Leserbrief nicht länger als 30 Zeilen (mit 60 Zeichen)?
- ❑ Hat der Leserbrief eine Überschrift und einen eindeutigen Betreff?
- ❑ Stimmt die Manuskript-Form? Ist der Text frei von Tippfehlern?
- ❑ Wurden die gängigen Regeln des Metiers beachtet?
- ❑ Ist das Anschreiben präzise adressiert und der vollständige Absender angegeben?

4. Gewinnen statt abschrecken: Briefe

Briefe schreiben gilt in vielen Vereinen als lästige Pflicht, die man mehr oder minder routiniert erfüllt. Korrespondenz wird nicht als Öffentlichkeitsarbeit verstanden. Mit dieser Auffassung haben sehr unterschiedliche Vereine eine (unausgesprochene) Gemeinsamkeit mit Unternehmen und Behörden. Doch Briefe sind ein Kommunikationsmittel, das gerade für die Vereine besonders wichtig ist, die über keinen großen Etat für Öffentlichkeitsarbeit verfügen. Briefe sind Visitenkarten. Briefe machen einen guten oder schlechten Eindruck, der sich herumspricht. Mit einem Brief als erste Reaktion auf eine Anfrage oder eine Bitte um Informationen können Interessierte gewonnen oder abgeschreckt werden. Abschreckende Briefe können teure Imagekampagnen ins Leere laufen lassen. Kurz: Briefe sind ein kleines – aber wichtiges – Kommunikationsmittel, das bis zu Mailings unterschiedlicher Art ausgebaut werden kann.

4.1 Verständlich, ansprechend, freundlich: Der Brief

Wir können nicht *nicht* kommunizieren. Watzlawicks Feststellung gehört heute ebenso zum Alltagswissen wie sein »Axiom«, dass jede Kommunikation einen »Inhalts- und Beziehungsaspekt« hat. Und in einer »Nachricht« steckt noch mehr: ein »Appell« und eine »Selbstkundgabe«, durch die der »Sender« etwas über sich mitteilt.

Korrespondenz ist Kommunikation. Ein Brief mit vielen Tippfehlern signalisiert: *Ihretwegen gebe ich mir keine Mühe* (Beziehungsaspekt). Ein unverständlicher Text ohne ein freundliches Wort offenbart: *Ich finde es nicht wichtig, mich verständlich auszudrücken* (Selbstkundgabe). Der gesamte Brief kann als Appell verstanden werden: *Lass mich gefälligst in Ruhe!* Das ist auch die Botschaft des folgenden Briefs, den eine Hochschule in Freiburg an eine Bewerberin schickte:

> Ihre Bewerbung um die Halbe Stelle einer wiss. Mitarbeiterin/eines wiss. Mitarbeiters im Zentrum für …
> hier: Eingangsbestätigung
>
> Sehr geehrte Frau …,
>
> die Bewerbungsunterlagen für die o. g. Stelle sind hier am 03. 12. … eingegangen.
> Zu gegebener Zeit erhalten Sie weitere Nachricht.
>
> Mit freundlichen Grüßen
>
> Nachname
> Verwaltungsangestellter

Der Verwaltungsangestellte signalisiert: Das Zentrum für … schreibt eine Stelle aus, und ich muss Zwischenbescheide schreiben. Deshalb

- überlasse ich es der Bewerberin, sich auszusuchen, ob sie sich um die Stelle einer wissenschaftlichen Mitarbeiterin oder eines wissenschaftlichen Mitarbeiters beworben hat;
- denke ich nicht nach und ergänze den Betreff um eine Zeile, in der ich das schreibe, was auch im ersten Satz nach der Anrede steht;
- danke ich nicht für die Bewerbung,
- mache ich mit dem Satz »zu gegebener Zeit erhalten Sie weitere Nachricht« deutlich: Fragen sie bloß nicht nach. Was *zu gegebener Zeit* meint, entscheiden wir.

Ein Liebesbrief in diesem Stil könnte etwa so ausfallen:

»Hierorts, den heutigen

1. Meine Neigung zu Dir ist unverändert.
2. Du stehst heute abend, 7½ Uhr, am zweiten Ausgang des Zoologischen Gartens, wie gehabt.
3. Anzug: Grünes Kleid, grüner Hut, braune Schuhe. Die Mitnahme eines Regenschirms empfiehlt sich.
4. Abendessen im Gambrinus, 8.10 Uhr.
5. Es wird nachher in meiner Wohnung voraussichtlich zu Zärtlichkeiten kommen.

(gez.) Bosch, Oberbuchhalter«*

Wie sollten Briefe geschrieben werden, die einen besseren Eindruck machen, die werbend wirken? Wie können Briefe zum Ausdruck bringen, dass ein Verein zupackend, aufgeschlossen, dynamisch, sympathisch ist – oder wie immer Ihr Selbstbild sein mag?

Mit einem Werbeslogan geantwortet: **VFA** und alles geht klar. Seriös: Briefe müssen

- **v**erständlich und sollten
- **f**reundlich und
- **a**nsprechend sein.

* Kurt Tucholsky: Gesammelte Werke Bd. 7, S. 275, Reinbek 1993.

Damit Briefe verständlich und ansprechend geraten, sollten Sie kurz und prägnant, konkret und anschaulich schreiben. Wie das geht, habe ich erläutert: viele Verben, keine Schachtelsätze, im Aktiv ohne Silbenschleppzüge schreiben, Abkürzungen vermeiden. Dreierlei ist darüber hinaus zu beachten:

1. Amtsfloskeln vermeiden,
2. Leben in Briefe lassen,
3. die Perspektive muss stimmen.

1. Amtsfloskeln vermeiden

Niemand würde zu seinem Gemüsehändler oder ihrer Biobäuerin sagen: »Ich erlaube mir den höflichen Hinweis, dass sowohl das an mich zur Auslieferung gebrachte Gemüse als auch die Früchte diverse Mängel aufweisen. Ich muss daher darum ersuchen, dass Sie die Ware zurücknehmen.« Aber viele Menschen schreiben so umständlich und geschraubt. In ihren Briefen wird aus *von uns* »unsererseits«, aus *sofort* »mit sofortiger Wirkung«, aus *mitteilen* »davon in Kenntnis setzen« usw. In Briefen, die ich von Vereinen und Verbänden bekomme,

- wird gehofft, *gedient zu haben* (*dienlich gewesen zu sein*),
- bittet man *höflichst* oder
- *gestattet* sich, darauf hinzuweisen,
- und statt einfach aufmerksam zu machen, *erlaubt* man sich, darauf aufmerksam zu machen, dass …

Es tummeln sich Abkürzungen wie o. g. und ggf. Dieser Stil lässt sich so zu einem Kurzbrief verdichten: Aufgrund Ihrer o. g. Anfrage dürfen wir – unter Bezug auf unser erstes Schreiben – Ihnen höflichst mitteilen, dass wir nicht gerne schreiben. Also lassen Sie uns ggf. unsere Ruhe.

Übertrieben? Drei Beispiele. Ein Reiseveranstalter schickte mir mit Informationen über »Outdoor-Aktivitäten (Canyoning, Caving, Rafting)« folgenden Brief:

»Vielen Dank für Dein Interesse an unseren Sommeraktivitäten. Anbei übersenden wir Dir die von Dir gewünschten detaillierten Unterlagen der einzelnen Programme. Wir hoffen, die Informationen finden Einklang mit Deinen Vorstellungen und würden uns freuen, bald von Dir zu hören. Falls es dennoch Unklarheiten gibt, stehen wir jederzeit für telefonische Rückfragen zur Verfügung.«

Von einem Verband für Sozialarbeit erhielt ich folgende Anfrage einer Bildungsreferentin:

»Sehr geehrter Herr Dr. Franck,

Ihr gemeinsam mit Frau … veröffentlichtes Buch … hat uns veranlasst, an Sie beide die Bitte heranzutragen, ein … Seminar in unserem Haus zu o. g. Termin durchzuführen.«

Eine gemeinnützige Bildungseinrichtung schickte einer Bekannten von mir folgende Absage:

»Seminar-Nr.:	141/03
Thema:	Einmal tief durchatmen … Ruhe und Entspannung am Arbeitsplatz
Termin:	**04. 03.–06. 03. 03**

Sehr geehrte Frau …,

Sie haben sich zum oben genannten Seminar bei uns angemeldet. Ihre Anmeldung traf erst bei uns ein, als die maximale Teilnehmerzahl schon ausgeschöpft war. Wir können Sie daher lediglich auf einer Warteliste vermerken und werden Sie bei Rücktritt eines Teilnehmers entsprechend benachrichtigen.

Mit der Bitte um Ihr Verständnis verbleiben wir

mit freundlichen Grüßen«

Vier Zeilen Betreff und nicht ein freundliches Wort: Hier stimmen die Proportionen nicht. Die *freundlichen Grüße* können nicht wettmachen, dass nicht einmal das Wörtchen *leider* auftaucht. Der zweite Satz verrät die Haltung des Absenders:

- *Selbst Schuld*: Sie hätten sich ja früher anmelden können.
- *Uns egal:* Wir haben das Maximum *ausgeschöpft*.

Die *Bitte um Verständnis* ist eine hohle Floskel. Ständig werden wir – routiniert – um Verständnis gebeten: wenn die Bahn oder ein Flugzeug sich verspäten, wenn die Behörde früher schließt. Würden sich die, die um Verständnis bitten, in die Lage derer versetzen, die Verständnis haben sollen, würden sie sagen oder schreiben: *Wir* können ihren Ärger verstehen, dass der IC 123 zu spät kommt. *Uns* tut es Leid, dass sich der Lufthansa Flug LH 456 nach Rom um zwei Stunden verzögert.

Aber nein: Die Kundinnen und Kunden sind die Dummen – und sollen auch noch Verständnis haben. Das ist keine kundenorientierte Kommunikation.

Ein Liebesbrief in diesem Stil könnte etwa so ausfallen:

»Hierorts, den heutigen

1. Meine Neigung zu Dir ist unverändert.
2. Du stehst heute abend, 7 ½ Uhr, am zweiten Ausgang des Zoologischen Gartens, wie gehabt.
3. Anzug: Grünes Kleid, grüner Hut, braune Schuhe. Die Mitnahme eines Regenschirms empfiehlt sich.
4. Abendessen im Gambrinus, 8.10 Uhr
5. Es wird nachher in meiner Wohnung voraussichtlich zu Zärtlichkeiten kommen.

(gez.) Bosch, Oberbuchhalter«*

Kundenorientiert heißt: freundlich direkt zur Sache kommen. Lassen Sie umständliche Amtsfloskeln weg. Schreiben Sie:

* Kurt Tucholsky: Gesammelte Werke Bd. 7. Reinbek 1993, S. 275.

- Vielen Dank für Ihren Brief vom … – statt
  »Wir haben Ihr Schreiben vom … *dankend erhalten.*«
- Gerne antworten wir auf Ihre Frage(n) – statt
  »*Bezug nehmend* auf Ihre Anfrage vom …«
- Bitte beachten Sie – statt
  »Wir *teilen* Ihnen *mit*« (»Wir möchten Sie »in Kenntnis setzen«).
- Vielen Dank für Ihre Anmeldung zum – statt
  »Sie haben sich zum oben genannten Seminar bei uns angemeldet.«
- Über Ihre Bewerbung haben wir uns gefreut – statt
  hiermit bestätigen wir den Eingang ihrer Bewerbung um *o. g.* Stelle.«

Wenn Sie antiquierte Floskeln – von *anbei* über *bezugnehmend* bis *zwecks* – vermeiden, gewinnen Sie Zeit für freundliche Formulierungen: Vielen Dank für Bewerbung/Anmeldung … Über Ihr Interesse haben wir uns gefreut … Und statt für *Rückfragen* jeder Zeit *zur Verfügung zu stehen* (was zu Haltungsschäden führen kann, wenn Sie zu lange stehen), können Sie ermuntern: »Bitte melden Sie sich, wenn Sie noch Fragen haben« (und Ihre Durchwahl angeben).

2. Leben in Briefe lassen

Korrespondenz ist Kommunikation. Ansprechende und freundliche Korrespondenz gelingt dann, wenn Sie sich an alltäglichen Kommunikationssituationen orientieren, vor allem am (Telefon-)Gespräch. Aber auch vom Fernsehen kann man etwas lernen – vor allem mit Blick auf den Anfang und den Schluss, die Anrede und den Gruß.

Anrede

Wenn Sie jemanden treffen oder anrufen, sagen Sie »guten Tag«. Das ist freundlich. Ich empfehle Ihnen diese Alltagsnähe auch für Briefe. »Guten Tag« ist ein gewinnender Beginn:

- Guten Tag, Frau März,
- Guten Tag, liebe Frau März.

Diese Anrede hat zudem zwei Vorteile: Sie können sich das im Alltag unübliche »sehr geehrte(r)« sparen und das steife »sehr geehrte Damen und Herren«, wenn Sie weder Namen noch Geschlecht der Empfängerin bzw. des Empfängers kennen.

Gruß

Wie beenden Sie (Telefon-)Gespräche? Mit »ein schönes Wochenende« oder mit *»hochachtungsvoll«*? Mit »viele Grüße an Ihren Mann« oder mit *»vorzüglicher Hochachtung«*? Sagen Sie: »Ich rufe in den nächsten Tagen noch einmal an« oder: *»Ich verbleibe mit …«*? Bevorzugen Sie: »Melde dich doch bald mal wieder« oder: *»In Erwartung deiner … verbleibe ich …«*?

Auch für den Gruß empfehle ich die Nähe zum Sprach-Alltag. In vielen Büchern über Korrespondenz heißt der Gruß »Gruß*formel«*. *Formel* bedeutet: Ich muss nicht nachdenken, sondern mir nur etwas aus dem Formel-Angebot (*Hochachtungsvoll*, *mit freundlichen Grüßen* usw.) aussuchen. So entstehen 08/15-Briefe. Dabei macht es keine große Mühe, persönlich zu grüßen. Geht ein Brief nach Hamburg:

- *Viele Grüße nach Hamburg* oder
- *Viele Grüße an die Elbe.*

Zu wissen, dass Hamburg an der Elbe liegt, gehört zur Allgemeinbildung. An welchem Flüsschen Osnabrück liegt, wissen wenige. Es macht deshalb etwas her, mit *Viele Grüße an die Hase* zu schließen.

Bei schönem Wetter können Sie »sonnige Grüße« schicken

- *Sonnige Grüße nach Thüringen* oder
- *Sommerliche Grüße aus dem Rheinland.*

Wenn Sie sicher sind, dass Ihr Brief an einem Montag oder Freitag gelesen wird, wünschen Sie

- *Einen guten Start in die neue Woche* oder
- *Ein schönes Wochenende.*

Kurz: Vermeiden Sie Gruß*formeln*. Individualisieren Sie Ihren Gruß. Briefe sind viel zu wichtig, um dem Stil von Amtsleitern zu folgen.

Betreff

Für den Betreff mache ich Anleihen beim Fernsehen. Die *Tagesthemen* oder politische Magazine beginnen mit einer kleinen Vorschau. Etwa so: »Fallschirmspringer Möllemann ist wieder einmal unsanft gelandet.« Erst dann folgt das »Guten Abend, meine Damen und Herren.«

Mit einer solchen Vorschau statt einem steifen »Betrifft: ... Seminar«, ergänzt um: »Hier: 2 Tage-Seminar in ...« können Leserinnen und Leser gewonnen werden. Der Betreff soll den Inhalt eines Briefs zusammenfassen. Diese Funktion lässt Freiheiten. Machen Sie aus dem Betreff keinen bürokratischen Akt, sondern eine Vorschau oder eine Überschrift. Wenn Sie zum Beispiel einem Kunden mitteilen, dass Sie den gewünschten Termin einhalten oder sogar früher liefern können, beschränken Sie den Betreff nicht auf »Liefertermin«. Stellen Sie die »good news« heraus:

- Wir liefern pünktlich.
- Wir können schon am ... liefern.
- Wir können 8 Tage früher liefern.

Formulieren Sie, wenn es möglich ist, eine gute Nachricht, einen freundlichen Einstieg. In kurzen Begleitschreiben können Sie sich beim Betreff auf die freundliche Einstimmung des Lesers oder der Leserin konzentrieren. Vergleichen Sie bitte den folgenden Briefanfang mit dem Original (S. 121).

Ihr Buch hat mir gut gefallen

Guten Tag, Herr Franck,

und weil es mir so gut gefallen hat, möchte ich Sie als Leiter eines ... Seminars gewinnen.

Frauen sind keine Männer

Wenn der *liebe Patient* oder *Kunde* eine Patientin oder Kundin ist und unter den *sehr geehrten Herren* viele Damen sind, dann ist ein Brief ebenso misslungen wie eine Mitteilung an alle *Mitarbeiter*, in der die Mitarbeiterinnen nicht vorkommen. Frauen wollen nicht *mit*gemeint sein, sondern angesprochen werden – aber nicht als Kunde, sondern als Kundin und nicht als Geschäftspartner, sondern als Geschäftspartnerin.
Frauen lassen sich auch nicht mehr damit abspeisen, lediglich in der Anrede als Kundin angesprochen zu werden. Sie wollen auch im Text als *Expertin*, *Umweltschützerin*, *Spenderin* usw. vorkommen. Deshalb sollte von Spenderinnen und Spendern oder von Förderinnen und Förderern die Rede sein und der *Fachmann* durch die *Fachkraft* oder *Fachleute* ersetzt werden. Nicht nur der Großspender will über die Verwendung seines Geldes informiert haben, sondern auch die Großspenderin, die viel Geld überwiesen hat. Deshalb sollten sie auch genannt werden. Oft hilft der Plural. Ein wenig Überlegung hilft immer:

- Geschäftsreisende, die viel unterwegs sind, wollen ihr Ziel bequem erreichen (statt: Der Geschäftsreisende, der viel unterwegs ist, will sein Ziel …).
- Allen, die uns großzügig mit Spenden unterstützt haben, danken … (statt: Allen Großspendern danken …).
- Wer die Natur liebt, sollte … (statt: Naturliebhaber sollten …).

Missglückt ist folgender Versuch, für den sich ein gemeinnütziges Bildungswerk entschieden hat: »Sehr geehrter Herr Rückert, wir freuen uns, Sie als Teilnehmer/-in in unserem Seminar … begrüßen zu können.«

Der unfreundliche Zwischenbescheid (S. 118) erhält einen völlig anderen Tenor, wenn er mit einem gewinnenden Betreff eröffnet (und freundlich fortgesetzt) wird:

Vielen Dank für Ihre Bewerbung

Guten Tag, Frau …,

über Ihr Interesse an einer Mitarbeit im Zentrum … haben wir uns gefreut.
Eine sorgfältige Beurteilung aller Bewerbungen nimmt einige Zeit in Anspruch. Bitte melden Sie sich, wenn Sie noch Fragen zur Stelle oder dem Bewerbungsverfahren haben.

Viele Grüße in die Landeshauptstadt

Vor- und Nachname
Verwaltungsangestellter

PS
Früher schrieb man unter den Gruß das, was man vergessen hatte. Wer einen PC besitzt, kann Informationen problemlos nachträglich einfügen. Ein Postskriptum ist also nicht mehr notwendig.

Verzichten Sie trotzdem nicht auf einen Nachsatz. Heben Sie eine wichtige bzw. erfreuliche Mitteilung durch einen Nachsatz hervor. Viele Menschen lesen zuerst das PS. Nutzen Sie deshalb den »Columbo-Effekt« (diesen Begriff übernehme ich von Gerhard Bungert): Peter Falk dreht sich in der Krimiserie *Columbo* nach einem Gespräch an der Tür noch einmal um: »Ach, fast hätte ich vergessen …« – und dann kommt, ganz zum Schluss, die entscheidende Frage. Nutzen Sie, wenn immer es sinnvoll möglich ist, dieses dramaturgische Element. Dieser Aufmerksamkeitswecker erzeugt vor allem dann Wirkung, wenn am Schluss eine gute Nachricht steht – wie in der folgenden Version des auf Seite 121 zitierten Briefes:

Viel Spaß beim Lesen

Guten Tag, lieber Norbert Franck,

hier kommt das gewünschte Programm – eine Mischung aus neuen und bewährten Angeboten.
Wir hoffen, es ist etwas für dich dabei. Wenn du noch Fragen hast, melde dich bitte.

Viele Grüße nach Berlin

Petra ABC
für XYZ-Reisen

Das Beste zum Schluss: Wenn du bis zum 15. 6. eine Reise buchst, sparst du 10 %.

3. Die Perspektive muss stimmen

Wie man in den Wald hineinruft, so schallt es heraus. Der zitierte Zwischenbescheid und die Absage lösen kein freundliches Echo aus. Sie machen keinen guten Eindruck, weil sie aus der falschen Perspektive geschrieben sind: aus der »*Ich-will*-Perspektive«. Ich will, dass Sie uns in Ruhe lassen. Soll Frau ... als Kundin der Bildungseinrichtung gehalten werden, sollte aus der »*Ich-bemühe-mich*-Perspektive« geschrieben werden: Wir haben uns gefreut, dass Sie an unserem Entspannungsseminar teilnehmen möchten. Doch leider ist es schon ausgebucht ...

Mit dem Wort *leider* signalisiere ich: Ich kann mir vorstellen, dass die Absage für *Sie* unerfreulich ist. Und dieses Signal ist wichtig, denn der Empfänger, die Empfängerin registriert: Der Absender hat sich in meine Lage versetzt. Ein anderes Beispiel. Eine Pflegeeinrichtung teilt einer Patientin mit, dass die Betreuungskosten gesunken sind. In folgenden Worten:

09. August 2002

Betreuungspauschale

Sehr geehrte Frau …,

die Betreuungskosten wurden ab dem 01.05.2002 von 86,45 € auf 80,54 € geändert. Sie haben jedoch für die Monate Mai bis August noch 86,45 € bezahlt. Somit ergibt sich eine Überzahlung in Höhe von 23,64 €.

Wir bitten Sie, in Zukunft nur noch 80,54 € zu überweisen und die Überzahlung bei Ihrer nächsten Zahlung zu verrechnen.

Für Ihr Bemühen danken wir im voraus und verbleiben

mit freundlichen Grüßen

Die Buchhalterin, die diesen Brief schrieb, hatte nur die Arbeit vor Augen, die ihr die Patientin macht. Diese Sicht ist verständlich – aber kein guter Ausgangspunkt für einen freundlichen Brief. Deshalb entstand eine Mischung aus Vorwurf *(Sie haben jedoch …)* und Entschuldigung *(für Ihr Bemühen danken …)*. Nimmt man die Perspektive der Patientin ein, entsteht ein völlig anderer Brief, denn der Ausgangspunkt ist eine gute Nachricht:

Weniger Kosten für eine gute Betreuung

Guten Tag, Frau …,

ich habe eine gute Nachricht für Sie: Zum 1. Mai 2002 wurden die Betreuungskosten von 86,45 € auf 80,54 € gesenkt.
Da Sie von Mai bis August noch den alten Betrag überwiesen haben, beträgt Ihr Guthaben bei uns 23,64 €.
Bitte ziehen Sie diese Summe bei der nächsten Überweisung ab.

Mit freundlichen Grüßen

Absender

Petra Leserin
Im Buch 1
12345 Hier 1. März 2003

Hier sind die gewünschten Informationen

Guten Tag, liebe Leserin,

ich freue mich, dass Sie bis zu dieser Seite durchgehalten haben. Ihren Wunsch, mehr über die Form ansprechender Briefe zu erfahren, erfülle ich gerne. Aus meiner Sicht sind dies die wichtigsten Punkte:

Schreiben Sie im Flattersatz ohne Trennungen. Bei längeren Briefen können Sie bis zu 80 Zeichen bzw. Anschläge pro Zeile schreiben, bei kürzeren wie diesem weniger.

Beim Datum wird der Monat ausgeschrieben. Lassen Sie das Wort »Betreff« weg, und heben Sie den Betreff hervor durch Fettdruck. Der Hinweis auf Anlagen erfolgt 2 Zeilen nach dem (Firmen-) Namen. Das Wort »Anlage« wird nicht geschrieben und einem Nachsatz nicht »PS« vorangestellt.

Ein Muster für die Anrede sehen Sie oben. Hier noch zwei Vorschläge für den Gruß: »Bunte Herbstgrüße vom Rhein«, »Viele Grüße nach Hamburg«.

Weiter viel Spaß beim Lesen
wünscht Ihnen

Norbert Franck

Wenn Sie mehr Informationen brauchen, schauen Sie doch mal in mein Buch *Schreiben wie ein Profi*.

4.2 Nicht nur wenn es ums Geld geht: Das Mailing

»Ich möchte Ihnen bis zu 150 € Honorar zahlen«, kündigt mir eine Akademie auf dem Briefumschlag an. Sie will mir ihre »Schule des Schreibens« andrehen. »Streng vertraulich« steht auf dem Briefumschlag der *Nordwestdeutschen Klassenlotterie*. In ihrem Brief lobt sie mich als »kühlen Rechner« und will mich ausgerechnet zum Glücksspiel verleiten.

Mehr als einmal in der Woche* haben wir einen Brief mit einem Glückspfennig im Briefkasten oder die Mitteilung: »Herzlichen Glückwunsch! Sie haben gewonnen! Rubbeln Sie gleich Ihre Gewinnnummer frei!« Man schmeichelt, wir gehörten zum »ausgewählten Kreis« derer, die in den Genuss, Vorzug oder sonst was kommen. Wir werden eingeschüchtert: »Sie denken doch sicher an die Zukunft Ihrer Kinder!« Und natürlich heißt das: Schließen Sie bei uns eine Versicherung ab.

Für Direktwerbung, für Mailings werden in jedem Jahr Milliarden ausgegeben. 2001 verschickten in Deutschland Unternehmen 6,5 Milliarden Werbebriefe und über 4,5 Milliarden Wurfsendungen mit der Post.** In Massenpost wird durch persönliche Anrede in jedem zweiten Absatz vorgetäuscht, es handele sich um ein ganz individuelles Schreiben. Jedes fünfte Wort ist ein Superlativ. Und beim Drucken dieser Briefe wird die gesamte Farbpalette ausgenutzt. Die meisten Mailings folgen dem Motto ABD: anbiedern, bevormunden, für dumm verkaufen.

Viele Menschen sind deshalb nicht nur der Reklamezettel von Super- und Baumärkten überdrüssig. Sie haben auch keine Lust, Werbebriefe zu entsorgen, und machen das mit einem Aufkle-

* Jeder Haushalt erhält durchschnittlich zwischen 60 und 70 Werbebriefe pro Jahr.

** Zentralverband der deutschen Werbewirtschaft (Hrsg.): Werbung in Deutschland 2002. Bonn 2002, S. 331.

ber auf ihrem Briefkasten deutlich: »Keine Werbung einwerfen!«

Ich weiß nicht, ob viele Firmen bzw. Agenturen einfach einfallslos sind, oder ob sich immer noch genügend Dumme finden, die auf ihre Versprechen hereinfallen. Ich weiß aber, dass viele dieser Briefe ungelesen im Papierkorb landen – weil weder der Text noch die Form ansprechen.

Sie haben nichts zu verkaufen und fragen deshalb vielleicht, was geht's mich an? Ich habe auf der Seite 89 den Anfang eines Briefes zitiert, den der *Verein für Jugendsozialarbeit* an alle Haushalte der Stadt verteilte. Direktwerbung – oder vornehmer: Direktmarketing – ist für Vereine ein Mittel der Öffentlichkeitsarbeit. Der Brief war kein Mailing im Wortsinne, denn er wurde nicht mit der Post geschickt. Es geht mir jedoch nicht um Versandwege oder begriffliche Feinheiten, sondern um zwei Fragen: Wofür können Vereine das Medium Brief nutzen, um eine größere Zahl Menschen anzusprechen? Wie kann durch Text und Gestaltung ein ansprechendes Mailing erreicht werden?

Der *Verein für Jugendsozialarbeit* wollte mit seinem Mailing Mitglieder gewinnen. Ich dokumentiere diesen Brief auf der Seite 135, weil an ihm sehr gut einige typische Fehler erläutert werden können.

Viele Vereine verschicken nur dann Briefe, wenn sie etwas wollen – meist eine Spende. Dagegen ist nichts einzuwenden. Doch das Mittel Mailing darf sich nicht darin erschöpfen. Gerade wenn ein Verein etwas will, zum Beispiel Geld, ist es wichtig, dass die Empfängerinnen und Empfänger den Verein in der Vergangenheit schon einmal anders wahrgenommen haben – als ein »Unternehmen«, das auch etwas auf die Beine stellt. Andernfalls erscheint der Verein lediglich als (lästiger) Bittsteller, und die Spendenbereitschaft lässt über kurz oder lang nach.

Greenpeace ist auf dem Spenden»markt« unter anderem deshalb so erfolgreich, weil über die Medien anschaulich zu verfolgen ist, wofür die Spenden verwendet werden. Daraus lassen sich zwei Schlussfolgerungen ziehen:

1. Wenn Sie ein Spenden-Mailing machen, sollten Sie einen konkreten, greifbaren Verwendungszweck angeben können: *Wir brauchen, um X zu erreichen ein Y, das Z € kostet.* Ein Beispiel: Ein Vogelschutzcamp in Malta soll helfen, Zugvögel vor dem Abschuss zu retten.

   »Bitte helfen Sie mit bei dieser Aktion. Es geht um die Rettung tausender heimischer Zugvögel! Jede Spende hilft dem Camp und damit der Arbeit der Vogelschützer. (…)
   Für 200 € können wir ein gutes Fernglas kaufen. Dies brauchen die Vogelschützer, um die Vögel zu entdecken und Wilderer in ihrem Versteck auszumachen.«

   Werben Sie um Spenden, um ihre Arbeit »fortsetzen zu können«, bleibt das sehr allgemein und hat keinen starken Aufforderungscharakter.

2. Es ist Teil der Öffentlichkeitsarbeit, ab und an etwas von sich »hören« zu lassen. Es muss nicht die spektakuläre Besetzung einer Ölplattform sein, über die alle Medien berichten. Wenn Ihr Verein ein sinnvolles Projekt plant, informieren Sie die passiven Mitglieder und Interessierte darüber. Schreiben Sie einen »Newsletter«: Schicken Sie alle zwei, drei oder vier Monate einen Brief »Neues von unserer Arbeit« heraus. Dieser Informationsbrief kann mit dem Nachsatz enden, dass Spenden von der Steuer abgesetzt werden können oder, um auch die zum Spenden zu ermuntern, die wenig Geld haben: »Wir freuen uns über jeden Betrag. Jede Spende, ob 15, 30, 50 € oder ein anderer Betrag, hilft uns …« Die drei Punkte sind durch einen konkreten Zweck zu ersetzen – zum Beispiel: ein wertvolles Biotop zu schützen, politischen Flüchtlingen Sprachunterricht zu geben, geschlagenen Frauen einen Zufluchtsort zu erhalten.

Machen Sie regelmäßig ein »Lange nichts gehört«-Mailing an alle, die in den letzten sechs (oder zwölf) Monaten Informationen angefordert, sich aber nicht mehr gemeldet haben: Informieren Sie, was es im Verein Neues gibt. Ich bekomme ungefähr alle drei Monate von einer Werbeagentur, mit der ich ein Jahr zusammengearbeitet habe, einen »Positive letter«, in dem die Agentur über positive Entwicklungen in ihrem Hause informiert. Für nicht einmal 5 € pro Jahr bringt die Agentur sich so bei einem Multiplikator und potenziellen Kunden originell und unaufdringlich in Erinnerung. Die Wirkung ihres »letters« beruht nicht auf einem großen finanziellen Aufwand, sondern auf zehn bis zwanzig gut getexteten Zeilen.

Beim Schreiben und Gestalten von Mailings sollten Sie sich weder an den marktschreierischen Werbesendungen orientieren noch an der bürokratischen Orgie des *Vereins für Jugendsozialarbeit.*

Bescheiden in der Form

Ich habe im ersten Kapitel in der Sprache der PR-Zunft den Grundsatz *form follows function* hervorgehoben. Ich übersetze ihn für Mailings: in der Form bescheiden auftreten. Verzichten Sie auf aufwändiges Briefpapier und Mehrfarbendruck, eine Zusatzfarbe genügt. Ihr Brief sollte keine Assoziation mit kommerziellen Unternehmen hervorrufen. Eine aufwändige Gestaltung ist vor allem dann unangebracht, wenn Sie um Spenden für Ihre Arbeit oder Menschen in Not werben. Nutzen Sie nicht, wie häufig empfohlen wird, »die ganze typographische Klaviatur: unterstreichen, einrücken, in Kästen setzen, Kursivschrift usw.«.* So würden Sie nie einen Brief schreiben. Verzichten Sie deshalb auf Gestaltungsmätzchen: ein *Serien*brief soll ein *Brief* bleiben, für dessen Gestaltung Sie mit den Hinweisen auf der Seite 130 gut

* Ulrich Herzog: Text in der Praxis. Essen 1991, S. 226.

auskommen. Da Autodidakten »immer übertreiben« (wie es in Fontanes *Stechlin* heißt), sollten alle, die keine Profis am PC sind, besonders zurückhaltend sein mit der »typographischen Klaviatur«. Briefe geraten sonst leicht aus der Form.

Richten Sie Ihre Energie lieber darauf, jeden Brief in der Serie mit der Anschrift und einer persönlichen Anrede zu versehen. Wenn Sie diese Anforderung nicht bewältigen können, wenn Sie mit Standardbriefen arbeiten, bemühen Sie sich um die zweitbeste Lösung, um eine Zielgruppen-Ansprache: Liebe(r) Kunstfreund(e), Frauen, Väter, Naturfreund, Interessentin usw. Bleibt Ihnen dann noch Zeit, kleben Sie Briefmarken auf die Umschläge statt eine Frankiermaschine zu benutzen, das gibt den Briefen eine persönliche Note.

Verein für Jugendsozialarbeit e. V.
Postfach Ort Rückfragen an:

Ihr Zeichen Ihre Nachricht Unser Zeichen Datum

im Juli …

Werden Sie Mitglied im Verein für Jugendsozialarbeit

Sehr geehrte Damen und Herren,

in gemeinsamer Anstrengung mit der Stadt Bad Honnef und dem Rhein-Sieg-Kreis ist es dem Verein für Jugendsozialarbeit e. V. gelungen, das Haus der Jugend an der Bahnhofstraße 2 zu sanieren und die unter pädagogischer Leitung stehende Einrichtung wieder allen Jugendlichen der Stadt zur Verfügung zu stellen.

Der Trägerverein kann sich jedoch nicht selbstzufrieden zurücklehnen. Verbesserungen in den Angeboten mit dem Ziel einer höheren Akzeptanz sind ein Nahziel, das mit langem Atem erreicht werden soll. Darüber hinaus hat sich im Stadtteil Aegidienberg eine Initiativgruppe gegründet, die mit dem Verein einen Jugendtreff in Aegidienberg einrichten möchte.

Für alle diese Aktivitäten benötigt der Verein nicht nur materielle Unterstützung, sondern auch Mitglieder, die sich der offenen, überparteilichen und weltanschaulich neutralen Jugendarbeit verbunden fühlen und bereit sind, die Arbeit ideell mitzutragen.

Der Vorstand bittet Sie daher darum, Mitglied des Vereins für Jugendsozialarbeit und damit sein Förderer zu werden. Sie können damit wesentlich dazu beitragen, daß sich Offene Jugendarbeit unter freier Trägerschaft in unserer Stadt weiter fortentwickeln kann. Der jährliche Mitgliedsbeitrag beläuft sich lediglich auf 12,00 €.

Für weitere Auskünfte stehen die Vorstandsmitglieder gerne zur Verfügung.

In der Hoffnung, Sie bald als neues Mitglied begrüßen zu können, verbleiben wir mit herzlichen Grüßen

Vorsitzender	Geschäftsführer	Kassiererin
P. E.	M. P.	C. N.

ABC Bank Bad Honnef 1234567 [BLZ 36061288]

Nehmen Sie auf keinen Fall die Sorte Briefpapier, die der *Verein für Jugendsozialarbeit* einsetzt: *Ihr Zeichen*, *Unser Zeichen* usw. erinnert an unpersönliche Schreiben vom Finanzamt und anderen Behörden. Der *Verein für Jugendsozialarbeit* macht noch eine weitere Behördenanleihe, die seinem Brief die letzte persönliche Note nimmt: Die Damen und Herren vom Vorstand haben nicht unterschrieben – nach dem Bürokratenmotto: »Gültig ohne Unterschrift.«

Klar und ansprechend der Inhalt

Für den Aufbau und Stil eines Mailings ist die A^3-Formel (vgl. S. 111) hilfreich und das, was ich im Abschnitt über Briefe geschrieben habe. Ich kontrastiere diese Empfehlungen mit dem Brief des *Vereins für Jugendsozialarbeit*:

»Werden Sie Mitglied im Verein für Jugendsozialarbeit!« ist eine klassisch schlechte Überschrift. Von einem *klassisch* misslungenen »Betreff« spreche ich deshalb, weil – wie in so vielen Texten von Vereinen – die falsche Perspektive gewählt wurde: der Vereinsnutzen. Es wird, und das ist der klassische Fehler, nicht unterschieden zwischen dem Zweck des Mailings und der Ansprache. Um den Zweck zu erreichen, muss der Text aus der Sicht der Adressatinnen und Adressaten aufgebaut werden: Was haben sie davon, wenn sie meiner Aufforderung folgen? Das Versprechen, schreibt ein erfolgreicher Werbeprofi, ist die »Seele der Werbung«. Sie werden nie eine Anzeige lesen: »Kaufen Sie den neuen *Nissan Primera.*« Werbung verspricht den Verbraucherinnen und Verbrauchern einen Nutzen – nicht irgendeinen, sondern einen besonderen. *Nissan* verspricht nicht, dass man mit dem neuen *Primera* von A nach B fahren kann. Suppenhersteller versprechen nicht, dass ihre Suppe satt macht. Und für Mineralwasser wird nicht mit dem Hinweis geworben, dass es den Durst löscht. Vielmehr wird versprochen »Trink *Brohler* und Du fühlst Dich wohler«. In der Suppenwerbung wird der gute Geschmack hervorgehoben oder auf Fitness und Gesundheit abgehoben. Und Autokonzerne versprechen »Vorsprung durch Technik«, »Platz für die ganze Familie« oder dass Ihre Nachbarn garantiert neidisch werden, wenn Sie mit dem neuen *Volvo* vorfahren.

Versprechen können glaubwürdig oder überzogen sein; sie können Wünsche wecken oder an den Bedürfnissen vorbeigehen. Werbung kann gut oder schlecht sein. Der Grundgedanke ist wichtig und übertragbar: Will ich Interesse für mein Angebot wecken, muss ich den Nutzen für die herausstellen, denen ich ein Angebot mache – auch dann, wenn ich nichts verkaufen will. Soll zum Beispiel mit einer Einladung erreicht werden, dass viele Vereinsmitglieder zur Mitgliederversammlung kommen, muss ich deren Perspektive einnehmen: Was haben *sie* davon, wenn sie meiner Einladung folgen? Welche Interessen, Wünsche, Bedürfnisse oder Hoffnungen sollte ich ansprechen?

Vor dem Schreiben einer Einladung, einer Ankündigung oder eines anderen Textes, mit dem ich etwas erreichen will, stehen deshalb die Fragen:

- Was habe ich anzubieten?
- Was haben die Adressatinnen und Adressaten von meinem Angebot?

Ich habe auf der Seite 98 folgende Überschrift für den Brief des *Vereins für Jugendsozialarbeit* vorgeschlagen: »Eine gute Nachricht«. Für eine pfiffigere Überschrift liefert der Brief keine Anhaltspunkte. Optimal ist die Überschrift erst dann, wenn der Nutzen eines nicht kommerziellen Freizeitangebots hervorgehoben wird, an dem zumindest Eltern interessiert sein könnten.

Der Fehler in der Überschrift wird im zweiten Absatz wiederholt: Statt vom Interesse der Adressaten her zu argumentieren (und rasch zur Sache zu kommen), folgt nach einer steifen Anrede und einem misslungenen Einstieg ein Selbstappell: »Der Trägerverein kann sich jedoch nicht selbstzufrieden zurücklehnen« (warum eigentlich nicht? Und was ist ein *Trägerverein*?). Weiter geht es mit Selbstkritik: »Verbesserungen in den Angeboten mit dem Ziel einer höheren Akzeptanz« (aha, daran mangelt es offenbar). Die Selbstkritik wird abgerundet durch einen Schuss Hoffnungslosigkeit: »sind ein Nahziel, das mit langem

Atem erreicht werden kann« (schon für ein Nahziel brauchen die einen *langen* Atem!).

Diese Vereinsprosa wäre in einem Rechenschaftsbericht, der intern bleibt, noch halbwegs akzeptabel; werbend ist sie nicht.

Erst im dritten Absatz geht es zur Sache – und wieder daneben: Statt klar zu schreiben, »was Sache ist«, wird Vereinsphilosophie geboten: »offene, überparteiliche und weltanschaulich neutrale Jugendarbeit«. Ist dieses Etikett ein Gütesiegel, gehört es nicht in einen Nebensatz. Wenn der Verein Spenden will oder Mitglieder, die seine »Arbeit ideell mittragen« (was immer das ist), dann geht es auch eine Nummer kleiner, dann reicht die Aufforderung, sinnvolle Jugendarbeit zu unterstützen – auch ohne Bekenntnis zur Vereinsphilosophie von der »überparteilichen und weltanschaulich neutralen Jugendarbeit«.

Schließlich »verbleibt« der Vorstand »mit herzlichen Grüßen« und überlässt es den Lesenden, ob sie darüber rätseln wollen, wo denn der Vorstand *verbleibt*, oder über die Frage, ob die Grüße nur unter der Bedingung herzlich sind, dass man Vereinsmitglied wird.

Es geht mir nicht darum, einen kleinen Verein herunterzuputzen. Ich habe den Brief so bissig kommentiert, um nochmals einen zentralen Gedanken jeder Öffentlichkeitsarbeit deutlich zu machen: Es hängt vor allem von der Perspektive ab, von der aus geschrieben wird, ob ein Text gelingt oder misslingt. Man muss kein großer Texter oder eine begnadete Texterin sein, um ansprechende Briefe zu schreiben oder ein Erfolg versprechendes Mailing auf den Weg zu bringen. Wenn die Schreibperspektive stimmt, können Sie mit den Hinweisen aus diesem Kapitel passable Ergebnisse erzielen.

4.3 Wenn der Postmann nicht mehr klingelt: Fax und E-Mail

Ein Fax ist fix verschickt. Das ist ein Plus. Viele machen Faxen mit dem Fax. Das ist ein Nachteil. Mit Electronic Mail lässt sich Zeit und Geld sparen – und schnell ein schlechter Eindruck machen. Faxe und E-Mails sind, wie konventionell verschickte Briefe, Visitenkarten, die einen guten oder einen schlechten Eindruck machen. Deshalb gebe ich einige Hinweise zur Imagepflege. Zunächst zum Fax:

1. Das schönste Design des Briefpapiers und der beste Laserdrucker nützen wenig, wenn die Qualität des Empfangsgerätes schlecht ist, der Adressat eines Schreibens ein schlecht zu lesendes Blatt Papier in der Hand hält. Schicken Sie deshalb, wenn es die Zeit erlaubt, einen Brief und kein Fax.
2. Ein Fax kostet den Empfänger oder die Empfängerin Geld: sein Papier, ihr Toner wird verbraucht. Abbildungen, schwarze Balken und ähnliches strapazieren den Toner besonders stark und blockieren das Faxgerät relativ lange.
3. An die Anonymität von Behörden haben wir uns gewöhnt. Deshalb irritiert uns auch der Hinweis »Computerausdruck auch ohne Unterschrift gültig« auf einem Steuer- oder anderen Bescheid nicht mehr. Nachahmenswert ist diese unpersönliche Form der Kommunikation nicht. Deshalb sollte zweimal überlegt werden, ob ein Fax direkt vom PC ohne Unterschrift verschickt wird.

Zur Electronic Mail eine Regel und sieben Hinweise. Die *Regel:* Vertrauliche Daten und Informationen gehören nicht in eine E-Mail. Die *Hinweise:*

1. *E-Mailitis* ist die Angewohnheit, in E-Mails mit der Sprache schludrig umzugehen. Nur weil ein elektronisch verschickter Brief schneller ankommt, sollte er nicht nachlässiger geschrieben werden. Aber nicht wenige meinen, ein laxes *Hallo* oder

Ciao genügen bei einer E-Mail als Anrede oder Gruß und über Tippfehler würde hinweggesehen. Das *Emnid-Institut* hat ermittelt, dass die Mehrzahl der Empfängerinnen und Empfänger von E-Mails einen solchen schludrigen Umgang mit der Sprache nicht mag.*

2. *E-Mailitis* im fortgeschrittenen Stadium erkennen Sie an folgendem Symptom:

   »Dr. Norbert Franck wrote:
   (Es folgt der Text meiner E-Mail)

   Sehr geehrter Herr Dr. Franck,

   vielen Dank fuer Ihre Antwort …«

   Niemand würde in einer Antwort, die mit der »Schneckenpost« verschickt wird, zunächst das Schreiben zitieren, auf das geantwortet wird. Es gibt keinen vernünftigen Grund, dies bei E-Mails anders zu machen. Warum soll die Empfängerin oder der Empfänger erst den eigenen Brief lesen oder suchen müssen, wo die Antwort steht? Und es gibt schon gar keinen Grund, dass zunächst der E-Mail-Verteiler auf dem Bildschirm erscheint.
3. Über ASCII-Grimassen [:-)] mögen Kinder und Jugendliche schmunzeln. Kunden und Geschäftspartnerinnen reagieren eher so :-(statt erfreut. Die inzwischen nicht mehr originellen Emoticons haben daher allenfalls in privaten Mails ihren Platz – aber auch nur dann, wenn man nicht sicher sein kann, dass der Empfänger oder die Empfängerin diese Zeichen versteht.
4. Electronic Mail soll Zeit sparen und die Arbeit erleichtern. Häufig ist das Gegenteil der Fall: Es werden zum Beispiel In-

* http://www.agenturcafe.de/studien/index_10778.htm – 22.1.2001. S. a. Wirtschaftswoche Nr. 35 vom 22. 8. 2002, S. 85–87.

formationen angefordert, aber keine Postanschrift angegeben. Liegen die gewünschten Informationen nur in gedruckter Form vor, muss zunächst nach der Postanschrift gefragt werden. Das ist lästig.

5. Enthält eine E-Mail Informationen, die ich zu einem späteren Zeitpunkt noch einmal brauche, ärgert es mich, dass *ich* sie ausdrucken muss, um sie ablegen zu können. Das kostet meine Zeit, mein Papier und verbraucht meinen Toner. Deshalb haben bei mir alle Firmen schlechte Karten, die mir Angebote mailen.
6. Versehen Sie eine E-Mail nur dann mit dem Zusatz »hohe Dringlichkeit«, wenn die Nachricht *wirklich* umgehend gelesen werden muss. Und kontrollieren Sie Ihre Kommunikationspartner nicht mit der Option »Das Lesen dieser Nachricht bestätigen«.
7. Schließlich: Bei einem modernen Medium fällt es besonders auf, wenn antiquiert formuliert wird. Ein Beispiel aus dem kommerziellen Bereich:

»Datum: 19. 11. 02, 15:54:43
Betreff: Fw.: Angebot von Drucksachen

Sehr geehrte Damen und Herren!

Wir unterhalten einen Spezialbetrieb für den Druck von Dissertationen, wissenschaftlichen Arbeiten, Übungstexten und Verlagsbüchern.

Das Angebot zeichnet sich aus durch besondere Preiswürdigkeit, günstige Lieferzeiten und auch durch Anpassungsfähigkeit der Reproduktion an Vorlagen, die nicht optimal sind.

Absolute Termintreue und eine seriöse Ausführung der Druck- und Bindearbeiten sind für uns eine Selbstverständlichkeit.

Weitere Informationen erhalten Sie über unser Homepage:
info@grüber.de

Druckerei A & B Grüber
Turmstr. 3
12345 Altenstadt
Tel. (0 12 34) 56 78
Fax: (0 12 34) 56 79
eMail: info@grüber.de«

Bei dieser E-Mail muss jemand geübt und vor Aufregung einen Gruß vergessen haben. Die *Homepage* ist identisch mit der *eMail*-Adresse – und einmalig: die Druckerei darf ein *ü* in der E-Mail-Adresse haben. Zum Stil würde eher eine Beförderung durch eine Brieftaube passen. Kurz: Die Versandart Fax oder E-Mail ist kein Freibrief für Nachlässigkeit oder Spielereien. Sind Fax oder E-Mail Geschäftsbrief, gelten die gleichen Anforderungen wie für Geschäftsbriefe, die auf herkömmliche Weise verschickt werden.

4.4 Checkliste: Briefe, Mailing, E-Mail

Gewinnen statt abschrecken:
7 Grundsätze

1. Briefe sind PR. Sie können Vertrauen schaffen, das Profil eines Vereins schärfen und sein Ansehen fördern. Kundenorientierte Briefe machen Eindruck, der sich herumspricht. Gute Briefe sind Türöffner.
2. Gute Briefe sind verständlich, freundlich und ansprechend.
3. Ansprechende und freundliche Korrespondenz gelingt dann, wenn sie sich an alltäglicher Kommunikation orientiert. In moderner Korrespondenz ist Leben – in der Anrede und dem Gruß, dem Betreff und PS.

4. Briefe schreiben heißt an andere schreiben. Deshalb muss die Perspektive der Empfängerinnen und Empfänger die Grundlage für den Aufbau und das Formulieren eines Briefes sein.
5. Design ist mehr als Schein: Die Brief-Form muss stimmen.
6. Spenden-Mailings müssen einen konkreten, greifbaren Verwendungszweck für das Geld angeben, um das geworben wird.
7. E-Mails kommen schneller an als Briefe. Sie dürfen aber nicht nachlässig formuliert werden, sondern müssen gute papierfreie Briefe sein.

Gewinnen statt abschrecken: Checkliste

Ist der *Brief* frei von Amtsfloskeln und antiquierten Formulierungen – wird verzichtet auf

- ❑ anbei, anliegend, in der Anlage senden (oder gar übersenden)?
- ❑ Bezug nehmend auf, wir beziehen uns auf Ihr …?
- ❑ dienen, dienlich gewesen zu sein?
- ❑ dürfen, darf ich mich für … bedanken?
- ❑ erhalten: Wir haben Ihr Schreiben dankend erhalten?
- ❑ höflichst: Wir bitten Sie höflichst?
- ❑ in Kenntnis setzen?
- ❑ in Rechnung stellen?
- ❑ in der Hoffnung?
- ❑ mit Datum vom …?
- ❑ mit der Bitte um Verständnis?
- ❑ o. g., obige Angelegenheit?
- ❑ u. g.?
- ❑ unsererseits?
- ❑ unter Bezugnahme?
- ❑ verbleiben?
- ❑ zur Verfügung stehen?
- ❑ zwecks?

Wurde
- ❑ auf eine steife Anrede und eine Gruß*forme*l verzichtet?
- ❑ ein freundlicher Betreff bzw. Briefbeginn formuliert?
- ❑ im PS auf eine wichtige bzw. erfreuliche Tatsache hingewiesen?
- ❑ die Perspektive der Empfängerin, des Empfängers beim Schreiben berücksichtigt?

Steht im *Spenden-Mailing*
- ❑ ein aufmerksamkeitsstarker Betreff am Anfang?
- ❑ eine konkreter, fassbarer Zweck im Mittelpunkt?
- ❑ die Form in einem vernünftigen Verhältnis zum Inhalt?

Wird im *Mailing*
- ❑ der Nutzen (der Veranstaltung, des Bildungsangebots, der Aktion, der Unterschriftensammlung usw.) für den oder die Angesprochene deutlich gemacht?
- ❑ persönlich angesprochen?
- ❑ auf Vereinsprosa verzichtet?

Ist die *E-Mail*
- ❑ freundlich und adressatengerecht formuliert?
- ❑ frei von Tippfehlern?

III. Wirksame Pressearbeit

Sie sind dumm, faul und ignorant – Journalistinnen und Journalisten. Sie sind zu dumm, aus detaillierten Ausführungen über die Probleme, die sich aus neuen Bestimmungen im BSHG für die Sozialarbeit ergeben, eine Nachricht zu machen. Sie sind zu faul, über die umfangreiche Novelle des Bundesnaturschutzgesetzes zu berichten. Sie sind ignorant und berichten nie über die Mitgliederversammlung des Kreisverbands der Grünen. Aber wenn sie Gerüchte über einen heftigen Streit im Kreisvorstand aufgeschnappt haben, rufen sie gleich dreimal am Tage an.

So oder so ähnlich klagen die Verantwortlichen für Pressearbeit, wenn ihre Organisation in den Medien nicht gut »rüberkommt«. Klagen hilft nicht. Und in der Regel wissen die Kläger: Auch auf Journalistinnen und Journalisten trifft die Volksweisheit zu, dass es immer »solche und solche« gibt. Es ist nicht die vordringliche Aufgabe der Medien, freundlich zu einer Organisation zu sein.

Journalistinnen und Journalisten sind an brauchbaren Informationen interessiert. Für den Umgang mit ihnen ist ein altes Sprichwort sehr hilfreich: »Was Du nicht willst, das man Dir tu, das füg auch keinem anderen zu.« In der Regel lesen nur Fachleute (notgedrungen) ausführliche Texte über Gesetzesbestimmungen. Die wenigsten wollen umfassende Berichte über eine Tagung lesen. Interessant ist, wie der ehemalige Bundeskanzler treffend formulierte, »was am Ende hinten raus kommt«.

Wer »rüberkommen« will, sollte sich also fragen:

- Was erwarten Journalistinnen und Journalisten von mir?
- Welche Informationen kann ich bieten?
- Wem bietet das, was ich bieten kann, etwas?

Das sind Fragen nach den Anlässen und Adressaten (vgl. Kapitel 1) von Pressearbeit und dem Nachrichtenwert eines Angebots (vgl. Kapitel 2): Interessiert das, was ich den Medien anzubieten habe, deren Leser oder Zuhörerinnen? Und wenn ich etwas Interessantes anzubieten habe, wie muss ich es aufbereiten? Um diese Fragen geht es in diesem Kapitel. Ich gebe Hinweise für eine wirksame Pressearbeit*. Resonanz kann Pressearbeit dann erzeugen, wenn sie seriös und informativ ist, aktuell und kontinuierlich, gezielt und verständlich. Was das heißt, zeige ich in den folgenden Abschnitten. Vorab zwei Anmerkungen:

1. Eine gute Medienresonanz ist häufig nur dann zu erreichen, wenn der Vorstand und die Fachleute in einer Organisation davon überzeugt werden können, dass Pressearbeit einer eigenen Logik folgt. Die Interessen des Vorsitzenden oder die Perspektive der Fachreferentin decken sich nicht notwendig mit den Erfordernissen, vor denen die oder der Verantwortliche für Pressearbeit steht.
   Während zum Beispiel die Fachreferentin darauf Wert legt, dass ihre gründliche Expertise über die Schadstoffe in Kosmetika wissenschaftlich korrekt an die Presse geht, muss der Pressesprecher das Interesse der Verbraucherinnen und Verbraucher in den Mittelpunkt stellen. Er wird vor allem die Gefahren betonen, die von Konservierungs- und anderen Zusatzstoffen ausgehen. Und Verständlichkeit ist ihm wichtiger als wissenschaftliche Vollständigkeit.
   Ein anderes Beispiel: Der Verbandsvorstand hat der Landesregierung ein Reformkonzept vorgeschlagen. Die Vorstandsmitglieder mögen vor allem daran interessiert sein, dass sie als Initiatoren in der Zeitung stehen. Die Verantwortliche für Pressearbeit muss prüfen, was sie in den Vordergrund stellt: *wer* das Reformkonzept vorgelegt hat oder *was* die zentralen Punkte des Konzepts sind.
   Solche unterschiedlichen Perspektiven sind in Vereinen und

* Ich verwende den Begriff »Presse« synonym für alle Medien.

Verbänden oft Quelle von Auseinandersetzungen, die nur sinnvoll zu lösen sind, wenn Zuständigkeiten eindeutig und verbindlich festgelegt werden.

2. Die folgenden Hinweise sind keine Rezepte. Beim Umgang mit Medien ist es wie beim Kochen: Ein gutes Rezept ergibt noch kein leckeres Gericht. Notwendig sind Erfahrungen und die Kenntnis der konkreten Bedingungen. Die beste Backanleitung nützt nichts, wenn zum Beispiel mein Herd zu viel Oberhitze abgibt. Zu wissen, was eine gute Presseerklärung ausmacht, was bei der Vorbereitung einer Pressekonferenz zu beachten ist usw., löst noch nicht das Problem, dass eine Lokalzeitung vor allem über die Sparkasse und die Einzelhandelsgeschäfte berichtet, die regelmäßig Anzeigen schalten. Und wenn der Chef der Lokalredaktion jeden Freitag mit dem Bürgermeister am »Honoratioren«-Stammtisch sitzt, hat es die Opposition häufig schwer, angemessen im Lokalteil berücksichtigt zu werden. Mein Angebot muss also für die unterschiedlichen Bedingungen am Ort und die Voraussetzungen eines Vereins übersetzt und erprobt werden.

1. Knapp und klar: Die Pressemitteilung

Sie lesen in der Zeitung, was der Kanzler meint oder der Fraktionschef plant. Sie hören im Rundfunk, was die Ministerpräsidentin will und die Opposition ablehnt. Die Grundlage solcher Nachrichten ist in vielen Fällen eine Pressemitteilung. Auf Pressemitteilungen beruht ein großer Teil der Meldungen, die wir täglich lesen oder hören. Tausende von Mitteilungen für die Presse werden täglich geschrieben. Mehr als drei Viertel dieser Mitteilungen werfen Journalistinnen und Journalisten in den Papierkorb. Das ist nur scheinbar ein Widerspruch.

Zunächst ist eine Pressemitteilung nichts als Papier. Wer viel

Papier produziert, erzielt noch lange keine Resonanz. Wer dauernd auf die Pauke haut, wird nicht besser gehört, sondern macht die Ohren taub. Jedes Instrument wird stumpf, wenn es zu häufig eingesetzt wird.

Grundlage einer erfolgreichen Pressearbeit sind brauchbare Informationen für Journalistinnen und Journalisten. Deshalb ist täglich aufs Neue zu fragen: Hat die Mitteilung, die an die Presse gehen soll, für den Empfänger einen Nachrichtenwert? Kurzgeschichten, Amateurlyrik, akademische Versatzstücke oder allgemeine Kommentare zur Weltgeschichte erfüllen dieses Kriterium nicht. Sie sind kein Stoff für Pressemitteilungen. Es kommt in der Pressearbeit nicht darauf an, Informationskanäle zu verstopfen, sondern sie intelligent zu nutzen. Aus diesem Grunde sollte immer geprüft werden:

- Ist ein Anlass oder Ereignis wichtig genug, um sich damit an die zu Presse wenden?
- Ist dieser Anlass/das Ereignis für Leser oder Zuhörerinnen von Bedeutung?

Nur wenn beide Fragen positiv beantwortet werden können, lohnt die Mühe, eine Pressemitteilung zu schreiben. Was ist dabei zu beachten?

1.1 Auf den Punkt kommen

Pressemitteilungen werden nicht für die Leserinnen und Leser geschrieben, sondern für Redakteure. Die Empfängerinnen und Empfänger sind Profis. Und diese Profis haben in der Regel wenig Zeit und bekommen viele Texte auf den Schreibtisch. Darauf muss man sich einstellen und schnell »auf den Punkt kommen«:

- sich kurz fassen. Journalisten wünschen sich Pressemitteilungen, die nicht länger als 40 Zeilen sind (bei einer sehr wichtigen Mitteilung dürfen es auch 50 Zeilen sein);
- verständlich schreiben;
- klar gliedern.

Die Kunst besteht darin, sowohl kurz und knapp als auch umfassend zu informieren. *Kurz und knapp*: Verzichten Sie auf weitschweifige Ausführungen – vor allem auf Eigenlob und Vereinsprosa. *Umfassend* meint in erster Linie: die sechs W-Fragen (vgl. S. 93 f.) müssen beantwortet werden. Das wurde in der Pressemitteilung des *Netzwerks Ostend* versäumt. Ich zitiere sie nochmals: Prüfen Sie bitte, welche W-Fragen unbeantwortet bleiben.

> »Die Versorgung alter und kranker Menschen ist gefährdet
> Netzwerk Ostend: ein konstruktives Lösungsmodell
>
> Das Netzwerk Ostend ist eine Arbeitsgemeinschaft verschiedenster Einrichtungen der Altenarbeit. Die mitarbeitenden RepräsentantInnen der unterschiedlichsten Institutionen stellten ihre Vorschläge zur Verbesserung der Situation alter Menschen den zuständigen BezirkspolitikerInnen und Bundestagsabgeordneten vor.
> Es wurden u. a. angesprochen:
> - Einrichtung eines pflegerischen Notdienstes;
> - Schaffung von Transparenz über das vorhandene Angebot, z. B. in Form eines Stadtteilführers;
> - Unterstützung von pflegenden Angehörigen durch Schulung und Beratung.
>
> Der Sozialdezernent Herr Dehm, der Bundestagsabgeordnete Herr Pfeifer sowie die VertreterInnen der Bezirksfraktionen zeigten sich beeindruckt von der kooperativen Zusammenarbeit und wollen das Netzwerk auch in Zukunft unterstützen.«

Die Pressemitteilung gibt keine Auskunft,

- *warum* (*wodurch*) die Versorgung alter und kranker Menschen gefährdet ist,
- *wie* diese Gefährdung aussieht,
- *wofür* das Netzwerk ein konstruktives Lösungsmodell ist,
- *wann* und *wo* die Netzwerk-Mitarbeiterinnen die Politiker über ihre Vorschläge informierten (und *wie* diese das Netzwerk unterstützen).

Eine unvollständige Pressemitteilung bedeutet für den Empfänger Arbeit. Er muss die Informationen vervollständigen, wenn er aus der Mitteilung eine Meldung machen will. Dazu haben Redakteurinnen und Redakteure oft weder Zeit noch Lust – und die Pressemitteilung landet im Papierkorb.

Die Pressemitteilung des Netzwerks weckt kein Interesse, sich die Mühe des Recherchierens zu machen: Sie ist wenig konkret und bietet keine Ansatzpunkte für eine Geschichte. Das Wichtigste fehlt, weil die Organisationsperspektive im Vordergrund steht: Wer ist warum in welcher Hinsicht gefährdet? Sind viele alte und kranke Menschen betroffen? Gerade das, was Medien besonders interessiert, wurde in der Pressemitteilung weggelassen: menschliche Schicksale.

Die W-Fragen erschöpfend beantworten, heißt nicht, die Leser mit Details zu erschöpfen: Eine Pressemitteilung sollte nicht länger als eine DIN A 4-Seite sein. Das Wichtigste, der Kern der Mitteilung – wer, was, wann, wo – gehört an den Anfang, dann folgenden die näheren Umstände und gegebenenfalls Einzelheiten:

wer	Das Schwarzstädter Kinderschutz-Zentrum muss
was, wann	seine Arbeit zum 1. Juni … einstellen, weil ihm die
warum	Stadt keine Fördermittel mehr bewilligt. Das bedeutet: Es wird in Zukunft keine kostenlose Beratung und Therapie mehr geben für Kinder, die …«

Der erste Satz kann für sich stehen. Er könnte so in den Rundfunknachrichten gesendet werden. Redakteure kürzen gewöhnlich vom Ende her. Auch deshalb ist es entscheidend, das Wichtigste an den Anfang zu stellen.

In der folgenden Pressemitteilung, herausgegeben von der Verwaltung einer Kreisstadt in Sachsen, steht das Unwichtigste am Anfang:

Aufruf zum 4. »Tag der erneuerbaren Energien«

Wie in den Vorjahren ruft die Stadt … zum 4. »Tag der erneuerbaren Energien« am

24. April 1999

auf. An diesem Tag wird nicht nur über die alternative Energieversorgung geredet, es wird vielmehr die Praktikabilität der solaren Energieversorgung gezeigt. An diesem Aktionstag zeigen die Nutzer erneuerbarer Energien ihre Anlagen im Rahmen eines Tages der offenen Tür einer breiten Öffentlichkeit. Damit soll das weite und vielfältige Feld der erneuerbaren Energien bekannt gemacht und Interessierte zur eigenen Nutzung motiviert werden.

Die Palette reicht dabei von Solaranlagen zur Wärme- und Stromerzeugung, Wind- und Wasserkraftanlagen, Biogasanlagen, Holzheizungen, Pflanzenölnutzung, BHKWs bis zur passiven Solarnutzung, Wärmedämmungen sowie Energieeinsparung. Wenn auch die Wasserkraft und die Windkraft mancherorts in die Kritik geraten sind, so soll ihnen der gebührende Platz eingeräumt werden und die sachliche Diskussion gefördert werden.

1999 steht nun am Ende **des** Jahrhunderts, in dem die nicht regenerierbaren Energien wie Kohle, Mineralöl, Erdgas und Kernkraft massiv eingesetzt wurden – das allerdings vor allem in den Industrieländern. Dass diese Entwicklung wegen der Endlichkeit der Rohstoffe und der Umweltauswirkungen auf die Luftreinhaltung, Abfallproblematik, Strahlensicherheit sowie das Weltklima hin zu erneuerbaren Energieträgern wieder umgekehrt werden muss, ist heute unumstritten.

Diese Pressemitteilung ist misslungen. Sie kommt nicht sofort zur Sache und ist zu lang (es folgen noch fast fünfzig Zeilen in diesem Stil). Diese Pressemitteilung macht nicht neugierig, sondern Arbeit: Journalistinnen und Journalisten müssen sich durch zwei Seiten durchbeißen, um brauchbare Informationen zu finden – wenn sie sich nach diesem Anfang überhaupt die Mühe machen.

Im ersten Satz stecken bereits zwei Mängel: Er ist eine Wiederholung der Überschrift. Und er beginnt mit dem Hinweis, nichts Neues: *Wie in den Vorjahren …*

Im zweiten Satz werden wir gleich zweimal mit der *Energieversorgung* versorgt. Die negative Wendung, dass *nicht nur geredet* wird, weckt alles andere als Interesse.

In welchem *Rahmen* etwas gezeigt wird, ist nicht interessant; lieber würde man endlich erfahren, *was* konkret gezeigt wird.

Stattdessen folgen wolkige Anleihen bei Fontane (*weites Feld*) und eine Aufforderung zum Selbstverzehr bzw. zur Autoerotik: Es *soll zur eigenen Nutzung* motiviert werden.

Dass *BHKWs* die Abkürzung für Block-Heizkraft-Werke ist, wissen offenbar alle.

Die *passive Solarnutzung* wird ebenfalls als allgemein bekannt vorausgesetzt.

Mit *1999 steht nun am Ende* **des** *Jahrhunderts* werden philosophische Höhen erklommen, auf die Journalistinnen und Journalisten sehr gerne folgen.

Die Häufung schwergängiger Formulierungen und unanschaulicher Begriffe erreicht mit den *Umweltauswirkungen* auf die *Abfallproblematik* ihren Höhepunkt.

Was gehört an den Anfang? Informationen über das, was am 24. April geboten wird:

Energie sparen und die Umwelt schützen

Energie gewinnen aus Sonne, Wind und Wasser. Wie funktioniert das? Was kostet das? Sind Sonne, Wind und Wasser eine zuverlässige und bezahlbare Alternative zu Öl, Erdgas, Atomstrom und Kohle? Diese Fragen stehen im Mittelpunkt des *Tags der erneuerbaren Energien* in … Am 24. April werden Solar- und Biogasanlagen gezeigt, Holzheizungen vorgestellt, Mittel und Wege der Wärmedämmung …

Nach den Informationen, was wann wo stattfindet, können weitere Hinweise folgen, wer warum dieses Angebot macht. Die Energiepolitik der Industriestaaten kann auch am 25., 26. oder 27. April, Mai oder Juni kritisiert werden. Am 24. April steht im Mittelpunkt, dass Interessierte sich Anlagen anschauen können. Das ist das Wichtigste. Das gehört an den Anfang.

Sie können eine Pressemitteilung um zusätzliche (Hintergrund-)Informationen ergänzen, wenn Sie mehr mitzuteilen haben als auf eine Seite geht. Die Pressemitteilung muss in jedem Falle der Extrakt aller weiteren Informationen sein, die an die Presse gehen. Sie muss ausreichend informieren. Die zusätzlichen Informationen sind ein Angebot, kein Freibrief für eine schlechte Pressemitteilung.

Wichtige Beschlüsse, ein *außergewöhnlich* hoher Mitgliederzuwachs, ein *originelles* Projekt oder eine *beeindruckende* Leistungssteigerung sind Anlässe, Pressemitteilungen um weitere Informationen zu ergänzen. Ein Beispiel: In der Pressemitteilung wird die Essenz eines Beschlusses zusammengefasst:

> Der Senat der ABC Gesamthochschule hat heute beschlossen, die Besoldung der Präsidentin und des Kanzlers der Universität um 25 % zu kürzen. Das eingesparte Geld soll zur Förderung von Nachwuchswissenschaftlerinnen eingesetzt werden.

Der vollständige Wortlaut des Beschlusses kann als Anlage zur Pressemitteilung an die Presse gehen. Oder der Senatsbeschluss wird im Anschluss an diese Zusammenfassung zitiert, wenn er nicht sehr umfangreich bzw. sonst nichts Nennenswertes von der Senatssitzung mitzuteilen ist. Entscheidet man sich für diese Variante, wird üblicherweise folgender Satz vorangestellt: »Der Beschluss des Senats hat folgenden Wortlaut:«.

Besser als zusätzliche Texte sind Fotos. Redakteure kämpfen häufig mit dem Problem, dass sie zu viel Text und zu wenig Bildmaterial haben. Da Bilder stärker beachtet werden als Texte, wächst die Bereitschaft, aus einer Pressemitteilung einen Beitrag zu machen, wenn ein »Blickfang« mitgeliefert wird, der in einen Text »hineinzieht«. Es muss nicht immer ein Foto sein. Auch eine Grafik, die zum Beispiel eine Entwicklung verdeutlicht, kann als Blickfang dienen.

Damit Redakteurinnen und Redakteure in die Pressemitteilung »hineingezogen« werden, ist eine treffende Überschrift wichtig. *Treffend* meint: Die Überschrift

- ist kurz und informativ,
- weckt Interesse und
- erleichtert Journalistinnen und Journalisten die Orientierung.

Wie Ihnen interessante Überschriften gelingen, habe ich im zweiten Kapitel erläutert (S. 97). Bei einer Pressemitteilung können Sie die Aussagekraft und den Leseanreiz mit einer Dach- oder Unterzeile erhöhen:

Dachzeile:	Stadt engagiert sich für Frauen
Überschrift:	**1 Million für neues Frauenhaus beschlossen**

Überschrift:	**Bingen will Kinderschutz-Zentrum schließen**
Unterzeile:	Vereine wehren sich: Demonstration geplant

1.2 Der letzte Schliff

Die Pressemitteilung ist geschrieben und mit einer treffenden Überschrift versehen. Jetzt muss sie in eine angemessene *Form* gebracht und geprüft werden, ob eine *Sperrfrist* angegeben werden soll. Sperrfrist bedeutet: Der Text bzw. die Information darf nicht vor dem angegebenen Termin veröffentlicht werden. Wann und wofür ist eine Sperrfrist sinnvoll? Ein Beispiel: Ein Vereinsvorstand beschließt, auf der kommenden Mitgliederversammlung geschlossen zurückzutreten. Der Vorstand möchte, dass die Öffentlichkeit bereits am nächsten Tag darüber informiert wird. Erfährt die Presse jedoch erst am Abend der Mitgliederversammlung vom Rücktritt, kann am nächsten Tag nichts mehr in der Zeitung erscheinen.

Dieses Problem lässt sich mit einer Pressemitteilung lösen, die einen Tag vor der Mitgliederversammlung mit folgendem Vermerk an die Presse geht: »Sperrfrist: Freitag, 21.6. ..., 22 Uhr.« Der Zusatz besagt, vor Samstag dürfen die Informationen nicht veröffentlicht werden. Interessierte Journalisten haben jedoch die Möglichkeit, einen Bericht für die Samstagsausgabe zu schreiben. Sie können zudem vorab weitere Informationen einholen oder ein Mitglied des Vorstands interviewen. Wenn das nicht gewünscht ist, gibt man die Pressemitteilung erst am Freitag kurz vor Redaktionsschluss an die Zeitung. Ein Sperrvermerk ist auch in diesem Fall noch erforderlich, weil Rundfunk und Fernsehen nicht an einen festen Redaktionsschluss gebunden sind, also noch vor Beginn der Mitgliederversammlung berichten könnten.

Eine Sperrfrist kann also zweierlei leisten: Zum einen erhalten Journalistinnen und Journalisten einen Vorlauf, zum anderen kann der Zeitpunkt der Berichterstattung beeinflusst werden. Viele Journalistinnen und Journalisten erwarten, dass sie bei bestimmten Ereignissen – zum Beispiel bei Kongressen und Konferenzen* – einen Informationsvorlauf bekommen. Mit einer Sperrfrist kann ein solcher Service problemlos geboten werden.

Zur Form: Sie muss stimmen. Pressemitteilungen werden auf dem Briefpapier des Vereins vervielfältigt. Organisationen, die

* Bei solchen Anlässen erwarten Journalistinnen und Journalisten, dass sie die wichtigsten Reden vorab schriftlich zur Verfügung gestellt bekommen. Wenn das Manuskript einer Eröffnungs- oder Grundsatzrede vorab an die Presse gegeben wird, muss die Sperrfrist »Redebeginn« um den Hinweis ergänzt werden: »Es gilt das gesprochene Wort.«

Institut für Lebensmut e. V.

Pressemitteilung
Nr. 18
25. Juni 2003

Journalisten die Arbeit erleichtern

Das Institut für Lebensmut hat heute beschlossen, die Pressearbeit zu verbessern. Künftig sollen Mitteilungen an die Presse einen vernünftigen Auftritt haben. Das Institut wird darauf achten, dass der Absender klar zu erkennen ist und immer ein Ansprechpartner genannt wird. Pressemitteilungen werden so gestaltet, dass Redakteurinnen und Redakteure sie problemlos bearbeiten können: Es wird ein breiter Rand gelassen, eineinhalbzeilig geschrieben und die Zahl der Zeilen und Anschläge angegeben.
Da das Institut seine Pressearbeit intensivieren will, verwendet es ab sofort für Pressemitteilungen einen eigenen »Pressebogen«. Die Mitteilungen werden fortlaufend nummeriert.

Verantwortlich
Katrin Künzel
Tel: 92 66-498

(18 Zeilen à 40 Anschläge)

Institut für Lebensmut e. V. ○ Lindemanstraße 66 ○ 53111 Bonn
Tel.: (02 28) 92 66-0 ○ Fax: 92 66-226 ○ E-Mail: info@lebensmut.net
www.lebensmut.net

Verband alternativer FotografInnen
Alice-Salomon-Straße 1 • 12345 Fraustadt
Tel.: (0 30 31) 98 76-0 • Fax: 98 76-123
info@vaf.de • www.vaf.de

PRESSE DIENST
9. Mai 2003

Fotos in der Vereinsarbeit nutzen

Das gelungene Foto vom einem deutsch-kurdischen Stadtteilfest ist eindringlicher als ausführliche Erklärungen über die multikulturelle Gesellschaft.

Doch nicht jedes Bild sagt mehr als viele Worte.

Deshalb sollten keine Allerweltsmotive an die Presse geschickt werden.

Damit ein Bild zum Blickfang wird, müssen bestimmte Anforderungen berücksichtigt werden. Vor allem sollte das fotografiert werden, was gezeigt werden soll – und nicht die Umgebung. Also keine »Horizontal-Aufnahmen«, sondern »ran ans Motiv«. Ausschnitte und Details wirken oft lebhafter als Gesamtansichten. Menschen in Aktion sind am interessantesten.

Soll ein Foto an Zeitungen geschickt werden, sind Schwarzweißaufnahmen und Hochglanzabzüge im Format 13 × 18 oder 18 × 24 ratsam.

Zu jedem Bild gehört ein Text. Die Bildunterschrift soll nicht beschreiben, was zu sehen ist, sondern das Bild ergänzen, kommentieren oder erläutern. Sind mehrere Personen auf dem Foto, werden ihre Vor- und Zunamen von links nach rechts aufgeführt. Schließlich darf der Hinweis nicht fehlen, wer das Foto gemacht hat.

Dr. Anke Ehrenberg
Geschäftsführerin
Tel.: 98 76-543

häufiger Pressemitteilungen herausgeben, sollten für diesen Zweck Briefbögen mit einem Zusatz »Pressestelle« oder »Presseinformation« bzw. »Pressedienst« verwenden. Auf jede Pressemitteilung gehört das Datum und der Name des oder der Verantwortlichen. Vereine, die mehr als eine Mitteilung pro Woche an die Presse schicken, sollten diese fortlaufend nummerieren. Was sonst noch zu beachten ist, können Sie den Beispielen auf den beiden vorangegangenen Seiten entnehmen.

Die Pressemitteilungen auf den Seiten 157 und 158 informieren. In diesen Pressemitteilungen wird nicht bewertet und keine Person in den Vordergrund gestellt. *Bewertungen* können notwendig sein, zum Beispiel wenn der Kreistag, die Landes- oder Bundesregierung eine Entscheidung fällt, die für die Arbeit eines Verbands gravierende Auswirkungen hat. *Personalisierung* kann nützlich und notwendig sein, weil viele Medien Ereignisse, Vorgänge oder Einschätzungen bevorzugt mit Personen verbinden.

Bewertende Pressemitteilungen, in denen Äußerungen einer Vorsitzenden oder eines Geschäftsführers im Vordergrund stehen, können in zwei Varianten formuliert werden.

Variante 1: Die gesamte Pressemitteilung ist eine Erklärung der Vorsitzenden oder des Geschäftsführers. In diesem Fall wird in einem Vorspann der Sachverhalt erläutert, auf den sich die Erklärung bezieht. Ein Beispiel:

Überschrift	**Kinderschutz-Zentrum Grünau bedroht** **Magistrat will Fördermittel streichen**
Vorspann	*Der Magistrat der Stadt Grünau hat beschlossen, die Fördermittel für das Kinderschutz-Zentrum »Zuflucht« zu streichen. Dazu erklärt Petra Prantel, Geschäftsführerin des Kinderschutz-Zentrums:*
Bewertung von Petra Prantel	Die Entscheidung des Magistrats gefährdet die Existenz des Kinderschutz-Zentrums. Diese Entscheidung bedeutet: Es wird in Zukunft keine kostenlose

Beratung und Therapie mehr geben für Kinder, die … Die Entscheidung ist Ausdruck einer verfehlten Kinder- und Jugendpolitik. Der Magistrat …

Variante 2: Die Pressemitteilung wird so formuliert, als sei sie ein Bericht oder eine Meldung. Petra Prantel werden nur bestimmte Aussagen zugeschrieben:

> Kinderschutz-Zentrum Grünau bedroht
> **Magistrat will Fördermittel streichen**
>
> Der Magistrat der Stadt Grünau hat beschlossen, die Fördermittel für das Kinderschutz-Zentrum »Zuflucht« zu streichen. Nach Auffassung des Trägervereins des Kinderschutz-Zentrums gefährdet dieser Beschluss die Existenz dieser Einrichtung. Petra Prantel, Geschäftsführerin von »Zuflucht«: »Diese Entscheidung bedeutet: Es wird in Zukunft keine kostenlose Beratung und Therapie mehr geben für Kinder, die …«
> Prantel kritisiert, die Entscheidung sei Ausdruck einer verfehlten Kinder- und Jugendpolitik. Der Magistrat habe …
> Petra Prantel: »Wir werden …«

Die Variante 1 in direkter Rede ist leichter zu lesen und zu schreiben, da man sich nicht mit dem Konjunktiv herumschlagen muss. Die Variante 2 ist schwerfälliger. Ein Beispiel:

> »Es *sei* erfreulich, daß das Spitzengespräch *über* Deichbau *in* Bonn, *mit* dem Bundesministerium *für* Ernährung, Landwirtschaft und Forsten, Bundestagsabgeordneten *aus* der Weser-Ems-Region, sowie Landräten, Oberbürgermeistern, Hauptverwaltungsbeamten und Vertretern der Landesbehörden Staatliches Amt für Insel- und Küstenschutz und Staatliches Amt für Wasser und Abfall, sowie Oberdeichrichter die jährliche Summe von 90 Millionen für Küstenschutz in Niedersachsen eingebracht habe, meint die Abgeordnete des Auricher Kreistages, …, von Bündnis

90/Die Grünen. Auch daß der Generalplan Küstenschutz von 1973 fertiggestellt wird, *sei* richtig. Schlimm *sei* jedoch, daß …« (Hervorhebungen von mir, Zeichensetzung nach Vorlage).

Dieser Text ist misslungen. Daraus sollte nicht der Schluss gezogen werden, die Variante 1 sei grundsätzlich vorzuziehen. Wer sich für die sprachlich elegantere Variante 1 entscheidet, setzt darauf, dass Journalistinnen und Journalisten Pressemitteilungen als ein Informations*angebot* begreifen. Ein Angebot, aus dem sie eine Meldung oder einen Bericht machen. Das macht Arbeit. Variante 2 erleichtert Journalistinnen und Journalisten die Arbeit, denn sie können die Pressemitteilung direkt als Meldung übernehmen (das würden sie allerdings nicht bei einer Pressemitteilung machen, in der nach »es sei erfreulich, daß das Spitzengespräch« rund zwanzig Substantive folgen, bevor man erfährt, was erfreulich ist).

Es lässt sich daher nicht eindeutig bestimmen, welche der beiden Varianten die bessere ist. Meine Empfehlung: Prüfen Sie, welche Praxis in den Medien üblich ist, die Sie erreichen (wollen). Entscheiden Sie sich für die Variante 2, wenn in diesen Medien Journalistinnen bzw. Redakteure Pressemitteilungen wörtlich übernehmen. Wählen Sie die elegantere Variante 1, wenn Journalisten bzw. Redakteurinnen diese Praxis ablehnen und Pressemitteilungen nur als Informationsgrundlage verwenden.

1.3 Bevor die Post abgeht

»*Sehr geehrte*(r)

Tue Gutes und rede darüber!
Diesen bekannten Satz, den viele große Unternehmen *auf die Fahnen ihrer Öffentlichkeitsarbeit schreiben*, möchten wir heute und in Zukunft auf den ›Wimpel‹ unserer *mittelständischen Pressearbeit* heften.

Ohne Zweifel leistet … Betrieb wichtige … Arbeit, über die wir deshalb voller Stolz in der Öffentlichkeit reden möchten!
Mit diesem Schreiben *übersenden* wir Ihnen erstes Informationsmaterial über das neue …
Ihre besondere *Aufmerksamkeit erbitten* wir zum *Abschluss* für das kurze stichwortartige *Firmenporträt unseres Hauses, als ergänzenden Teil der Informationsmappe.*
Es wäre schön, wenn wir Ihr Interesse an unserer Arbeit mit den *beiliegenden Informationen* geweckt haben.
Bei *Rückfragen* rufen Sie *direkt* an …

Herzlichst«

Es wäre schön, seufzen viele Redakteure, wenn mir solche Begleitschreiben erspart blieben.* Dieses Anschreiben ist einfach schlecht, weil es nicht informiert und schon gar nicht neugierig macht. Fünf Anmerkungen:

1. Journalistinnen und Journalisten mögen weder Schwulst noch Amateurlyrik. *Schreiben* Sie deshalb nichts *auf Fahnen* und *heften* Sie nichts an *Wimpel* – die flattern sonst nicht im Wind und Ihr Begleitschreiben landet im Papierkorb.
2. Seien Sie zurückhaltend mit Behauptungen und Bewertungen (*Ohne Zweifel leistet … Betrieb wichtige … Arbeit*). Journalistinnen wollen Fakten. Die sollten Sie liefern. Pressemitteilungen sind daher auch kein Ort für Superlative (*sensationell*, *einzigartig*, das *Größte*, *Beste*, *Schönste …*) und Personenkult: Der Name des Vorsitzenden oder der Chefin sollte nicht in jedem zweiten Satz auftauchen. (Bei Namen wird immer der Vor- und Nachname angegeben – ohne *Herr* oder *Frau.*)
3. *Erbitten* Sie in der Kirche die Fürsorge Gottes, aber nicht Journalisten um *Aufmerksamkeit.*

* Dieses Beispiel ist eine Empfehlung von Knut S. Pauli: Leitfaden für die Pressearbeit. München 1993, S. 104. Formulierungen, die besonders missraten sind, habe ich kursiv hervorgehoben.

4. Versprechen Sie nicht zum *Abschluss* zu kommen, wenn Sie dieses Versprechen nicht halten.
5. Haben Sie bei *Rückfragen* schon einmal *indirekt* angerufen?

Es geht noch peinlicher. Mallory empfiehlt Begleitschreiben zu »Presseaussendungen« mit folgenden Formulierungen:

- »Beigelegt finden Sie eine Presseaussendung mit weiteren Informationen. Wir danken Ihnen für die Beachtung dieser Anregung zur Berichterstattung.«
- »Es würde mich freuen, wenn ich Ihnen behilflich sein könnte, einen Artikel über … zusammenzustellen.«*

Gehört zu einer Pressemitteilung ein Begleitschreiben? Nein. Gute Pressemitteilungen stehen für sich, sie sind selbstredend. Pressemitteilungen sind ein – gutes oder schlechtes – Angebot zur Berichterstattung. Ein Begleitschreiben macht eine schlechte Pressemitteilung nicht besser. Ein Begleitschreiben zu einer guten Pressemitteilung ist überflüssig.

Wenn ein Schwimmverein möchte, dass im Lokalteil der Zeitung mit fünf Zeilen auf einen neuen Schwimmkurs hingewiesen wird, dann sind ein paar freundliche Zeilen sinnvoll. Eine Pressemitteilung ist für diesen Zweck zu viel des Guten; es genügen Angaben über Ort, Zeit usw.

Veranstaltet der Schwimmverein ein großes Fest zur Unterstützung von *Robin Wood*, sollte mit einer guten Pressemitteilung den Medien Stoff für eine Vorberichterstattung geboten werden. Ein Begleitschreiben zu dieser Pressemitteilung ist nicht notwendig.

Nehmen wir an, das Fest soll an einem Samstag stattfinden. Und nehmen wir weiter an, die Mitglieder des Schwimmvereins geben sich große Mühe mit der Pressearbeit. Dann geht am Montag vor dem Fest eine Pressemitteilung an die Medien. Am Mittwoch wird »nachgelegt« mit Informationen über den ge-

* Charles Mallory: PR-Power. Wien 1994, S. 52 u. 53.

nauen Programmablauf und Hinweisen, wann die besten Fotomotive zu erwarten sind. Am Freitag wird schließlich in der Redaktion angerufen und nachgefragt, ob jemand kommt.

Wenn die geschilderte Arbeit nicht zu leisten ist, kann ein Begleitschreiben zur Veranstaltungsankündigung ein Ersatz sein. Ich zitiere ein sprachlich missglücktes Begleitschreiben, in dem es nicht um ein Fest, sondern um einen Flohmarkt geht:

»*Sehr geehrte(r) …,*

in der Anlage finden Sie eine Meldung über unseren Flohmarkt am Samstag, 1. Januar …, auf dem Rathausvorplatz. Ich *bitte um Veröffentlichung* in einer der nächsten Ausgaben Ihrer Zeitung. Der Flohmarkt beginnt um 15.00 Uhr und dauert bis 19.00 Uhr. Ein günstiger Zeitpunkt für ein Foto wäre nach unserer Ansicht um 17 Uhr. Während des Flohmarktes *steht Ihnen* unsere Vorsitzende Petra Müller am Stand 3 (Puppenverkauf) *neben dem Rathausaufgang für ein* Gespräch *gern zur Verfügung*. Sie finden mich von 15.00 bis 17.00 Uhr auch an diesem Stand. Ich halte eine Kurzinformation für Ihren Berichterstatter bereit.

Mit freundlichen Grüßen

…
Pressereferent«

Steife und geschraubte Formulierungen habe ich kursiv hervorgehoben (am Rande: *steht* die Vorsitzende ausschließlich neben dem Rathausaufgang »für ein Gespräch gern *zur Verfügung*«? Und steht sie bequem?). Vieles ist überflüssig: Dass die »Meldung« (gemeint ist wohl Information – eine »Meldung« soll es ja erst noch werden) zur Veröffentlichung geschickt wurde, versteht sich von selbst. Wann und wo der Flohmarkt stattfindet und wie lange er dauert, sollte in der »Anlage« stehen, braucht also nicht mehr im Begleitschreiben erwähnt zu werden. Einen

Informationswert haben die Hinweise auf die Vorsitzende und die Zeit, in der der Pressereferent anzutreffen ist. Warum im Januar 17 Uhr ein »günstiger Zeitpunkt für ein Foto« sein soll, wird nicht erläutert (wäre es nicht besser zu fotografieren, solange es noch hell ist?). In manchen Fällen mag der Hinweis angebracht sein, dass eine »Kurzinformation« für den »Berichterstatter« (scheußliches Wort) »bereit gehalten wird«.

Speckt man den Text ab und verzichtet auf Vereinsdeutsch, könnte das Begleitschreiben so lauten:

> Guten Tag, Frau (Herr) …,
>
> ich würde mich freuen, Sie oder einen Ihrer Kollegen auf unserem Flohmarkt zu treffen, über den Sie meine Pressemitteilung informiert.
> Unsere Vorsitzende Petra Müller lässt sich gerne einmal vom Puppenverkauf am Stand neben dem Rathaus ablenken. Ich bin von 15 bis 17 Uhr dort.
> Das wohl originellste Fotomotiv unseres Flohmarktes bietet sich gegen 15 Uhr 30, wenn die Senioren-Rallye beginnt.
>
> Einen guten Start ins neue Jahr
>
> …
> Pressereferent

Ein Begleitschreiben ist dann notwendig, wenn ich einen Artikel anbiete. Der begleitende Brief ist in erster Linie ein Abstract: Am 123 fand in ABC das YXZ statt. In meinem Beitrag versuche ich, die Stimmung dieser Veranstaltung wiederzugeben.

Schließlich ist ein Begleitschreiben notwendig, wenn Sie mit dem Lokalfunk die Erfahrung gemacht haben, dass die in aller Regel unterbesetzte Redaktion sendefähige Texte bevorzugt. Im Begleitschreiben sollte dann über das, was in einer Länge von 10 oder 30 Sekunden gesendet werden soll, ausführlicher informiert werden, damit sich der Redakteur einen Eindruck verschaffen kann.* Und schließlich sollte mitgeteilt werden, bis wann die Information aktuell ist und auf welchem Sendeplatz (zum Beispiel Senioren- oder Jugendmagazin) sie gesendet werden soll.

Was ist noch zu tun, bevor die Pressemitteilung (und das Begleitschreiben) verschickt wird? Es sollte geprüft werden,

- an welche Medien die Pressemitteilung gehen soll;
- welches Ressort für das Thema der Pressemitteilung zuständig ist und wer dieses Ressort betreut.

Zum letzten Punkt: Man kommuniziert nicht mit dem *Westdeutschen Rundfunk*, mit der *Süddeutschen Zeitung* oder *sehr geehrten Damen und Herren*, sondern mit Redaktionen, die für bestimmte Themen zuständig sind – besser: mit einer verantwortlichen Redakteurin bzw. einem Redakteur. Bemühen Sie sich deshalb darum, dass Ihre Pressemitteilung auf dem richtigen Schreitisch landet.

Und Sie sollten prüfen, ob ein bestimmtes »Timing« bei den Medien zu beachten ist, die Sie erreichen wollen. Gibt es zum Beispiel an bestimmten Tagen feste Rubriken, in die Ihre Informationen gut passen? Ist vielleicht montags die Chance am

* So viel ist in 10 Sekunden unterzubringen:

> Kunst kann unserem Leben Sinn und Halt geben. Wie, das erläutert die Beuys-Preisträgerin Helene Kerbst heute in der Alanus-Hochschule in Siegen, Müllerstraße 1. Beginn 19 Uhr. Der Eintritt ist frei.

Und so viel Informationen können in 30 Sekunden über den Sender gehen:

> Eis genießen und Gutes tun. Das können Sie heute in Münster. Mit jedem Eis, dass Sie bei *Gianni Eis* kaufen, unterstützen Sie den Fallschirmspringer-Samariter-Bund bei seiner Aktion »Hilfe für Höllemann«. *Gianni Eis* stellt alle Einnahmen dem FSB zur Verfügung. Sie können köstliches Eis genießen und einem Fallschirmspringer helfen, der sich vor keiner politischen Dummheit schützen konnte und deshalb im politischen Abseits landete. Mit Eis helfen – nur heute bei *Gianni Eis*.

größten, etwas unterzubringen, weil die Redaktion der Lokalzeitung am Wochenende nur schwach besetzt und für jeden Text dankbar ist, der keine Arbeit bedeutet? Oder ist der Montag ein schlechter Tag, weil der Lokalteil wegen des umfangreichen Sportteils weniger Seiten hat? Wenn Sie im Juni auf ein neues Konzept aufmerksam machen wollen, sollten Sie prüfen, ob es vertretbar ist, die Presse einen Monat später zu informieren: In der nachrichtenarmen Sommerzeit wächst die Chance, mehr Beachtung zu finden. Die so genannten Hinterbänkler im Bundestag nutzen regelmäßig das »Sommerloch«, um wenigstens einmal im Jahr (meist mit Nebensächlichkeiten oder Unsinn) ihren Namen in die Zeitung zu bringen. Vereine oder Initiativen, die etwas Ernsthaftes anzubieten haben, sollten die »Saure-Gurken-Zeit« bewusst nutzen, wenn es ihnen ansonsten nur selten gelingt, Resonanz in den Medien zu finden.

1.4 Nie aufgeben

Sie haben eine aktuelle, seriöse, informative und verständliche Pressemitteilung geschrieben und alles Wichtige beachtet. Doch am nächsten und übernächsten Tag finden Sie keinen Satz in der Zeitung. Was tun? Anrufen und fragen,

- ob die Pressemitteilung (dort) angekommen ist (wo sie ankommen sollte),
- ob das Thema interessiert,
- ob weitere Informationen gewünscht oder erforderlich sind.

Bekommen Sie die Auskunft, dass

- Ihre Pressemitteilung angekommen und informativ ist, brauchen Sie sich nicht mit Selbstzweifeln zu belasten,
- zusätzliche Informationen erwünscht sind, informieren Sie;
- anderen Themen aus Platzgründen Vorrang eingeräumt wurde, teilen Sie dem Redakteur mit, wie lange »Ihr« Thema noch aktuell ist.

Wenn ein Verein kontinuierlich und aktuell, seriös und verständlich die Lokalzeitung über seine Arbeit informiert, diese Mühe aber vergeblich ist, dann spricht alles dafür, dass die Bemühungen an der politischen Orientierung der Zeitung scheitern. Wenn zum Beispiel eine Schwulengruppe sehr professionelle Pressearbeit macht, die christliche-konservative Lokalzeitung aber schon das Wort »schwul« für eine Sünde hält, dann hilft die Einsicht weiter, dass Pressearbeit nur ein Teil von Öffentlichkeitsarbeit und Papier geduldig ist: Öffentliche Resonanz ist in diesem Fall nur zu erreichen, wenn an die Stelle von Presseerklärungen (spektakuläre) Aktionen oder gut besuchte Veranstaltungen treten. Unübersehbare Ereignisse kann selbst die konservative Lokalzeitung nicht übergehen.

1.5 Checkliste: Die Pressemitteilung

Knapp und klar:
7 Grundsätze

1. Grundlage einer erfolgreichen Pressearbeit sind brauchbare Informationen für Journalistinnen und Journalisten.
2. Pressearbeit nutzt Informationskanäle – und verstopft sie nicht.
3. Pressemitteilungen müssen einen Nachrichtenwert haben, kurz, verständlich und klar gegliedert sein. Das Wichtigste steht am Anfang.
4. Pressemitteilungen müssen auf Anhieb als Mitteilungen für die Presse erkennbar sein: Die Form muss stimmen.
5. Vor der Herausgabe einer Pressemitteilung ist die »Nachrichtenlage« zu prüfen.
6. Bilder erhöhen die Chance, dass eine Pressemitteilung beachtet wird.
7. Nie aufgeben: Nachhaken, wenn eine Pressemitteilung in den Medien nicht berücksichtigt wird.

Knapp und klar: Checkliste

- ❑ Sind alle W-Fragen beantwortet?
- ❑ Ist der Text logisch aufgebaut und klar gegliedert?
- ❑ Steht das Wichtigste am Anfang?
- ❑ Verträgt es der Text, wenn er am Ende gekürzt wird?
- ❑ Ist die Überschrift treffend? Weckt sie Interesse?
- ❑ Kann die Pressemitteilung um Bilder ergänzt werden?
- ❑ Sind Anlagen zur Pressemitteilung erforderlich?
- ❑ Ist der Zeitpunkt für die Herausgabe der Pressemitteilung günstig?
- ❑ Ist eine Sperrfrist notwendig?
- ❑ Ist eine Kontaktperson auf der Pressemitteilung angegeben?
- ❑ Ist sichergestellt, dass die Pressemitteilung auf dem richtigen Redaktionsschreibtisch landet?
- ❑ Kann der Text von Redakteuren bequem redigiert werden?
- ❑ Wurden Substantivierungen vermieden, aktive Verben verwendet?
- ❑ Ist der Text frei von Silbenschleppzügen, Phrasen und Schwulst?
- ❑ Stimmen die Bilder?
- ❑ Wurden Fachbegriffe erläutert?
- ❑ Ist der Satzbau klar?

2. Rede und Antwort: Die Pressekonferenz

»Journalisten sind Leute, die fragen ohne Antworten zu bekommen. Politiker sind Leute, die antworten ohne gefragt zu werden.« So kommentierte der Schriftsteller Norman Mailer einmal den Medienbetrieb. Er könnte an die Bundespressekonferenzen gedacht haben: Der Kanzler (Regierungssprecher oder Minister) betritt, umringt von einem Tross von Mitarbeitern, forsch den Saal – je nach Anlass und Tagesform mit ernster oder heiterer Mine. Er nimmt, rund einen Meter höher als die Journalistinnen, Platz und erläutert von oben die Lage der Nation. Zwischen ihm und den Journalisten, die mehr oder minder emsig mitschreiben und die eine oder andere Frage stellen, herrscht ein stilles Einverständnis: Das ist jetzt wichtig. Deshalb können wir in der *Tagesschau* und anderswo Ausschnitte sehen bzw. im Rundfunk O-Töne hören.

Der Kanzler hat nicht immer wirklich Wichtiges oder Neues mitzuteilen. Was er mitteilt, hat deshalb Gewicht, weil er wichtig ist. Doch selbst der Kanzler und seine große Pressecrew gehen behutsam mit dem Instrument Pressekonferenz um: Eine Pressekonferenz veranstaltet man nicht alle Tage, sondern dann – und nur dann –, wenn etwas von Bedeutung mitgeteilt werden soll. Das gilt jedenfalls für alle, die nicht der Kanzler sind.

Wenn *VW* oder die *Telekom* zur Pressekonferenz einladen, um ihre Jahresbilanz vorzustellen, dann haben sie ein volles Haus. Aus der gesamten Republik reisen Journalistinnen und Journalisten an. Ob diese Konzerne rote oder schwarze Zahlen schreiben, entscheidet über das Schicksal vieler Menschen. Wenn ein Optiker in Osnabrück die Presse zum gleichen Thema einladen würde, gäbe es in der Redaktion der *Neuen Osnabrücker Zeitung* schallendes Gelächter. Kurz: Vor jeder Pressekonferenz steht die Frage: Ist sie überhaupt notwendig und sinnvoll? Ist der Anlass wichtig genug?

Werden Pressekonferenzen anberaumt, weil der Vorstand feststellt: »Wir haben schon lange keine Pressekonferenz mehr gemacht«, kann das nur schief gehen: Journalistinnen und Journalisten würden nach wenigen Minuten gehen und zur nächsten Pressekonferenz nicht mehr kommen, weil sich der Eindruck festsetzt, dieser Verein hat nichts mitzuteilen.

Was sind Anlässe für eine Pressekonferenz?* Dieses Mittel der Pressearbeit *kann* geeignet sein, um

* Ich verwende durchgängig den Ausdruck Pressekonferenz. Kann ein Verein bei einer solchen »Konferenz« höchstens mit zwei Journalisten rechnen, ist »Pressegespräch« das treffendere Wort. Von Presse*konferenz* ist im

- die Ergebnisse einer Fachtagung, Konferenz, Studie usw. zu erläutern,
- eine neue Einrichtung vorzustellen,
- einen neuen Vorstand und seine Arbeitsvorhaben bekannt zu machen,
- den Rücktritt des Vorstandes zu begründen,
- Lokal-, Landes- oder Bundespolitik zu kommentieren,
- über die (drohende) Schließung einer Einrichtung zu informieren,
- ein neues Konzept vorzustellen,
- auf falsche Berichte oder Gerüchte zu reagieren.

Ob ein solcher Anlass im konkreten Falle geeignet ist, lässt sich mit folgenden Fragen überprüfen:

- Kann die Presse nicht auch auf anderem Wege informiert werden?
- Warum reicht eine Pressemitteilung nicht aus?
- Steht der mögliche Ertrag in einem sinnvollen Verhältnis zum Aufwand? Oder besteht die Gefahr, Journalisten zu verstimmen (eine Pressemitteilung ist in wenigen Minuten gelesen, eine Pressekonferenz nimmt mit An- und Abfahrt viel mehr Zeit in Anspruch)?

Pressekonferenzen sind also etwas Besonderes. Entsprechend sorgfältig und umsichtig müssen sie vorbereitet, durchgeführt und nachbereitet werden.

Folgenden deshalb immer die Rede, weil meine Hinweise sich auf die größere Form beziehen. Mancher Hinweis ist für die Vorbereitung oder Durchführung eines Pressegesprächs ohne Bedeutung. Finden zum Beispiel Pressegespräche stets in den Vereinsräumen statt, kann der Gesichtspunkt Ort bei der Vorbereitung getrost vernachlässigt werden.

2.1 Gut vorbereiten

Die gute Vorbereitung einer Pressekonferenz ist nicht alles, aber ohne eine gute Vorbereitung wird sie nichts. Vor jeder Pressekonferenz sind folgende Fragen zu klären: Aus welchem Anlass soll der Presse

- was
- von wem
- wie
- wann und
- wo

mitgeteilt werden?

Was

Ein guter Anlass ergibt nicht automatisch eine interessante Pressekonferenz. Vielmehr muss gut überlegt werden, was sind die zentralen Aussagen, die »rüberkommen« sollen? Was ist das Wichtigste? Nur wer sich das klargemacht hat, kann es auch anderen mitteilen.

Pressekonferenzen sind nicht der Ort, um vor Journalistinnen und Journalisten laut über Gott und die Welt nachzudenken. Es müssen präzise Informationen und fundierte Aussagen mit Nachrichtenwert geboten werden. Pressekonferenzen heißen zwar *Konferenzen*, sie dauern aber nie so lange wie eine Konferenz. Umso notwendiger ist eine Konzentration auf das Wesentliche. Wer nicht auf den Punkt kommt, kann schon nach fünf Minuten alleine sitzen, weil Journalisten vor »Plaudertaschen« flüchten.

Wer

Mehr als drei Personen sollten auf einer Pressekonferenz nur in Ausnahmefällen reden. Wer worüber redet, ist frühzeitig und verbindlich festzulegen. Aus leidvoller Erfahrung kann ich garantieren: Pressekonferenzen, vor denen sich die Beteiligten nicht abgesprochen haben, gehen in neunzig Prozent aller Fälle daneben: Man oder frau widerspricht sich, es häufen sich Wiederholungen usw.

Mischung statt Doppelung. Dieses Motto kann eine Entscheidungshilfe bei der Frage sein, wer bestreitet die Pressekonferenz? Oft drängelt der gesamte Vorstand. Doch nur selten macht es Sinn, dass zwei Vorstandsmitglieder reden. Selbstverständlich ist der Vorstand immer wichtig – aber nicht immer interessant. Deshalb sollte neben einem Vorstandsmitglied – je nach Thema und Anlass – Expertinnen und Experten oder Betroffene sprechen.*

Wie

Wer auch immer teilnimmt: Er oder sie muss sich kurz fassen. Man kann auf Pressekonferenzen alles sagen – aber nicht länger als 10 Minuten. Und was gesagt wird, sollte so formuliert sein, dass es im Originalton von den Journalisten übernommen werden kann. Das wiederum heißt: Ein Statement wird zwar frei vorgetragen, aber vorher aufgeschrieben. Besondere Sorgfalt ist darauf zu richten, das Aufgeschriebene von der Schriftsprache in »Sprechsprache« zu übersetzen. Das ist Pflicht. Zur Kür gehört das Pfeilen an *einem* (einer genügt) Satz, der besonders originell formuliert ist. Journalistinnen und Journalisten sind für einen solchen Satz dankbar, weil er ihrem Artikel Würze gibt. In der Politik sind Profis tagelang damit beschäftigt, Begriffe zu finden, die die öffentliche Diskussion prägen. Begriffe wie »Minuswachstum«, »Verschlankung« (für Stellenabbau) oder »Standort Deutschland« sind das Ergebnis harter Arbeit von Medienprofis und politischen Beratern.

* Es kann auch sinnvoll sein, dass eine Vertreterin einer anderen Organisation an der Pressekonferenz teilnimmt oder ein Vertreter einer Partei bzw. Fraktion, die Ihr Anliegen unterstützt.

Am Anfang eines Statements steht entweder – wie bei einer Pressemitteilung – das Wichtigste oder ein treffendes Zitat bzw. eine themenbezogene Episode (die in drei Sätzen erzählt sein muss).

Eine Pressekonferenz ist ein Ereignis. In der Vorbereitung sollte deshalb überlegt werden, wie der Ereignischarakter unterstrichen werden kann. Ist es zum Beispiel sinnvoll Medien einzusetzen, um einen Sachverhalt zu veranschaulichen?

Wo

Der Ereignischarakter kann auch durch den Ort unterstrichen werden, an dem eine Pressekonferenz stattfindet. Es muss nicht immer ein Gruppen-, Tagungs- oder Konferenzraum sein. Lässt sich ein Missstand lokalisieren, bietet sich unter Umständen eine Pressekonferenz »vor Ort« an. Will eine Bürgerinitiative ihr Gegenkonzept zu einer geplanten Stadtautobahn vorstellen, kann die Pressekonferenz auch als (angemeldete) Demonstration auf einer Kreuzung durchgeführt werden. Hat ein Seniorinnen-Netzwerk eine CD herausgebracht, vermittelt eine Pressekonferenz im Aufnahmestudio mehr Atmosphäre als ein ausführlicher Bericht über die Produktionsbedingungen. Kurz: Ungewöhnliches ist erlaubt; nur peinlich darf es nicht sein, und Journalistinnen und Journalisten müssen arbeiten – schreiben, aufnehmen, drehen – können.

Bei der Wahl eines Ortes ist zu beachten, dass er

- gut zu erreichen,
- groß genug,
- hell und
- so beschaffen ist, dass problemlos Medien eingesetzt werden können.

Und der Ort muss situationsangemessen sein: Streicht zum Beispiel die Stadt einem Kinderschutz-Zentrum die Zuschüsse, verbietet es sich, darüber auf einer Pressekonferenz im ersten Hotel am Ort zu informieren.

Wenn mit Fernsehaufnahmen zu rechnen ist, muss der Bildhintergrund stimmen: Die Teilnehmerinnen und Teilnehmer sollten weder vor einem »Stillleben mit Früchten« noch einer Blümchentapete sitzen, sondern vor einem großen Plakat oder Transparent mit dem Logo des Vereins.

Wann

Dienstag, Mittwoch und Donnerstag zwischen 9 Uhr 30 und 11 Uhr 30 sind »klassische« Pressekonferenz-Zeiten. Wenn Sie eine Pressekonferenz langfristig vorbereiten können, sollten Sie

- sich für den Vormittag entscheiden: nachmittags ist »Schreibzeit«;
- nicht den Freitagnachmittag wählen: Sie machen sich bei Journalistinnen und Journalisten unbeliebt;
- den Montag auslassen: in vielen Redaktionen findet an diesem Tag die Wochenplanung statt.

Den günstigsten Zeitpunkt versuchen allerdings alle zu wählen, die eine Pressekonferenz veranstalten. Deshalb sollten Sie sicherstellen, dass zum geplanten Zeitpunkt die Konkurrenz nicht zu groß ist. Zweierlei ist zu prüfen:

1. Findet am gleichen Tag ein »Mega-Ereignis« statt, das alle anderen Ereignisse in den Schatten stellt? Kommt die Queen von England in eine Kleinstadt, bringt die Lokalzeitung mindestens eine Doppelseite. Für andere Ereignisse gibt es höchstens noch einen Einspalter.
2. Gibt es zur gleichen Uhrzeit andere wichtige Pressekonferenzen, Veranstaltungen usw.? Führt der Bürgermeister um 11 Uhr eine Pressekonferenz durch, ist das für die Lokalzeitung der wichtigste Termin. Eröffnet zur gleichen Zeit die Stadtsparkasse, häufig der beste Anzeigenkunde, eine Ausstellung, sind schon zwei Journalisten gebunden. Zu Ihrer Pressekonferenz kommt vielleicht ein Volontär, eine »Freie« – oder niemand.

Die Wahl des richtigen Zeitpunkts setzt einer langfristigen Planung Grenzen. Sie können sich nicht mit der Queen abstimmen. Der Bürgermeister wird sich nicht nach Ihrem Verein richten, wenn er kurzfristig eine Pressekonferenz veranstalten will. Die in der Literatur so beliebten Rezepte für die minutiöse Planung einer Pressekonferenz sind daher wenig hilfreich. Die Kunst des richtigen Timings besteht darin, so langfristig wie möglich zu planen und so flexibel wie nötig Tag und Uhrzeit einer Pressekonferenz festzulegen.

Wenn Sie unsicher sind, was der richtige Zeitpunkt ist, rufen Sie einen oder zwei Journalisten an und fragen sie, ob etwas gegen den von Ihnen geplanten Termin spricht.

Die Einladung

Wenn klar ist, was von wem wie wann und wo gesagt werden soll, kann zur Pressekonferenz eingeladen werden. Die Einladung soll einladen. Sie muss informativ sein und neugierig machen. Das klingt selbstverständlich. Ist es aber nicht, wie die missglückte Einladung des *Netzwerks Ostend* zeigt, die ich in der Einleitung zitiert habe. Diese Einladung informiert lediglich darüber, *dass* eine Pressekonferenz stattfindet. Entscheidend sind jedoch Informationen, *was* zu erwarten ist: Worum wird es gehen, *warum* ist das Thema wichtig?

Auf zwei weitere Schwächen will ich hinweisen. In der Einladung heißt es:

> »Ein Ergebnis unserer Arbeit ist ein Zielkatalog, den wir im Rahmen einer unserer nächsten Netzwerk-Sitzungen gern vorstellen und mit Ihnen *diskutieren* möchten.«
> »(…) Zur Vorstellung unseres Zielkatalogs werden wir auch Herrn Dehm, Dezernent für Jugend und Soziales, und die Fraktionen der im Bezirk vertretenen Parteien *einladen.*«

Journalistinnen und Journalisten wollen nicht diskutieren (und schon gar nicht »im Rahmen einer Netzwerk-Sitzung«), sondern Informationen.

Und sind nicht daran interessiert, wer eingeladen wird. Sie wollen wissen, wer kommt. Kurz: In der Einladung muss stehen, was auf der Pressekonferenz zu erwarten ist – nicht was machbar und möglich wäre.

Auf den folgenden Seiten finden Sie meine Überarbeitung dieser Einladung und ein weiteres Beispiel für eine Einladung zu einer Pressekonferenz.

Die Einladung sollte einige Tage vor der Pressekonferenz verschickt werden. Eine Antwortkarte ist nur für große überregionale Pressekonferenzen erforderlich, für die (im Anschluss) eine aufwendige Bewirtung* vorgesehen ist oder aufwendige Pressemappen produziert werden sollen. Eine genaue Übersicht, wie viele Medienvertreter kommen, ist bei Kongressen, Tagungen und anderen »Großereignissen« erforderlich, wenn für Journalistinnen und Journalisten Arbeitsräume, Telefonanschlüsse, Faxgeräte usw. zur Verfügung gestellt werden müssen. Entsprechend frühzeitig müssen die Einladungen und Antwortkarten verschickt werden.

Zwei Tage vor der Pressekonferenz sollten Sie bei den Redaktionen anrufen und fragen, ob jemand kommt.

* Pressekonferenzen sollen Journalistinnen und Journalisten etwas bieten. Informationen. Wenn Sie das bieten, haben Sie genug geboten. Ihre Informationen sollten Sie um Kaffee oder Tee, Wasser und Saft ergänzen. Mehr ist nicht erforderlich. Ein belegtes Brötchen kann selbst ein schlecht bezahlter Volontär aus eigener Tasche bezahlen. In Berlin können sich Journalistinnen und Journalisten problemlos die gesamte Woche kostenlos durchfuttern. Das ist Berlin – aber kein Maßstab. Laden Sie die Presse zu Ihrem Sommerfest oder einmal im Jahr zum Essen ein. Das ist eine freundliche Geste. Mehr ist zu viel des Guten. Auf das »Pressefrühstück« gehe ich auf Seite 195 ein.

Absender Adressat	
	Datum
Worum geht es in diesem Schreiben?	**Einladung zur Pressekonferenz**
Überschrift	**Wie können alte Menschen besser betreut werden?**
Anrede	Guten Tag, …,
Worum geht es auf der Pressekonferenz?	Das Netzwerk Ostend, ein Zusammenschluss von Organisationen, die in der Altenarbeit/Altenhilfe engagiert sind, hat ein Konzept zur Verbesserung der Betreuung alter Menschen im Bezirk entwickelt. Kerngedanke des Konzepts ist eine … der stationären und ambulanten Pflege. Die Umsetzung des Konzepts würde zwei zentrale Probleme lösen: Die … und …
Einladung	Die Leitlinien unseres Konzeptes möchten wir Ihnen auf einer Pressekonferenz vorstellen, zu der ich Sie herzlich einlade.
Zeit und Ort	Am: 23. Mai … Um: 11.00 Uhr Im: Bert-Schuster-Heim, Kölnstraße 8
Wer nimmt teil?	Teilnehmerinnen und Teilnehmer: – Sigrid Köhler-Muth, Vorsitzende des Netzwerks – Stefan Dehm, Dezernent für Jugend und Soziales – und Mitglieder der Fraktionen in der Bezirksversammlung.

Gruß	Sonnige Frühlingsgrüße
Wer beantwortet Fragen zur Pressekonferenz?	Eva Ferse (Sprecherin) Tel.: 12 34-98

Absender
Adressat

Datum

Einladung zur Pressekonferenz

»Ohne Moos nix los« – Fundraising im sozialen Bereich?

Guten Tag, …

mit … Milliarden Euro pro Jahr werden derzeit soziale Dienstleistungen finanziert. Doch die öffentliche Hand zieht sich mehr und mehr aus der Finanzierung sozialer Projekte zurück. Was ist zu tun? Können und sollen Privatpersonen und Unternehmen öffentliche Aufgaben finanzieren? Müssen Einrichtungen und Verbände der freien Wohlfahrtspflege Sponsoren gewinnen? Sollen soziale Einrichtungen sich durch Spenden finanzieren – und auf dem Spenden-»Markt« miteinander konkurrieren?

Diese Fragen stehen im Mittelpunkt einer Fachtagung des Instituts ABC, an der internationale Expertinnen und Experten sowie Vertreterinnen und Vertreter von Wohlfahrtsverbänden aus der gesamten EU teilnehmen.

Zu der anschließenden Pressekonferenz lade ich Sie herzlich ein.

Am:	2. Juli …
Um:	11 Uhr 30

Im:	Germania Hof, Grevener Straße 89
Teilnehmerinnen:	Renate Hof, Vorsitzende des Instituts ABC Dr. Jane Smith, Präsidentin der europäischen XYZ Foundation

Mit freundlichen Grüßen

Dorothea Kühn
Geschäftsführerin

2.2 Gekonnt durchführen

Journalistinnen und Journalisten dürfen zu einer Pressekonferenz zu spät kommen – die Veranstalter nicht. Sie müssen einige Zeit vor Beginn am Ort sein und

- sich darum kümmern, dass Getränke bereitstehen,
- prüfen, ob die erforderlichen Medien funktionieren,
- die Unterlagen für die Presse auslegen,
- Tische und Stühle so stellen, dass Journalistinnen direkten Blickkontakt mit den Teilnehmern haben und sie nicht von der Seite ansprechen müssen.

Mit Unterlagen sind Informationen gemeint. Stift und Papier bringen Journalisten mit. Es ist überflüssig, der schreibenden Zunft billige Kugelschreiber und einen Vereinsblock auf die Tische zu legen. Kann sich ein Verein nicht leisten, Kugelschreiber im Wert von zwanzig oder mehr Euro zu verschenken, sollte er es ganz lassen: wenn schon bestechen, dann richtig und originell. Nonprofit-Einrichtungen sollten auf »Präsente« verzichten und stattdessen Zeit und Arbeit für die Pressemappe investieren.

Die *Pressemappe* muss keine *Mappe* sein. Gemeint sind Informationen und Materialien, die Journalistinnen und Journalisten die Arbeit erleichtern:

- eine Zusammenstellung der zentralen Aussagen der Teilnehmerinnen und Teilnehmer der Pressekonferenz (»Waschzettel«),
- Zahlen, Daten, Statistiken (wenn erforderlich),
- Bildmaterial,
- eine Selbstdarstellung des Vereins oder anderes Hintergrundmaterial.

Wenn Ihr Verein auf Pressekonferenzen häufiger mehr als zwei Blätter verteilt, sind Presse*mappen* nützlich: Sie machen mehr her und erleichtern es, die Unterlagen heil in die Redaktion zu bringen.

Den Ablauf einer Pressekonferenz zeigt das folgende Diagramm:

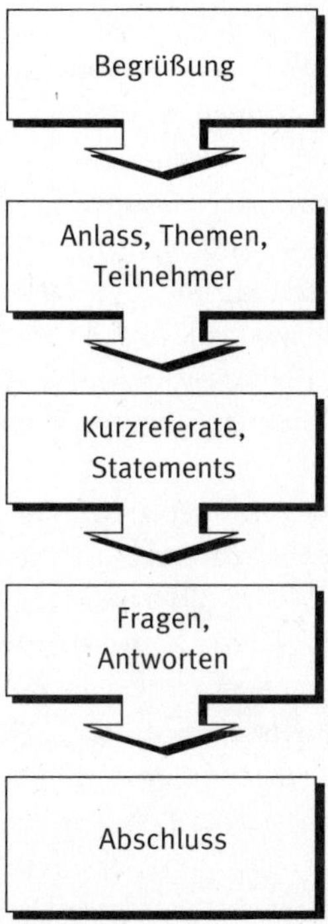

Pressekonferenzen sollten moderiert werden. Die Gesprächsführung übernimmt sinnvollerweise die oder der Verantwortliche für Pressearbeit*. Der Pressesprecher begrüßt die Journalistinnen und Journalisten und stellt sich vor (falls ihn nicht alle kennen). Er erläutert in wenigen Worten den Anlass der Pressekonferenz, stellt die Teilnehmerinnen und Teilnehmer vor und gibt eine kurze Vorschau, wer zu welchem Thema spricht.

Nach den Statements der Teilnehmer eröffnet die Pressereferentin den Hauptteil der Pressekonferenz: die Frage- und Antwort-Runde. Für sie gilt:

1. Wer eine Pressekonferenz durchführt, muss bereit sein (fast) alle Fragen zu beantworten.
2. Es gibt keine dummen und unzulässigen Fragen.

Wer etwas zu verschweigen hat, sollte keine Pressekonferenz durchführen. Nur prominente Politiker, Spitzenmanager sowie Stars und Sternchen können es sich (manchmal) leisten, mit »kein Kommentar« zu antworten (und einen schlechten Eindruck zu hinterlassen). Wer zu einer Pressekonferenz einlädt, sollte auf unangenehme Fragen vorbereitet sein. Es gehört zur Arbeit von Journalistinnen und Journalisten »nachzubohren«. Ausreden und Ausflüchte fordern dazu besonders heraus. Wenn Sie eine Frage nach Zahlen, Daten, Fakten nicht beantworten können, sagen Sie es offen, und versprechen Sie, die Informationen umgehend nachzureichen.

Fragen sollten nicht kommentiert, sondern beantwortet werden. Antworten sollen informieren und nicht belehren. Sie dürfen sich wünschen, dass die Journalistinnen und Journalisten, die zu Ihrer Pressekonferenz kommen, etwas von der Materie verstehen, um die es geht. Sie dürfen aber nicht davon ausgehen. Und Sie dürfen nicht laut aufstöhnen, wenn eine Frage Unkenntnis demonstriert. Jede Form von Belehrung oder Tadel (»Sie sollten eigentlich wissen, dass ...«, »ich habe eigentlich vor-

* Im Folgenden kurz Pressesprecher oder Pressereferentin genannt.

ausgesetzt, dass …«) ist ebenso unangebracht wie ein autoritäres »jetzt passen (schreiben) Sie mal auf, junger Freund«. Journalisten dürfen alles fragen. Wenn aber Fragen keine Fragen, sondern Belehrungen oder Unterstellungen sind, ist – ausnahmsweise – folgende Antwort erlaubt: »An Ihrer Frage ist nur das Fragezeichen seriös.« Nehmen Sie gleichwohl Stellung – und fahren Sie fort: »Zur Sache meine ich …«*

Wenn die Fragen eines Journalisten die anderen Journalistinnen und Journalisten nerven, sollte ihm die Pressesprecherin anbieten, seine Fragen im Anschluss an die Pressekonferenz zu beantworten.

Lässt das Interesse nach, werden keine Fragen mehr gestellt, schließt der Pressesprecher die Pressekonferenz mit einer freundlichen Bemerkung.

Nur die Pressevertreter dürfen sofort zum nächsten Termin eilen. Die Veranstalter sollten Zeit haben für Interviews, themenbezogene und allgemeine Nachfragen oder eine (private) Unterhaltung. Das Gespräch danach kann unter Umständen wichtiger sein als die eigentliche Pressekonferenz. Mit Journalistinnen und Journalisten, die man bislang noch nicht kannte, können erste Kontakte geknüpft werden. Und es besteht die Möglichkeit, sich in informellen Gesprächen Rückmeldungen über die Pressekonferenz zu verschaffen.

2.3 Sorgfältig nachbereiten

Wer Kraft und Zeit in die Vorbereitung einer Pressekonferenz investiert hat, sollte die Arbeit bilanzieren. Entscheidendes Kriterium für den Erfolg ist das Medienecho. Eine kritische Nachbereitung setzt früher an: Wie viele Journalistinnen und Journa-

* Zum Umgang mit rhetorischen Fragen vgl. Norbert Franck: Rhetorik für Wissenschaftler. Selbstbewusst auftreten, selbstsicher reden. München 2001, S. 100 ff.

listen kamen zur Pressekonferenz? Welche Medien waren (nicht) vertreten? Diese Fragen können anhand der Anwesenheitsliste, die bei keiner Pressekonferenz fehlen sollte, zuverlässig beantwortet werden. Eine Anwesenheitsliste ermöglicht

- einen Vergleich zwischen der Zahl der verschickten Einladungen und der Zahl der Journalistinnen, die an der Pressekonferenz teilnahmen,
- zu überprüfen, welche Journalisten über die Pressekonferenz berichtet haben,
- einen Überblick, bei welchen Medien nachgehakt werden muss.

Die Anwesenheitsliste ist schließlich eine wichtige Grundlage zur Erweiterung bzw. Aktualisierung des Presseverteilers (vgl. S. 204).

Nach jeder Pressekonferenz sollte ausgewertet werden:

- Fand das *Thema* Resonanz?
- Waren *Zeit* und *Ort* richtig gewählt?
- Lud die *Einladung* wirklich ein und wurde sie rechtzeitig verschickt?

Ob eine Pressekonferenz erfolgreich war, lässt sich mit drei Fragen prüfen:

1. Haben alle anwesenden Journalistinnen und Journalisten berichtet?
2. Wie umfangreich haben sie berichtet?
3. Welche Tendenz lässt die Berichterstattung erkennen?*

Um Konsequenzen für künftige Pressekonferenzen ziehen zu können, ist vor allem darauf zu achten,

- was (nicht) aufgegriffen wurde,
- welche Aussagen wörtlich zitiert wurden,

* War Ihre Pressekonferenz so gut besucht, dass Sie die Berichterstattung nicht mehr selbst überblicken können, kann es zweckdienlich sein, einen »Ausschnittdienst« damit zu beauftragen, die Medienresonanz zu dokumentieren. In der Bundesrepublik gibt es gut ein Dutzend solcher Dienste.

- was fehlerhaft wiedergegeben wurde (und woran das liegt).

Eine Pressekonferenz nachbereiten heißt oft auch: weiterarbeiten. Sind Journalisten wichtiger Medien nicht erschienen, geht die Pressearbeit weiter. Die Journalisten bzw. Redaktionen sind anzurufen und zu fragen, ob sie das Thema der Pressekonferenz interessiert und Informationen zugeschickt werden sollen. Ist dies der Fall, sollte noch am Tag der Pressekonferenz eine Pressemitteilung gefaxt werden, die das Wesentliche zusammenfasst (je besser der »Waschzettel« zur Pressekonferenz ausfällt, desto geringer ist hierbei der Arbeitsaufwand).

War die Pressekonferenz gut besucht, bleibt in den Tagen darauf die Aufgabe, die Berichte zu einem Pressespiegel zusammenzustellen und/oder zu archivieren für eine Dokumentation oder den Jahresbericht bzw. die Pressemappe, die auf einer der nächsten Pressekonferenzen verteilt werden soll.

2.4 Checkliste: Die Pressekonferenz

Rede und Antwort:
7 Grundsätze

1. Eine Pressekonferenz veranstaltet man nur dann, wenn etwas von besonderer Bedeutung mitgeteilt werden soll.
2. Vor jeder Pressekonferenz ist zu klären, was, vom wem, wie, wann und wo den Medien mitgeteilt werden soll.
3. Ein Anlass oder ein Thema ergibt noch keine interessante Pressekonferenz. Der Anlass bzw. das Thema müssen aufbereitet, griffig kommunizierbar gemacht werden.
4. Der Ort einer Pressekonferenz kann ungewöhnlich, er muss aber situationsangemessen sein.
5. Einladungen zu einer Pressekonferenz sollen einladen. Deshalb müssen sie informativ sein und neugierig machen.
6. Auf einer Pressekonferenz werden Fragen beantwortet – nicht kommentiert.

7. Zur Nachbereitung einer Pressekonferenz gehört die Information der Journalistinnen und Journalisten, die nicht erschienen sind.

Rede und Antwort: Checkliste

Anlass, Inhalt, Teilnehmerinnen und Teilnehmer:
- ❑ Ist der Anlass wichtig genug?
- ❑ Stehen die zentralen Aussagen fest?
- ❑ Ist bei der Auswahl der Teilnehmerinnen und Teilnehmer das Motto »Mischung statt Doppelung« berücksichtigt?
- ❑ Haben sich die Teilnehmer abgesprochen?
- ❑ Sind Sie auf unangenehme Fragen vorbereitet?
- ❑ Ist der Ablauf besprochen?
- ❑ Wer leitet die Pressekonferenz?

Zeit:
- ❑ Ist sichergestellt, dass am gleichen Tag keine wichtigeren Ereignisse stattfinden?
- ❑ Finden zur selben Uhrzeit wichtige Ereignisse statt?
- ❑ Ist die Zeit »journalistenfreundlich«?

Ort:
- ❑ Entspricht der Ort dem Anlass?
- ❑ Ist er groß und hell genug?
- ❑ Ist er leicht zu erreichen (sind Wegbeschreibungen notwendig)?
- ❑ Steht der Raum auch nach der Pressekonferenz einige Zeit zur Verfügung (zum Beispiel für Interviews)?

Einladung:
- ❑ Sind alle Medien eingeladen?
- ❑ Rechtfertigt das Thema, mehr Medien als üblich einzuladen?
- ❑ Ist sichergestellt, dass die Einladung rechtzeitig rausgeht?

- ❑ Ist die Einladung informativ, macht sie neugierig?
- ❑ Enthält die Einladung alle wichtigen Daten?
- ❑ Wurde rechtzeitig nachgehakt, ob die Eingeladenen kommen?

Pressemappe:
- ❑ Soll eine Pressemappe verteilt werden?
- ❑ Kann sinnvolles Bildmaterial zur Verfügung gestellt werden?
- ❑ Wie viele Pressemappen werden benötigt?

Die wichtigen Kleinigkeiten:
- ❑ Ist die Bewirtung geregelt?
- ❑ Funktionieren die technischen Hilfsmittel, die eingesetzt werden sollen?
- ❑ Ist eine Anwesenheitsliste vorbereitet?
- ❑ Ist im Gebäude eine Ausschilderung erforderlich?
- ❑ Sind Tische und Stühle situationsgerecht aufgestellt?

3. Präzise und vorbereitet: Interview und Hintergrundgespräch

Ich möchte zunächst den Wählerinnen und Wählern, die uns ihr Vertrauen geschenkt haben, herzlich danken. Mein Dank geht auch an die Parteifreunde in A, die mit B an der Spitze einen hervorragenden und engagierten Wahlkampf geführt haben. Wir haben unser Wahlziel erreicht. Wir haben zwei Prozent zugelegt. Das unterstreicht, dass die Union auch in schwierigen Zeiten in der Lage ist, die Bürgerinnen und Bürger von ihrer zukunftsorientierten Politik für Deutschland und Europa zu überzeugen.

So oder so ähnlich antwortet der Generalsekretär der CDU in der »Berliner Runde« auf die Frage nach den Gründen für die Wahlschlappe seiner Partei. Er kann es sich leisten; er wird trotzdem nach jeder Landtagswahl wieder ins Studio eingeladen.* Die »Berliner Runde« ist eine feste Einrichtung, die mit bestimmten Antwortritualen auskommen muss.

Wer nicht regelmäßig von großen Sendern und wichtigen Zeitungen zu Gesprächsrunden und Talkshows eingeladen oder um Interviews gebeten wird, sondern um einen bescheidenen Platz in den Medien ringen muss, sollte sich nur in einem Punkt an den Politprofis orientieren: Die Damen und Herren können nach jeder Wahlniederlage mit Zahlen aufwarten, die »beweisen«, dass ihre Partei im Vergleich zu dieser oder jener Wahl zugelegt hat. Kurz: Sie sind auf Gespräche gut vorbereitet.

Ich gehe auf zwei Gesprächsformen als Mittel der Pressearbeit ein: das Interview und das Hintergrundgespräch.

3.1 Auf Sendung: Interview

Nach einer Pressekonferenz kommt eine Journalistin und fragt, ob sie noch ein kurzes Interview machen kann. In Berlin, Düsseldorf oder München wurde die Kürzung von Sozialleistungen beschlossen, und ein Regionalsender fragt, ob Sie am Nachmittag in einem Live-Interview von 2 ½ Minuten aus der Perspektive Ihres Vereins zu diesen Kürzungen Stellung nehmen wollen. Das Landesstudio X des Fernsehsenders Y will ein Team vorbeischicken, um Sie über die geplante Sanierung eines Altbauviertels zu interviewen, in dem viele alte Menschen und Migrantinnen und Migranten wohnen. – Eine große Chance und eine Herausforderung.

Interviews bieten die Möglichkeit, eine Meinung authentisch

* Ob es seiner Partei nutzt, ist fraglich. Ich vermute, solche Antworten sind eine Ursache für die häufig beklagte »Verdrossenheit« über die »Volksparteien«. Die Herren Generalsekretäre (und die Dame von der FDP, die ihnen nacheifert) wären sicher gut beraten, wenn sie die Ursachen der zurückgehenden Wahlbeteiligung auch in ihrem Politikstil suchen würden.

rüberzubringen, einen Sachverhalt ungefiltert darzustellen. Interviews werden von vielen Menschen gerne gelesen, gehört bzw. gesehen.

Für jedes Interview, gleich ob für eine Zeitung, Radio oder Fernsehen, gilt: Auf eine gute Vorbereitung kommt es an. Fragen Sie, wenn Sie um ein Interview gebeten* werden,

- welche Themen angesprochen werden sollen,
- in welchem Zusammenhang das Interview steht,
- wie lange es dauern soll,
- wie es ablaufen soll.

Wenn es die Zeit erlaubt und sich thematisch anbietet, können Sie Journalisten vorab Material Ihres Vereins zur Verfügung stellen. Das erhöht die Chance auf sachgerechte und sachkundige Fragen. Ob sich Journalistinnen vorbereiten, liegt jedoch ebenso in ihrem eigenen Ermessen wie die Entscheidung, was sie fragen.

Investieren Sie Zeit in die Vorbereitung. Selbst Medienprofis handeln nicht nach der Maxime »es wird mir schon etwas einfallen«. Sie sollten Ihre »Botschaft(en)« im Kopf haben und an griffigen Formulierungen arbeiten. Nur wenn Sie täglich über einen Sachverhalt reden, stellen sich Formulierungen »wie von selbst« ein. Doch Vorsicht: Diese Formulierungen sind häufig nicht gelungen, sondern für Außenstehende nur schwer verständliches »Vereinschinesisch«. Da Zeit bei Sendeanstalten bzw. Platz in Zeitungen immer knapp ist, müssen Sie rasch auf den Punkt kommen – oder Sie verschenken Ihre Chance.

Während eines Interviews sollten Sie folgende Punkte beachten:

- Antworten Sie kurz und prägnant. Das ist deshalb wichtig, weil Interviews häufig gekürzt werden. Sind Ihre Antworten zu lang, kann es passieren, dass eine Antwort völlig gestrichen oder geschnitten wird.

* Sie können Medien auch ein Interview anbieten, wenn Sie etwas Interessantes zu sagen haben. Das ist nicht peinlich.

- Wenn Ihr Interviewpartner sich nicht genau auskennt, nutzen Sie seine Wissenslücke, um sachgerecht zu informieren bzw. zu kommentieren. Ärgern Sie sich nicht, sondern steuern Sie durch Ihre Antworten seine Fragen.
- Greifen Sie sich bei einer Kettenfrage den Aspekt heraus, der Ihnen am wichtigsten erscheint, und gehen Sie darauf ein.
- Sie können den Interviewverlauf beeinflussen, indem Sie das Wichtigste im letzten Satz sagen. Am letzten Satz wird häufig angeknüpft, um die nächste Frage zu stellen.
- Sie müssen nicht sofort zur Sache sprechen. Sie können einen Überbrückungssatz formulieren: »Lassen Sie mich kurz nachdenken, um Ihre Frage so konkret wie möglich beantworten zu können.«
- Gliedern Sie Ihre Antworten. Das hilft Ihnen und erleichtert das Zuhören: »Ihre Frage spricht drei verschiedene Aspekte an. Ich will zunächst auf … eingehen, dann auf … und schließlich auf die Frage nach …«
- Stellen Sie eine Gegenfrage, wenn Sie die Frage nicht richtig verstanden haben: »Können Sie Ihre Frage etwas präziser (konkreter) formulieren?«
- Enthält die Frage eine Voraussetzung, die Sie nicht teilen, weisen Sie darauf hin: »Ihre Frage enthält eine Voraussetzung (einen Gegensatz), die ich nicht teile. Ich gehe aber gerne auf das angesprochene Problem ein.«

Bereitet Ihnen eine Frage Schwierigkeiten, haben Sie folgende Antwort-Möglichkeiten:

- Die Frage *einengen*: »Ich beantworte Ihre Frage an einem konkreten Beispiel.«
- Die Frage *ausweiten*: »Ich will Ihre Frage in einen größeren Zusammenhang einordnen.«
- Schließlich können Sie *passen*: »Diese Frage kann ich im Moment nicht beantworten. Ich haben die Zahlen im Moment nicht vorliegen (Ich muss mich erst über diesen Vorgang informieren).«

Wenn Sie mit Ihrem Interview zufrieden sind, können Sie es in einer Presseerklärung zusammenfassen.* Sie sollten dies allerdings zuvor mit der jeweiligen Redaktion absprechen, die vielleicht selbst eine Vorabmeldung herausgeben will.

Zeitung

Bei Zeitungsinterviews sollten Sie darauf bestehen, den Text zu autorisieren, der veröffentlicht werden soll. Das ist ein übliches Verfahren. Sie können einzelne Formulierungen korrigieren. Wurden bei einem längeren Interview Teile Ihrer Antworten gestrichen, steht es Ihnen frei, die Schwerpunktsetzung zu verändern. Sie können allerdings nicht den Text völlig umschreiben, wenn Sie ungeschickt oder unzulänglich geantwortet haben. Haben Sie ein Interview regelrecht verpatzt, bleibt als letzte Möglichkeit, den Abdruck des Interviews zu verweigern. Sie sollten allerdings die Folgen bedenken: Sie werden in der nächsten Zeit nicht mehr um ein Interview gebeten.

Rundfunk

Kurze und prägnante Antworten sind bei Rundfunk- und Fernsehinterviews besonders wichtig. Die Zuhörer bzw. Zuschauerinnen müssen Ihre Antworten auf Anhieb verstehen, sie können nicht nachlesen. Und Radio hören ist für die meisten Menschen eine Nebenbeschäftigung, der sie nur geringe Aufmerksamkeit schenken. Deshalb: kurze und knappe Antworten ohne Fachausdrücke und Abkürzungen.

* Ein Beispiel für eine Presseerklärung zu einem Interview: Die Entscheidung des Stadtrats von Schwarzstadt, das Kinderschutz-Zentrum künftig nicht mehr finanziell zu fördern, sei »Ausdruck einer verfehlten Kinder- und Jugendpolitik der Stadt«. Dies erklärte Petra Prantel, Geschäftsführerin des Kinderschutz-Zentrums, dem *Schwarzstädter Echo*. Frau Prantel warnte vor den Folgen einer Schließung des Kinderschutz-Zentrums. Sie forderte die Stadt auf, …

Wenn Sie langsam, ruhig und sachlich sprechen, können Ihnen die Zuhörerinnen und Zuhörer leichter folgen; und Sie werden sich nicht versprechen oder Schwierigkeiten haben, einen Satz richtig zu beenden. Die meisten Mikrophone sind so ausgelegt, dass Geräusche aus dem Hintergrund oder von der Seite unterdrückt werden. Sprechen Sie deshalb direkt ins Mikrophon. Aber gehen Sie nicht zu dicht heran, sonst blubbern die Mitlaute.

Wenn es kein Live-Interview ist, fragen Journalisten am Schluss häufig, ob etwas Wichtiges vergessen wurde. Sie können dann noch nachtragen, was Sie nicht losgeworden sind. Im Studio wird eine Frage zu Ihrer Antwort eingespielt.

Fernsehen

Wenn sich ein TV-Sender für ein 2-Minuten-Interview in den Vereinsräumen angemeldet hat, sollten Sie sich darauf einstellen, dass Sie das mehr als eine Stunde kosten kann: Die Beleuchtung muss eingerichtet, der richtige Hintergrund für die Aufnahmen gesucht (oder arrangiert) werden, vielleicht wird noch eine Außenaufnahme gemacht usw.

Wohin schauen, wenn die Kamera läuft? Schauen Sie entweder den Interviewer an oder blicken Sie in die Kamera. Wenn Sie sich für die zweite Möglichkeit entscheiden, entsteht bei den Zuschauerinnen und Zuschauern der Eindruck, dass Sie sich direkt an sie wenden. Blicken Sie erst dann in die Kamera, wenn die Frage gestellt ist. Wenden Sie sich langsam der Kamera zu und antworten Sie. Schauen Sie nach der Antwort wieder die Interviewerin an.

Im Fernsehen werden Sie gesehen. Da Geräte mit 100-Hertz-Technik noch nicht allgemeiner Standard sind, sollten Sie etwas dazu beitragen, Flimmern auf dem Bildschirm zu vermeiden: Schrill leuchtendes Rot, Blau und Grün sowie alles Kleinkarierte verstärkt Flimmereffekte. Wenn Sie schwarze und weiße Kleidung tragen, verlieren Sie Kontur. Blasse, getönte Farben kommen, jedenfalls im Fernsehen, am besten.

Und wenn …

… Ihnen ein Satz verunglückt?
Niemand spricht fehlerfrei. Wenn Sie einen Satz mit kleinen Verstößen gegen die Grammatik beenden, ist das kein Drama. Sofern problemlos zu verstehen ist, was Sie gemeint haben, sprechen Sie einfach weiter. Sie können auch – ohne Entschuldigung – das entsprechende Wort verbessern. Kommen Sie mit Ihrem Satz überhaupt nicht mehr klar, brechen Sie ihn ab und fangen ihn neu an. Sie können schlicht sagen: »Ich beginne den Satz noch einmal neu.« Sie können auch ein bisschen bluffen:
- »Ich möchte es besser formulieren …«
- »Präziser ausgedrückt …«
- »Genauer gesagt …«

… Sie sich versprechen?
Gehen Sie über kleine Versprecher, die den Sinn Ihrer Aussage nicht entstellen, hinweg. Wird der Sinn entstellt, korrigieren Sie ohne Entschuldigung: »Ich meine natürlich nicht pädagogisch, sondern psychologisch.«

… Ihnen das treffende Wort fehlt?
Das ist eine normale Erscheinung bei einem Interview. Setzen Sie mit einer Umschreibung oder einem anderen treffenden Wort Ihre Antwort fort. Sie können sich auch laut fragen: »Wie kann ich es treffend formulieren?« und sich so eine Denkpause verschaffen.

… Sie etwas vergessen haben?
Die Zuhörerinnen oder Zuschauer wissen nicht, was Sie alles sagen wollten. Wenn Sie ein zentrales Argument oder einen wichtigen Gesichtspunkt vergessen haben, tragen Sie diesen Punkt bei der nächsten Frage nach:
- »In diesem Zusammenhang ist zu ergänzen, …«
- »Dabei ist zu berücksichtigen, dass …«

3.2 Kaffee und Zuckerl: Hintergrundgespräch

Mit und über die Presse Politik zu machen ist in Berlin, Wiesbaden, Potsdam und anderswo ein beliebtes Spiel. Wenn montags im *Spiegel* steht, in den Fluren des Kanzleramtes erwarte »man« täglich, dass diese oder jener in den nächsten Tagen in die zweite Reihe zurücktreten müsse oder vom Kanzler fallen gelassen werde, dann standen nicht *Spiegel*-Reporter einige Tage in den Kanzleramtsfluren herum und machten sich eifrig Notizen. Vielmehr wurde dem *Spiegel* etwas »gesteckt«.* Nicht selten macht sich der Informant große Hoffnung, Nachfolger der Person zu werden, die angeblich auf der »Abschussliste« steht.

Um diese Art der Hinterhaltgespräche geht es mir nicht, sondern um sachliche Hintergrundgespräche als Mittel einer seriösen Pressearbeit.**

Hintergrundgespräche sind für eine kontinuierliche Pressearbeit unverzichtbar. Sie zahlen sich nicht unmittelbar aus, sondern können langfristig Früchte tragen. Hintergrundgespräche sind ein Mittel,

1. Kontakte mit Journalistinnen und Journalisten zu vertiefen,
2. Anstöße für eine Berichterstattung zu geben und
3. Verständnis für Ihre Arbeit zu wecken bzw.
4. Missverständnisse über die Vereinsarbeit auszuräumen.

* Der *Spiegel* ist stets bemüht, Informationen so aufzubereiten, dass der Eindruck entsteht, sie seien authentisch. Ein Beispiel: Der frühere DGB-Vorsitzende Meyer trifft mit dem ehemaligen Grünen-Sprecher Volmer zusammen. Volmer spricht das Konzept eines »Ökologischen New Deal« an. Meyer ist nicht besonders begeistert. Das sind die Fakten. Der *Spiegel* macht daraus: »Der DGB-Chef raunzte Volmer an: Das sind zu viele Fremdwörter.« Pure *Spiegel*-Fantasie.

** Die meisten Hinweise zur Planung und Vorbereitung eine Pressekonferenz gelten auch für das Hintergrundgespräch. Ich führe nur neue Gesichtspunkte an.

Ein Hintergrundgespräch dient dazu, Journalistinnen und Journalisten mit Informationen zu versorgen, die über die Tagesaktualität hinausgehen und ihnen einen besseren Einblick in die Vereinsarbeit geben. Das können Hintergrundinformationen über langfristige Projekte und Vorhaben oder wichtige Personalentscheidungen sein. Das Hintergrundgespräch ist auch eine geeignete Form, Fachjournalisten zu informieren. Das Mittel Hintergrundgespräch sollte nur dann gewählt werden, wenn auch tatsächlich Hintergrundinformationen geboten werden können: Informationen, die

- dem Verständnis künftiger Vorhaben dienen,
- die Einordnung anstehender Entscheidungen erleichtern,
- Journalistinnen und Journalisten einen Vorlauf für die Berichterstattung geben.

Hintergrundgespräche können beiden Seiten nutzen: Journalistinnen und Journalisten sind in der Lage, über ein Ereignis oder eine Entscheidung kompetent zu berichten. Für den Verein oder die Initiative erhöht sich die Chance, ins rechte Licht gerückt zu werden.

Die Intention des Hintergrundgesprächs bestimmt die Form. Es ist keine Frage- und Antwortrunde, sondern ein Gespräch. Der im Vergleich zur Pressekonferenz informelle Charakter dieses Gesprächs kann dadurch unterstrichen werden, dass es als »Pressefrühstück« (mit allem, was dazugehört) durchgeführt wird.

Zum Frühstück lädt man keine fremden Menschen ein. Das gilt auch für das Pressefrühstück oder Hintergrundgespräch: Ein offenes Gespräch setzt eine längere Zusammenarbeit voraus, in der sich ein Vertrauensverhältnis entwickeln konnte. Während Sie bei einer Pressekonferenz alle Journalistinnen und Journalisten gleich behandeln, treffen Sie bei einem Hintergrundgespräch eine Auswahl.

In einer vom Deutschen Städtetag herausgegebenen Arbeitshilfe heißt es: Die Hintergrundinformation »ist nicht zur Veröffentlichung bestimmt«, sondern soll »lediglich einen bestimmen Tatbestand … erhellen und verständlich machen«.* Das ist aus der Perspektive einer Kommunalverwaltung formuliert, die nicht immer alle Karten auf den Tisch legen will. Ein Verein, der nichts zu verbergen hat, sollte Hintergrundinformationen als zusätzliches Informationsangebot verstehen und Journalistinnen und Journalisten die Entscheidung überlassen, was sie bringen wollen. Der Hinweis, »diese Information bitte vertraulich behandeln«, sollte die Ausnahme sein. Wenn alle Ihre Informationen »off the record« sind, vergraulen Sie Ihre Gesprächspartner.

3.3 Interview und Hintergrundgespräch: 7 Grundsätze

1. Interviews sind eine große Chance, die Sicht eines Verbands oder Vereins einen breiteren Öffentlichkeit im O-Ton zu vermitteln. Deshalb sollten sie sehr sorgfältig vorbereitet werden.
2. In Interviews darf man nicht mit der Maxime gehen »es wird mir schon etwas einfallen«. Zentrale »Botschaften« müssen vorbereitet werden.
3. Journalistinnen und Journalisten entscheiden, was sie fragen. Sie haben die Freiheit zu entscheiden, was und wie Sie antworten.
4. Bei Rundfunk- und Fernsehinterviews kommt es darauf an, langsam und ruhig zu sprechen.
5. Versprecher sind kein Problem und kein Grund für Hektik.
6. Hintergrundgespräche sind eine gute Möglichkeit, Anstöße für eine Berichterstattung zu geben, Verständnis für Ihre Arbeit zu wecken und Kontakte mit Journalistinnen und Journalisten zu vertiefen.

* Ewald Müller, Joachim Peter, Werner Istel: Städtische Presse- und Öffentlichkeitsarbeit. Eine Arbeitshilfe. Köln 1991, S. 58.

7. Hintergrundgespräche sind etwas Besonderes. Das Besondere findet nicht alle Tage statt und muss gut vorbereitet werden: Es müssen wirklich *Hintergrund*-Informationen geboten werden.

4. Hege und Pflege: Umgang mit Journalisten

Journalistinnen und Journalisten sind

- »Rasende Reporter« (Egon Erwin Kisch),
- Oberlehrer (»Die SPD muss endlich begreifen ...«),
- Hofberichterstatter (»Die CSU hat glänzend bewiesen ...«),
- verhinderte (Lokal-)Politikerinnen (»In Hanau kommt es jetzt darauf an ...«),
- »Kehrichtsammler der Tatsachenwelt« (Karl Kraus),
- Lokalpatriotinnen (»unser schöner Rathausvorplatz darf nicht länger ...«),
- Vereinsmeier (»Tolle Stimmung bei der diesjährigen Rassehühnerzüchterkarnevalssitzung«),
- Medienstars (»Talk mit ...«, »Prominente zu Gast bei ...«).

Kürzer: Journalistinnen und Journalisten sind verschieden. Sie sind weder Bettler noch Könige, sondern auf der Suche nach Neuigkeiten. Das ist ihr Beruf. Und sie erwarten von der »anderen Seite« einen professionellen Umgang mit den Erfordernissen ihrer Profession.

Sie finden auf den nächsten Seiten keine »kleine Psychologie des Umgangs mit Journalisten«, sondern Hinweise auf Voraussetzungen für eine professionelle Kommunikation mit Vertretern dieses Berufsstandes. Im Einzelfall mag es nützlich sein, die Hobbys oder die bevorzugte Cognac-Marke eines Journalisten zu kennen. Aber die in der Literatur häufig empfohlene Kartei mit Daten über Geburtstag, Alkohol- oder andere Vorlieben führt in die falsche Richtung. Zum einen können gemeinnützige Einrichtungen ohnehin nicht mit den »Aufmerksamkeiten« konkurrieren, mit denen kommerzielle Unternehmen oder Regierungen aufwarten. Zum anderen gilt für den persönlichen Umgang: Journalisten sind Menschen, die Sie so höflich, freundlich und interessiert behandeln sollten wie andere Menschen. Überlassen Sie es Vertretern, Karteikarten mit Notizen anzulegen, bei welchen Kunden Blondinen-»Witze« gut ankommen.

4.1 Professionell und persönlich

Journalistinnen und Journalisten, die über Vereine, Verbände usw. berichten, wollen einen festen Ansprechpartner. Sie wollen nicht heute eine Pressemitteilung vom Geschäftsführer, morgen einen Veranstaltungshinweis von einer Fachreferentin und am Tag darauf eine Beschwerde vom Vereinsvorsitzenden.

Journalistinnen und Journalisten sind dankbar, wenn die oder der für die Pressearbeit Zuständige in der Lage ist, ihre Perspektive einzunehmen, und bei jeder Mitteilung, die an die Presse gehen soll, prüft: Hat sie einen Nachrichtenwert? Der erste Schritt zum richtigen Umgang mit Journalisten ist dann getan, wenn in den *Vereins*papierkorb wandert, was keinen Nachrichtenwert hat. Gehen Nichtinformationen an die Presse, landen sie im *Redaktions*papierkorb – und der Verein bzw. sein Pressesprecher erhält den Ruf, keine Quelle für Nachrichten zu sein, sondern ein (lästiger) Langweiler.

Selbstverständlich: Eine Pressesprecherin ist dafür verantwortlich, dass die Arbeit des Vereins in den Medien Resonanz findet. Das gelingt allerdings nur mit einem gewissen Maß an Distanz zur Vereinsarbeit. Versteht sich eine Pressesprecherin als »Verkünderin« von Vereinsbeschlüssen oder Vorstandswahrheiten, ist sie für Journalistinnen und Journalisten keine ernsthafte Gesprächspartnerin. Versteht sich die Pressesprecherin als Kommunikationspartnerin, die Informationen aufbereitet, Zusammenhänge herstellt und Hintergründe erläutert, ist der Grundstein für eine erfolgreiche Zusammenarbeit gelegt.

Ein Kommunikationspartner der Presse folgt dem Motto »Nicht die Masse macht's«. Er gibt lieber weniger, dafür aber stets informatives Material an die Presse. Kommunikation mit einem Partner sollte so direkt wie möglich erfolgen. Man kommuniziert nicht mit dem *Westdeutschen* oder *Norddeutschen Rundfunk*, sondern mit zuständigen Redaktionen oder besser: mit einem zuständigen Redakteur. Pressemitteilungen oder Einladungen zur Pressekonferenz werden deshalb nicht an den Chefredakteur geschickt (in der Hoffnung, der wird schon dafür sorgen, dass jemand berichtet). Die direkte Kommunikation muss zügig erfolgen, denn Nachrichten müssen aktuell sein. Wer wartet, bis ein Ereignis »abgehangen« ist, verbaut sich die Chance auf Medienresonanz.

Journalistinnen sind häufig mit Arbeit und Terminen bis über beide Ohren zugedeckt. Hoffen Sie deshalb nicht darauf, dass Journalisten auf Sie zugehen. Sie müssen Informationen anbieten. Und nur wenn Sie das tun, werden nach einiger Zeit Nachfragen kommen. Wenn Sie neu im Metier sind, sollten Sie den ersten Schritt machen: Rufen Sie in der Redaktion an und vereinbaren Sie einen Besuch. Keine Lokal- oder Regionalredaktion wundert sich über dieses Ansinnen.* Sie können auch einen »offiziellen Anlass« wählen, zum Beispiel einen kleinen Imbiss im Anschluss an eine Pressekonferenz.

Ein Grundsatz ist in der Pressearbeit besonders wichtig: Behandeln Sie alle Journalistinnen und Journalisten gleich. Dieses Prinzip sollten Sie insbesondere dann beachten, wenn Sie sich über einen Journalisten geärgert haben. Bestrafen Sie nicht mit »Informationsentzug«: Sie schaden nur sich selbst. Teilen Sie

* Allerdings müssen die Relationen stimmen: Die Zentralredaktion der *Frankfurter Rundschau* wäre sehr erstaunt, wenn sich zum Beispiel der neue Pressesprecher der Aids-Hilfe Hagen persönlich vorstellen wollte.

vielmehr dem oder der Betreffenden (und nicht gleich dem Chefredakteur!) mit, was Ihnen warum missfiel.

Ausnahmen von dieser Regel sind zulässig. Nicht alle Medien sind für Ihre Arbeit gleich wichtig. Ein Journalist, der für die Zeitung schreibt, die in Ihrer Region die größte Beachtung findet, ist »gleicher« als andere. Das gilt auch für die Redakteurin, die für einen Sender arbeitet, der die größte Wirkung in Ihrem Arbeitsfeld hat.* In diesem Sinne wichtige Journalistinnen und Journalisten können Sie gelegentlich über allgemeine Informationen hinaus mit Hintergrundinformationen versorgen oder ihnen eine Geschichte exklusiv anbieten. Das setzt voraus, dass diese Informationen auch tatsächlich einen hervorgehobenen Exklusivbericht rechtfertigen. Die Eröffnung einer neuen Sozialstation ist dafür ebenso wenig geeignet wie die Neuwahl eines Vorstands. Sie sollten jedoch die Bevorzugung eines oder weniger Journalisten nicht zur Regel machen, sonst verderben Sie sich die Beziehungen zu den übrigen Medien.

Haben Sie über die Vorleistung aktuelle und interessante Informationen einen persönlichen Kontakt zu einigen Journalisten hergestellt, sollten Sie den Kontakt auch dann pflegen, wenn es nichts Konkretes zu besprechen gibt. Journalisten sind Menschen, die sich auch gerne beim Wein, Bier oder Saft mit netten Menschen unterhalten (und ein bisschen klatschen und tratschen).

Ein guter Draht zu Journalisten ist zwar keine Garantie für erfolgreiche Pressearbeit; er sorgt aber dafür, dass Ihren Pressemitteilungen und Veranstaltungen mehr Aufmerksamkeit ge-

* Beachtung bzw. Wirkung ist nicht identisch mit Reichweite (Auflage oder Zuschauerzahlen). Ein Anzeigenblatt mag eine höhere Auflage haben als die Lokalzeitung. Mehr Aufmerksamkeit finden in der Regel Berichte in der Lokalzeitung. Würde die auflagenstarke *Frankfurter Allgemeine Zeitung* einen Aufruf zu einer Demonstration gegen Atomtransporte veröffentlichen, hätte diese kleine Pressesensation einen geringeren Mobilisierungseffekt als ein Aufruf in der auflagenschwachen *taz*.

schenkt wird. Und über persönliche Kontakte können Sie leichter erfahren, warum eine Ankündigung nicht erschienen ist, ein Termin nicht wahrgenommen wurde: Lag es an der »Nachrichtenflut«? War der Nachrichtenwert zu gering? Oder hatte schlicht niemand Zeit? Sie können also durch Rückmeldungen lernen, Ihre Pressearbeit zu verbessern. Diese Chance sollten Sie nutzen.

4.2 Die Medienlandschaft kennen und nutzen

Persönliche Kontakte zu Journalistinnen und Journalisten sind sehr wichtig und sollten gepflegt werden. Doch Pressearbeit kann nicht auf persönliche Kontakte beschränkt werden. Lax formuliert: Halten Sie sich nicht an »Ihrem« Lokalredakteur fest – es muss nicht immer nur die Lokal- oder Regionalzeitung sein, die über Ihre Arbeit berichtet. Nutzen Sie das gesamte Spektrum der Medien in Ihrer Region.

Um dies zu können, ist eine kontinuierliche Pressebeobachtung und Presseauswertung erforderlich. Eine aufmerksame und regelmäßige Medienauswertung

- ist wichtig, um die Besonderheiten einzelner Medien kennen und nutzen zu lernen: Gibt es zum Beispiel eine Jugendseite? Wird über Vereinsaktivitäten vor allem dann berichtet, wenn (Lokal-)Prominenz beteiligt ist?
- vermittelt ein Gespür für »Themenkonjunkturen«: Werden lokale Initiativen stärker beachtet, wenn ihr Arbeitsfeld bundesweit in der Diskussion ist?
- ist Voraussetzung für einen sachkundigen Überblick, wer worüber berichtet.

Durch eine regelmäßige Presseauswertung können außerdem Freie Journalisten entdeckt werden, die vielleicht eher für ein bestimmtes Thema zu interessieren sind, als die Redakteurinnen und Redakteure, die Sie gewöhnlich ansprechen.

Die Kenntnis der Medienlandschaft ermöglicht kompetente

Entscheidungen, welche Medien zielgerichtet mit Informationen versorgt und für eine Berichterstattung interessiert werden sollten bzw. können. Wichtig ist, dass kein Medium übersehen und stets geprüft wird: Ist das, was Sie gerne über Ihren Verein lesen, hören oder sehen möchten, von lokaler, regionaler oder überregionaler Bedeutung?

Auf lokaler Ebene muss es nicht immer nur die Lokalzeitung sein. Denken Sie auch an

- Anzeigenblätter, deren redaktioneller Teil fast ausschließlich von Pressemitteilungen lebt;
- die Kirchenzeitungen, die über das Gemeindeleben hinaus berichten;
- das Stadtmagazin bzw. die Stadtzeitung und Schülerzeitungen, wenn Sie junge Menschen erreichen wollen;
- Zeitungen von Initiativen, Vereinen und Parteien, die häufig für Anregungen »von außen« aufgeschlossen sind;
- das kommerzielle Lokalradio mit chronischem Personalmangel;
- den Offenen Kanal bzw. Bürgerfunk, der für alle zugänglich ist.

Der Tabelle auf S. 203 ist zu entnehmen, welche Medien Sie ansprechen können und sollten, wenn Ihr Verein etwas plant, das nicht nur »vor Ort« von Interesse ist, wenn Ihre Initiative ein originelles Konzept entwickelt hat, das auch von überregionaler Bedeutung ist.*

Jedes Altenheim macht eine Weihnachtsfeier. Und keiner Lokalredaktion mangelt es im Dezember an Berichten über Weihnachtsfeiern. Veranstalten die Bewohnerinnen und Bewohner eines Altenheims keine Weihnachtsfeier, sondern demonstrieren

* Einen umfassenden Überblick über die Medienlandschaft gibt der *Zimpel*, ein Verzeichnis der Print- und audiovisuellen Medien, das laufend aktualisiert wird (vgl. Literaturverzeichnis).

Regionale und überregionale Medien	
Regional	**Überregional**
Zeitungen	Landeskorrespondenten Tages-, Wochenzeitungen
Magazine	Landesdienste, Presseagenturen
Vereins-, Verbands- und Parteizeitschriften	Publikums-, Special-Interest-, Fach-, Verbands- und Parteizeitschriften
Regionalstudios und -büros Rundfunk*	Landesstudios Rundfunk*
Privater Rundfunk	Privater Rundfunk
Regionalstudios und -büros Fernsehen*	Landesstudios Fernsehen*
Privatfernsehen	Privatfernsehen

* Die in der ARD zusammengeschlossenen Sender haben ein unterschiedlich dichtes Netz von Landes- und Regionalstudios (bzw. Regionalbüros) für ihre Rundfunk- und Fernsehberichterstattung. Das ZDF hat neben seinen Studios in Mainz und Berlin in den Landeshauptstädten Studios.

an den langen Samstagen vor Weihnachten für längere Grünphasen der Fußgängerampeln, damit auch langsamere Menschen sicher über die Straße kommen, wird diese Aktion bestimmt von regionalen und überregionalen Medien beachtet. Wird also etwas Neues, Originelles, Beispielhaftes gemacht, gilt für die Pressearbeit: keine falsche Bescheidenheit.

Ich habe einige Seiten zuvor gegen Vorschläge polemisiert, eine Kartei zu führen, in der die persönlichen Vorlieben von Journalisten vermerkt sind. Wenn Sie Ihre Pressearbeit nicht auf einige wenige Medien beschränken, sondern gezielt eine größere Zahl von Journalistinnen und Journalisten ansprechen wollen, ist eine Kartei jedoch unverzichtbar. *Kartei* klingt im Computerzeitalter sehr altmodisch. Ich verwende daher den Ausdruck »Presseverteiler«.

Ein solcher Verteiler ist keine aufwendige Sache. Sie kommen mit wenigen Angaben aus:

- Medium,
- Redaktion/Ressort,
- Name des Journalisten, der Journalistin,
- Anschrift,
- Telefon-, Faxnummer und E-Mail-Adresse.

Mit einem Adressverwaltungsprogramm kann ein solcher Verteiler problemlos für eine zielgerichtete Pressearbeit differenziert werden. Neben einem »großen« Verteiler, in dem alle Medien bzw. Journalistinnen und Journalisten erfasst sind, die Sie bei besonders wichtigen Ereignissen informieren wollen, können Spezialverteiler für eine gezielte Ansprache angelegt werden. Folgende Unterscheidungskriterien sind hierfür nützlich:

- Regionen: lokale, regionale und überregionale Medien;
- Zielgruppen: Medien, die bestimmte Zielgruppen erreichen (zum Beispiel bevorzugt von Jugendlichen gelesen werden bzw. eine Jugendseite oder Jugendsendung haben);
- Exklusivität: ausgewählte Journalistinnen und Journalisten, die Hintergrundinformationen erhalten.

Wie immer Sie für Ihren konkreten Arbeitszusammenhang einen Presseverteiler aufbauen und differenzieren, wichtig ist: Er muss regelmäßig aktualisiert werden.

4.3 Einspruch: Konflikte mit der Presse

Zu einem professionellen Umgang mit Medien gehört Gelassenheit. Journalistinnen und Journalisten sind nicht auf der Welt, um Vereine zu loben oder Verbänden zu schmeicheln. Nicht immer fällt ein Bericht oder das, was aus einer Pressemitteilung gemacht wurde, zur Zufriedenheit eines Vereins aus. Ist ein Bericht sachlich richtig, aber unvollständig oder in der Tendenz unfreundlich, sollten Sie sich nicht sofort (lautstark) beschweren oder gar eine Gegendarstellung schreiben. Weder der Zynismus vieler Stars und Sternchen (*Hauptsache mein Name ist richtig geschrieben*) noch die Eitelkeit mancher Vorstandsmitglieder (*mein Name wurde gar nicht erwähnt!*) sind für eine zielgerichtete Pressearbeit hilfreich.

Zwischen Schweigen und Gegendarstellung gibt es eine Reihe von Möglichkeiten, falsche Darstellungen zu korrigieren und auf unsachliche Kritik zu reagieren. Bei schwerwiegenden Fehlern in einem Bericht über Ihren Verein sollten Sie versuchen, in einem Gespräch mit dem zuständigen Redakteur eine Lösung zu finden, mit der beide Seiten leben können.

Das kann ein *redaktioneller Hinweis* auf einen Irrtum in der Berichterstattung sein oder ein *zweiter Artikel*, in dem der Sachverhalt – ohne ausdrücklichen Hinweis auf Fehler in der vorangegangenen Berichterstattung – korrekt dargestellt wird.

Auch *Leserbriefe* sind geeignet, falsche Darstellungen ohne große Auseinandersetzungen oder juristischen Aufwand zu korrigieren. Vereinbaren Sie mit der Redaktion, dass Sie einen Leserbrief schreiben, der ungekürzt veröffentlicht wird. Ergänzende bzw. richtigstellende Leserbriefe sollten nicht in einem verbissenen Ton geschrieben werden. Gelingt es, eine Korrektur mit Ironie zu verbinden, gewinnt man die Sympathie der Leserinnen und Leser.

Nach Absprache mit der Redaktion kann auch eine *Richtigstellung* veröffentlicht werden. Bevor man eine Richtigstellung schreibt, sollte vereinbart werden, dass sie unverändert gedruckt und von der Redaktion nicht kommentiert wird.

Die *Gegendarstellung* ist eine erzwungene Richtigstellung. Sie sollte letztes Mittel in der Pressearbeit sein, denn sie verhärtet die Fronten in einem Konflikt und erschwert die zukünftige Zusammenarbeit. Die Gegendarstellung ist ein »schweres Geschütz«.

Bevor ein Verein schwere Geschütze einsetzt, sollte die Pressearbeit überprüft, der Umgang mit Journalistinnen und Journalisten überdacht werden.

Das Recht auf Gegendarstellung ist in den Presse- und Rundfunkgesetzen der Länder geregelt.* Werden Privat- oder juristische Personen (z. B. ein Verein) in ihrem Persönlichkeitsrecht verletzt, können sie eine Gegendarstellung verlangen. Richtig gestellt werden können nur falsche Tatsachenbehauptungen. Kommentiert ein Redakteur die Entscheidung eines Vereinsvorstandes zum Beispiel mit den Worten »dieser Vorstandsbeschluss richtet sich gegen die Interessen der ehrenamtlichen Mitglieder«, ist das keine Tatsachenbehauptung, sondern ein – rechtlich zulässiges und gesetzlich geschütztes – Werturteil. Die Meinungs- bzw. Pressefreiheit ist entschieden wichtiger als der Wunsch von Politikern oder Vereinen, positiv beurteilt zu werden.

Eine Gegendarstellung muss schriftlich erfolgen. Das in einem Begleitschreiben formulierte Abdruckverlangen muss von der oder dem Betroffenen unterzeichnet werden (bei Vereinen von dem oder der Vorsitzenden) bzw. von einem Rechtsanwalt.

Die Gegendarstellung

- darf nicht länger sein als der beanstandete Text;
- muss im gleichen Teil (z. B.: Lokalteil) veröffentlicht werden, in dem der Artikel mit falschen Behauptungen platziert war;
- muss in der Schriftgröße wie der beanstandete Text gesetzt werden;
- muss unverzüglich erscheinen;
- darf von der Redaktion nicht verändert und
- muss mit dem Namen des oder der Betroffenen veröffentlicht werden.

* Die Landespressegesetze finden Sie auf der Homepage des *Deutschen Fachjournalisten Verbands:*
www.generalweb.de/dfjv/expertenforum/presserecht.htm

In einer Gegendarstellung dürfen nur Tatsachenbehauptungen richtig gestellt werden. Gegendarstellungen enthalten keine Wertungen. Üblich ist folgende Form:

> Sie schreiben in Ihrer Ausgabe vom …: »Der Vorsitzende des Vereins Bürgerfunk Astadt, Robert Müller, erhält eine Aufwandsentschädigung von 12 000 € pro Jahr.«
> Diese Behauptung ist falsch. Richtig ist vielmehr: Robert Müller erhält keine Aufwandsentschädigung für seine Tätigkeit als Vereinsvorsitzender.

In der Regel nutzt jede Redaktion ihr Recht, am Ende einer Gegendarstellung darauf hinzuweisen, dass sie gesetzlich dazu verpflichtet ist, die Gegendarstellung ohne Rücksicht auf den Wahrheitsgehalt zu veröffentlichen. Und die Redaktion kann hinzufügen, dass sie bei ihrer Darstellung bleibt.

Auch aus diesem Grunde ist der Nutzen einer Gegendarstellung fraglich; Aufwand und Ertrag sind deshalb kritisch zu prüfen.* Nur wenn kein Dialog mehr möglich ist, sollte dieses Mittel eingesetzt werden. Ein professioneller Umgang mit Journalistinnen und Journalisten hilft, solche Zuspitzungen zu vermeiden.**

Ein professioneller Umgang schließt das Wissen ein, wie man sich wehrt. Zu einem professionellen Umgang gehört jedoch vor allem die freundliche Reaktion auf eine positive Berichterstattung.

* Lehnt eine Redaktion die Veröffentlichung ab, muss der Rechtsweg beschritten werden. Gerichte entscheiden nur über den Anspruch auf eine Gegendarstellung, nicht über deren Wahrheitsgehalt.

** Zum *Widerruf*, der in der täglichen Pressearbeit keine Rolle spielt, nur ein Satz: Am Ende eines langen Rechtsstreits kann eine Redaktion dazu verpflichtet werden, eine Behauptung zu widerrufen.

4.4 Umgang mit Journalisten: 7 Grundsätze

1. Journalistinnen und Journalisten wollen einen festen Ansprechpartner, der in der Lage ist, ihre Perspektive einzunehmen. Wer in einem Verband oder Verein für die Pressearbeit zuständig ist, darf sich nicht als »Verkünderin« oder »Verkünder« verstehen.
2. Bei der Information von Journalistinnen und Journalisten gilt: »Klasse vor Masse«, zügig und direkt informieren.
3. Alle Journalistinnen und Journalisten sollten gleich behandelt werden. Ausnahmen von dieser Regel sind zulässig.
4. Zu einer erfolgreichen Pressearbeit gehört eine kontinuierliche Medienbeobachtung und Medienauswertung.
5. Für Vereine, die neue Wege gehen, originelle Aktionen machen oder beispielhafte Problemlösungen entwickeln, gibt es keinen Grund für falsche Bescheidenheit in der Pressearbeit.
6. Medien sind nicht dazu da, Vereine zu loben und Verbänden zu schmeicheln. Daher ist Gelassenheit im Umgang mit Medien notwendig.
7. Vereine und Verbände müssen sich von den Medien nicht alles gefallen lassen. Deshalb sollten sie sich wehren, wenn falsche Tatsachenbehauptungen über sie verbreitet werden.

IV. Mittel und Medien der Öffentlichkeitsarbeit. Von der Anzeige bis zur Zeitung

Wenn jeden (zweiten oder dritten) Tag etwas (Positives) über Ihren Verein in der Zeitung steht, können Sie zufrieden sein. Sie haben etwas vorzuweisen und machen erfolgreiche Pressearbeit.

Sie sollten jedoch nicht selbstzufrieden werden. Ein gutes Medienecho schafft einen idealen Resonanzboden für eine erfolgreiche direkte Ansprache von Zielgruppen. Berichtet die Presse ausführlich über ein interessantes neues Vereinsprojekt, sollte der Vorteil, im Gespräch zu sein, genutzt und »nachgelegt« werden.

Passive Mitglieder, die Gutes über ihren Verein in der Zeitung lesen, sind leichter zu reaktivieren, weil sie von außen – und nicht vom Vorstand – erfahren, dass sie zu einem interessanten oder wichtigen Verein gehören.

Berichte in Medien wecken Interesse und schaffen Nachfrage nach weiteren Informationen über die Vereinsarbeit. Wenn am Donnerstag in der Lokalzeitung etwas über einen Verein zu lesen war, wird sein Informationsstand am Samstag in der Fußgängerzone mehr als sonst beachtet.

Eine gute Presse (-Arbeit) erleichtert also die Öffentlichkeitsarbeit, kann sie aber nicht ersetzen. Über eigene Mittel und Medien gesteuerte Öffentlichkeitsarbeit ist insbesondere dann sehr wichtig, wenn die Arbeit eines Vereins, die Positionen eines Verbands kein kontinuierliches oder ein sehr schwaches Medienecho finden.

Mittel und Medien der Öffentlichkeitsarbeit stehen auf den folgenden Seiten im Mittelpunkt: Mittel und Medien, mit denen öffentliche Aufmerksamkeit erreicht werden kann. Ich gebe Hinweise auf das Machbare. Ich verzichte auf die Darstellung, was alles möglich, aber nur mit viel Geld oder von PR-Profis zu realisieren ist. Ich knüpfe dabei an die vorangegangenen Kapitel an und konzentriere mich auf die Besonderheiten des jeweiligen Mittels bzw. Mediums. Folgende Themen habe ich bereits behandelt:

Anhörung: S. 46
Aufruf: S. 46
Brief: S. 118 ff.
Hot-Line: S. 46
Leserbrief: S. 110, 205
Mailing: S. 131 ff.
Newsletter: S. 133
Preisverleihung: S. 46, 48
Veranstaltungen: S. 44 ff.
Wettbewerb: S. 48

Bevor Sie sich für bestimmte Mittel und Medien entscheiden, sind vier Gesichtspunkte zu berücksichtigen:

1. Zunächst müssen die Ziele und die Zielgruppe(n) bestimmt werden. Erst wenn Sie wissen, was und wen Sie erreichen wollen, lässt sich sinnvoll entscheiden, *wie* Ihnen das gelingen kann, welche Mittel und Medien geeignet sind.
2. Ihr Vorhaben sollte im Verein vermittelt und von den Mitgliedern und Mitarbeitern akzeptiert werden.
3. Folgen Sie dem Motto, lieber weniger – aber besser: Übernehmen Sie sich nicht, sondern planen Sie Ihre finanziellen und personellen Möglichkeiten realistisch ein. Eine kleine Aktion, bei der alles stimmt, ist besser als ein großes Ereignis mit vielen Schwachstellen.
4. Kontinuität ist entscheidend für den Erfolg von Öffentlichkeitsarbeit. Mit einem großen Paukenschlag erreichen Sie allenfalls kurzfristig Aufmerksamkeit, aber keine langfristige Wirkung. Sporadische Kraftakte verpuffen sehr schnell, und im Verein sinkt die Bereitschaft, überhaupt Öffentlichkeitsarbeit zu machen.

1. Anzeigen

Mit Anzeigen können viele Menschen erreicht werden. Etwas anzeigen können Sie zum Beispiel in Tages- und Wochenzeitungen, Fachzeitschriften und Schülerzeitungen, in Anzeigenblättern, Telefonbüchern, Stadtplänen, Ausstellungskatalogen, Programmheften und auf Eintrittskarten. Wo man Anzeigen schaltet, hängt davon ab, was mitgeteilt und wer erreicht werden soll – und natürlich vom Geld.

Kosten kühl kalkulieren

Ist ein Verein knapp bei Kasse, sollte er Anzeigen in den Medien schalten, mit denen die jeweiligen Zielgruppen preisgünstig erreicht werden können. Ein Beispiel mit erfundenen Zahlen: Sie wollen Jugendliche zwischen 16 und 21 Jahren mit einer Anzeige (200 mm hoch und 2 Spalten breit) ansprechen und haben die Wahl zwischen der Lokalzeitung und einem Stadtmagazin. In der Lokalzeitung, Auflage 50 000, kostet die Anzeige 1500 €, im Stadtmagazin, Auflage 10 000 Exemplare, 600 €.

Bei der Lokalzeitung zahlen Sie demnach für jeden Leser 3 Cent, beim Stadtmagazin 6 Cent.* Berücksichtigt man das Profil der Leserinnen und Leser, ergibt sich ein anderes Bild: Das Stadtmagazin wird zu 90 % von Jugendlichen zwischen 16 und 21 gelesen, die Lokalzeitung nur zu 30 %. Mit dem Stadtmagazin erreichen Sie also 9000, mit der Lokalzeitung 15 000 Angehörige der Altersgruppe, die Sie ansprechen wollen. Das ergibt folgende »Kontaktpreise«: Stadtmagazin 6,6 Cent pro Jugendlichem, Lokalzeitung 10 Cent.

* Nicht jede Leserin und jeder Leser beachtet eine Anzeige. Zwischen 30 bis 50 % aller Anzeigen werden nicht gelesen.

Medium	Auflage	Anzeigenpreis	Preis pro Leser	Leser zwischen 16 und 21	Kontaktpreis Zielgruppe
Lokalzeitung	50 000	1500 €	3 Cent	15 000	10,0 Cent
Stadtmagazin	10 000	600 €	6 Cent	9 000	6,6 Cent

Zwar lesen mehr Jugendliche die Lokalzeitung als das Stadtmagazin, aber der Streuverlust ist bei der Zeitung hoch: Sie müssen einen Anzeigenpreis bezahlen, der auf 50 000 Leserinnen und Lesern beruht, um 15 000 Jugendliche zu erreichen.

Wenn Sie nicht auf jeden Euro achten müssen, sollten Sie Ihre Anzeige in der Lokalzeitung schalten, denn Sie erreichen mehr Jugendliche. Hat Ihr Verein wenig Geld, ist das Stadtmagazin die bessere Wahl, weil Sie pro Jugendlichem weniger zahlen müssen.

Entscheidend ist also nicht nur die Auflage. Wichtig ist auch, wer die Zeitung oder Zeitschrift liest (und welchen Ruf der Werbeträger hat). Lassen Sie sich deshalb, sofern Sie zwischen mehreren Medien wählen können, deren Media-Daten kommen, die Aufschluss geben über Alter, Geschlecht, Beruf usw. der Leserinnen und Leser.

Anzeigen in Tageszeitungen sind teuer. Im Textteil kosten sie mehr als im Anzeigenteil. Anzeigen »unter Text« fallen eher auf, weil sie nicht wie im Anzeigenteil – der häufig ein Anzeigen»friedhof« ist – mit vielen anderen konkurrieren müssen. Wägen Sie deshalb ab, ob eine kleinere Anzeige im redaktionellen Teil nicht mehr auffällt als eine größere im Anzeigenteil.

Weil Anzeigen teuer sind, sollten Sie die Anzeigenpreisliste aufmerksam lesen. Die meisten Zeitungen bieten für bestimmte Rubriken Sonderpreise an. Bei größeren Zeitungen können Anzeigen in Regionalausgaben geschaltet werden. Alle Zeitungen geben Rabatte. Für die Belegung einer bestimmten Millimeterzahl im Jahr wird ein Mengenrabatt eingeräumt. Für mehrmalige Schaltungen werden – unabhängig von der Anzeigengröße – ebenfalls Nachlässe eingeräumt. Anzeigenpreise werden wie folgt berechnet: Zahl der Spalten × Höhe in Millimeter × Grundpreis pro Millimeter. Eine zweispaltige Anzeige, die 60 mm hoch ist, kostet demnach bei einem Grundpreis von 5 €: 2 × 60 × 5 = 600 € (plus Mehrwertsteuer).

Anzeigen nicht überfrachten

Anzeigen sind teuer. Deshalb meinen viele, in einer Anzeige müsse so viel wie möglich untergebracht werden. Doch diese Schlussfolgerung führt in die falsche Richtung. Anzeigen mit sehr viel Text werden vielleicht – als auffällige Bleiwüste – wahrgenommen, aber nicht gelesen. Wer es sich leisten kann, *Daimler-Chrysler,* die *Bahn* und die *Telekom* zum Beispiel, schalten große Anzeigen und sind sehr zurückhaltend mit Text. Solche Anzeigen fallen auf. Vereine haben kein *Daimler*-Budget. Deshalb müssen sie versuchen, mit kleineren Anzeigen auf sich aufmerksam zu machen. Und das heißt in erster Linie: Überschrift (Slogan), Text und Bild müssen stimmen.

Die Überschrift muss Interesse wecken, die Leserinnen und Leser zum »Anhalten« veranlassen. Das können Sie zum Beispiel erreichen mit Zitaten, Testimonials und Sprichwörtern.

Zitate: Sie habe freie Wahl am »Prominenten-Buffet«. Sie können Einstein, Goethe, Woody Allen oder Ralf Schumacher und Verona Feldbusch zitieren – nur originell muss die Äußerung sein und in einem Zusammenhang zum Anzeigentext stehen. Das Zitat kann die Aussage Ihres Textes pointiert zusammenfassen, oder der Text kontrastiert das Zitat auf gelungene Weise.

Testimonials: Boris Becker freut sich in Anzeigen, dass er »drin ist«, Verona Feldbusch bekennt sich zu einem Spinat mit dem »Blupp«und Stefanie Graf zu *T-Mobile*, *Bertelsmann* und anderen Unternehmen. Wenn Iris Berben in Anzeigen bekennt, sie habe »Lust auf Schiff«, dann nennt man das in der Werbebranche *Testimonial.* Nicht nur Prominente legen in Anzeigen »Zeugnis zugunsten einer Sache« ab. In Anzeigen und auf großen Plakaten bekennt eine unbekannte junge Frau: »Ich rauche gerne.« Wenn Sie mit Anzeigen für die Leistungen bzw. das Angebot Ihres Vereins werben, kann die Aussage eines »normalen« Bürgers, der Ihre Leistungen schätzt, eine gute Überschrift sein. Sie können zum Beispiel Anleihen bei *Ford* machen: »Die tun was für mich«, bei der *Postbank*: »Schließlich ist es meine Gesundheit« oder bei der *LBS*: »Die geben meinem Alter ein Zuhause«.

Sprichwörter: »Bei Geld fängt die Freundschaft an«, ist eine gelungene Verfremdung, die ein Autohändler als Überschrift für eine Anzeige wählte. Die Umkehrung des Sprichworts macht stutzig, und deshalb ist die Überschrift ein guter »Stopper«. Es lohnt, das eigene Sprichwort-Repertoire zu durchforsten, wenn eine Überschrift für eine Anzeige gefunden werden muss.

Fasse dich kurz, ist die Maxime für Anzeigentexte, die nur um zwei Hinweise ergänzt werden muss: Text und Überschrift müssen in einem Zusammenhang stehen. Der Text greift die Aussage der Überschrift auf und setzt den Gedanken fort oder gibt ihm eine gegenteilige Wendung. Der Text sollte in klar erkennbare Absätze gegliedert sein.

Mit Freianzeigen Kosten sparen

Die Zeitung von heute ist das Altpapier von morgen. Der Kontakt mit den Leserinnen und Lesern ist kurz. Deshalb sollten Sie stets prüfen, ob mit gezielter Pressearbeit die Kosten für Anzeigen gespart werden können. Und versuchen Sie, Freianzeigen unterzubringen. Das sind Anzeigen, mit denen »Löcher« im redaktionellen und vor allem im Anzeigenteil gestopft werden. Gestalten Sie einige Anzeigenvorlagen in unterschiedlichen Größen und schicken Sie sie an die Redaktionen der Zeitungen in Ihrer Region. Informieren Sie in einem Begleitschreiben über die gemeinnützigen Ziele Ihres Vereins. Sie haben keinen Einfluss auf die Platzierung solcher »Füllanzeigen«, die vielleicht zwischen Reise- oder Autoanzeigen erscheinen. Aber dafür sind sie kostenlos.

Anzeigen gestalten

Wenn Sie eine Anzeige schalten, sollten Sie die folgenden Hinweise beachten:

1. Der Absender muss ins Auge springen: Das Logo sollte nicht zu übersehen sein.
2. Verändern Sie Ihr Logo nicht: Ihr Markenzeichen muss stimmen. Achten Sie bei Verkleinerungen darauf, dass sich die Proportionen nicht verändern.
3. Bleiben Sie »sauber«: Die Qualität der Anzeigenvorlagen, vor allem der Bilder, muss den Anforderungen genügen, die in der Anzeigenpreisliste aufgeführt sind.
4. Gestalten Sie keine Todesanzeigen: Ziehen Sie schwarze Ränder nur um Traueranzeigen.
5. Achten Sie auf die Zeichensetzung und Rechtschreibung: Verlangen Sie einen Korrekturabzug, wenn Sie eine Anzeige vom Verlag gestalten lassen.
6. Vermeiden Sie Bürokratendeutsch und Fachjargon: Der Text muss verständlich und ansprechend sein.
7. Sorgen Sie für Übereinstimmung zwischen Text und Gestaltung: Ein steifes Gruppenfoto widerspricht zum Beispiel der Überschrift »Wir packen's an«. Und wenn mit so einem Slogan Dynamik signalisiert werden soll, darf keine altmodische oder verspielte Schrift gewählt werden.

Stellenanzeigen sind PR

Stellenanzeigen sind auch PR. Stellenanzeigen sind Selbstdarstellungen, die nicht nur von Stellensuchenden gelesen werden. Ein Verein, der bei Stellenanzeigen auf jeden Euro schaut, findet nicht nur keine qualifizierten Mitarbeiterinnen und Mitarbeiter – er verschenkt auch die Chance der Selbstdarstellung.* In jede

* Lächerlich macht sich ein Verband oder Verein, der in einer Kleinanzeige einen Geschäftsführer oder eine erfahrene Marketingexpertin sucht: Spitzenkräfte lesen keine Stellenangebote, die kleiner als eine ¼ Seite sind.

Stellenanzeige gehört mindestens ein Satz über Ziel, Zweck und Arbeitsweise des Vereins. Die Anforderungen an die gesuchte Arbeitskraft müssen präzise, realistisch und verständlich formuliert sein. Und der Hinweis sollte nicht fehlen, warum eine neue Mitarbeiterin oder ein neuer Mitarbeiter gesucht wird (»Wir wachsen«, »Wir haben viel zu tun – packen Sie mit an!«).

2. Flyer – Flugblatt

Flyer ist ein Hilfsbegriff. Es gibt kein treffendes deutsches Wort für ein elementares Medium der Öffentlichkeitsarbeit: das DIN A 4-Blatt. *Handzettel* klingt nach Reklame und mit *Flugblatt* verbinden viele einen bestimmten Inhalt, politische Texte.

Ein DIN A 4-Blatt, ein- oder beidseitig bedruckt, kann für unterschiedliche Informationen genutzt und schnell in großer Zahl produziert werden. Flyer kosten nicht viel und sind daher besonders geeignet, viele Menschen mit authentischen Informationen zu erreichen. Mit diesem Medium kann zum einen aktuell informiert werden. Zum anderen können Informationen für unterschiedliche Anlässe zielgruppenbezogen aufbereitet werden – von der wechselnden Kurzversion einer Selbstdarstellung bis zu Auszügen aus einem neuen Beratungs- oder Kursangebot. Mit einem guten Flyer kann ohne hohe Kosten informiert und auf ein Angebot oder eine Veranstaltung neugierig gemacht werden.**

Die Größe einer Stellenanzeige muss in einer vernünftigen Relation zum Gehalt stehen.

** Flyer können schneller und billiger hergestellt werden, wenn man Vordrucke mit dem (farbigem) Logo und anderen wiederkehrenden Elementen in hoher Auflage drucken lässt, sodass bei Bedarf nur noch (einfarbige) Eindrucke erforderlich sind.

Großzügig gestalten

Damit ein Flyer werbend wirkt und neugierig macht, sollte er großzügig gestaltet werden – aber nicht zu aufwendig. Wie bei Mailings ist es wichtig, in der Aufmachung und Gestaltung jede Nähe zu kommerzieller Werbung zu vermeiden: Die Bereitschaft sinkt, einen Flyer zu nehmen bzw. zu lesen, wenn der Flyer wie ein Reklame-Handzettel aussieht.

Bescheidenheit in der Form meint allerdings nicht, möglichst viel Text unterzubringen. Versuchen Sie nicht, auf einem DIN A 4-Blatt die Welt zu erklären. Flyer sollten großzügig gestaltet sein. Wenn Sie so viel schreiben, dass Ihr Flyer zur Bleiwüste wird, haben Sie entweder das falsche Medium gewählt oder sich nicht auf das Wesentliche konzentriert. Gerade weil Flyer zur Konzentration auf das Wesentliche zwingen, sind sie ein sinnvolles Medium: Man kann eben nicht die gesamte Vereinsgeschichte unterbringen oder jedes Problem in den großen (abschreckenden) Zusammenhang stellen.*

Die »Abnehmer« müssen schnell erkennen können, worum es geht. Damit sie das können und neugierig werden, empfehle ich folgende Gestaltungsrichtlinie für Flyer, bei denen beide Seiten genutzt werden: Auf der *Vorderseite* stehen ein Blickfang und der Einstieg, auf der *Rückseite* alle notwendigen Informationen. Auf der ersten Seite muss deutlich werden, worum es geht. Ist dies nicht rasch zu erkennen, besteht die Gefahr, dass der Flyer nicht genommen oder nicht gelesen wird. Es kommt also darauf an, mit wenigen Elementen für das Thema Interesse zu wecken. Zu diesen Aufmerksamkeitsweckern gehören neben der Überschrift und einem Bild ein kurzer Einstieg oder (provozierende) Fragen. Die zentralen Begriffe des Einstiegs oder Fragenkatalogs werden auf der Rückseite aufgegriffen und ausgeführt.

Zu den *Pflicht*bestandteilen eines Flyers gehören das Vereins-

* Mit einem DIN A 5-Blatt sind die Kriterien großzügig und informativ nicht zu realisieren. Zudem ist dieses Format von Billiganbietern »belegt«.

logo und ein Impressum (vgl. S. 244). Das Logo steht in der jeweils gültigen Form stets an der gleichen Stelle (zum Beispiel: rechts unten). Ändern Sie kein Element Ihres CD. Wird zum Beispiel der Name Ihres Vereins in Großbuchstaben geschrieben, halten Sie sich daran. Haben Sie sich einmal für eine bestimmte Farbe entschieden, bleiben Sie dabei.

Zur *Kür* gehören ein »Abbinder« und eine Kommunikationsaufforderung – schlichter: ein Kupon, mit dem die Leserinnen und Leser ermuntert werden, weitere Informationen anzufordern, Mitglied zu werden usw. Das Muster auf der gegenüberliegenden Seite enthält Textbausteine für einen »Infoscheck« oder wie immer Sie einen solchen Kupon nennen wollen. Wählen Sie einige für Ihren Bedarf aus, packen Sie aber nicht so viel Text in einen Kupon wie in dem Beispiel.

Ein »Abbinder« ist ein Slogan oder ein Motto:

- ein Slogan, der die Aussagen des Flyers auf den Punkt bringt (»Helfen statt ausgrenzen«),
- ein Motto, das entweder über die Ziele bzw. das Selbstverständnis des Vereins informiert (»Nicht die Erbsenzähler, Schlingel verändern die Welt«) oder Titel einer Kampagne ist (»Kleine Kinder brauchen große Hoffnung«)

An die Erfahrungen und die Sprache der Leserinnen und Leser anknüpfen

Für den Text eines Flyers gilt, was ich im zweiten Kapitel über Berichte und Kommentare geschrieben habe: das Wichtigste an den Anfang, schnell zur Sache kommen, informieren bzw. argumentieren statt schwadronieren und lamentieren. Ihre »Botschaft« muss klar sein.

Beim Schreiben *politischer* Texte für ein Flugblatt sollte eine Reihe weiterer Hinweise beachtet werden. Ein Flugblatt als Mittel der politischen Auseinandersetzung muss drei Standards erfüllen:

1. die Informationen müssen stimmen,
2. es muss rational argumentiert werden,
3. Schlussfolgerungen oder Forderungen müssen nachvollziehbar sein.

Diesen Abschnitt bitte ausschneiden und einsenden an:
ABC e. V., XYZ Straße 1, 98765 Ort
Oder kopieren und faxen an: (0 12 34) 5 67 89

❑ Ich möchte weitere Informationen

❑ Ich interessiere mich besonders für:

____

____

❑ Laden Sie mich bitte zu Ihrer nächsten Veranstaltung ein

❑ Halten Sie mich über Ihre Arbeit auf dem Laufenden

❑ Ich möchte Mitglied werden

❑ Ich habe erst einmal ______ € auf Ihr Konto 123 456 7 bei der ABC Bank [BLZ 987 654] überwiesen. Bitte senden Sie mir eine Spendenquittung.

____
Name

____
Straße

____
PLZ Ort

____
E-Mail

Zum letzten Punkt: *Nachvollziehbar* heißt nicht, dass die Leserinnen und Leser Ihre Schlussfolgerungen bzw. Forderungen *akzeptieren. Nachvollziehbar* meint vielmehr: Die Leser *verstehen*, aufgrund welcher Argumente ein bestimmter Schluss gezogen oder eine Forderung gestellt wurde. Für die Reputation jeder Organisation ist es wichtig, dass ihre Meinung ernst genommen wird. Eine klare und rationale Argumentation ist hierfür Voraussetzung. Gehen Sie stets davon aus, dass die Leserinnen und Leser denken können. Ein Text, der versucht, ihnen das Denken abzunehmen oder vorzuschreiben, stößt meist auf Ablehnung.

Häufen sich Superlative in einem Text, ist das ein untrügliches Zeichen, dass die Schreiberin oder der Schreiber den eigenen Schilderungen bzw. Argumenten nicht traut und deshalb besonders dick aufträgt. Superlative erzielen häufig einen anderen als den gewünschten Effekt. Nehmen wir zum Beispiel an, die Bundesregierung hat eine Entscheidung getroffen, die für Arbeitslose mit zahlreichen Nachteilen verbunden ist. Dann müssen diese Entscheidung und die Folgen präzise beschrieben werden. Macht diese Beschreibung deutlich, dass die Entscheidung den Betroffenen schadet, muss dem nichts hinzugefügt werden. Verdeutlicht die Beschreibung das nicht, dann ist entweder die Entscheidung nicht so gravierend oder die Beschreibung schlecht – und muss überarbeitet werden. Schlechte Schilderungen, »garniert« mit Formulierungen wie

- »aufs brutalste« (das soziale Netz zerschnitten),
- »in skandalöser Weise« (Leistungen gekürzt),
- »aufs dramatischste« (die Situation der Aids-Kranken verschlechtert),

überzeugen nicht, sondern machen den gesamten Text unglaubwürdig.

Empörung über ein Ereignis oder eine Entscheidung ist ein guter Grund, einen Text für ein Flugblatt zu schreiben. Empörung ergibt allerdings noch keinen vernünftigen Text. Um anderen die eigene Empörung verständlich zu machen, muss man beim Schreiben einen kühlen Kopf bewahren. So erzielt der »Katastrophismus« in der Regel nicht die gewünschte Wirkung. Wer Menschen zu etwas bewegen will, sollte sich davor hüten, Untergangsstimmung zu verbreiten. Wenn es wirklich schon »5 vor 12« ist, wenn tatsächlich alles immer schlimmer wird, wenn der Untergang (des Ökosystems oder Sozialstaats) unmittelbar bevorsteht – dann mache ich mir lieber noch ein paar schöne Tage, statt mich zu engagieren; dann gehe ich nicht zu einer Demonstration, sondern fahre nochmal in die Berge; dann unterschreibe ich keine Protestresolution, sondern ungedeckte Schecks.

Flugblätter werden für *andere* geschrieben; sie sollten daher an den Informationsstand, den Erfahrungshorizont und das Sprachempfinden potenzieller Leserinnen und Leser anknüpfen. Nicht alle wissen, was das *Subsidiaritäts*-Prinzip ist, was *nachhaltige Entwicklung* meint und sich hinter *Pflege-Ombudsleuten* verbirgt. Es mag ein gutes Gefühl vermitteln, das *Patriarchat* anzuklagen. Nur können sich viele Menschen unter *patriarchalischer Herrschaft* nichts vorstellen. Kurz: Texte müssen den Wissensstand, den Erfahrungshorizont und die Alltagssprache der Menschen berücksichtigen, die angesprochen werden sollen.

Die Gegenüberstellung auf Seite 222 verdeutlicht diese Hinweise. In der linken Spalte steht der Beginn eines Textes für ein Flugblatt, den ich mit der Bitte um Überarbeitung bekam. Rechts steht mein Vorschlag für einen Text, der die Voraussetzungen nicht feministisch vorgebildeter Leserinnen und Leser berücksichtigt.*

* Ich verwende die rhetorische Figur der Wiederholung, um einen gesellschaftlichen Missstand zu betonen. Solche Stilelemente sind Geschmackssache. Mir ist bei dieser Gegenüberstellung vor allem die Nähe bzw. Ferne zur Alltagssprache wichtig.

Nach Auffassung des Ausschusses für die Rechte der Frau ist die Europäische Union seit den 70er Jahren in »allen Mitgliedsstaaten die Triebkraft für eine Verbesserung der beruflichen Situation der Frau«. Es stellt sich die Frage, wie haben sich diese Initiativen auf die Rechte der Frauen ausgewirkt und wie sind sie weiter entwickelt worden?

Die geschlechtshierarchische Spaltung des Arbeitsmarktes bleibt
Die Einkommensdifferenz von 20–30 % zwischen Frauen und Männern hat sich trotz aller abstrakten Prinzipien der Lohngleichheit nicht verringert. Auch bei insgesamt besserer Ausbildung bleiben sie insgesamt auf weniger honorierten Arbeitsplätzen. Mit der Konzentration von Frauen auf Teilzeitarbeit (Anteil 90 %) und ungeschützte Beschäftigungsverhältnisse (Anteil 70–90 %) hat sich die Arbeitsmarktspaltung eher noch verschärft.

Frauenerwerbslosigkeit hat drastisch zugenommen
Die Ursachen liegen darin, dass Frauen generell, aber auch als Un- und Angelernte und als ungeschützt Beschäftigte und Nebenverdienerinnen als Erste entlassen werden. Bedenklich stimmt die hohe Zahl jugendlicher Erwerbsloser, von der ²/₃ Mädchen sind.

Die Frauenpolitik in der Europäischen Union kommt nicht von der Stelle. Kommissionen und Ausschüsse tagen und tagen. In regelmäßigen Abständen bescheinigen sie sich eine erfolgreiche Arbeit. So behauptet etwa der Ausschuss für die Rechte der Frau, die EU sei schon seit den 70er Jahren die Triebkraft für die Verbesserung der beruflichen Situation von Frauen. Doch stimmen Selbstlob und Wirklichkeit überein?

Noch immer verdienen Frauen 20–30 % weniger als Männer. Und das für gleiche Arbeit. Noch immer wird Frauen der berufliche Aufstieg schwer gemacht. Und das, obwohl sie zunehmend besser ausgebildet sind. Noch immer sind 70 bis 90 % all derjenigen, die in ungeschützten Beschäftigungsverhältnissen arbeiten, Frauen. Noch immer werden Frauen als Erste entlassen – Tendenz steigend! Das bedeutet zum Beispiel: Zwei Drittel aller erwerbslosen Jugendlichen sind junge Frauen.

3. Folder – Faltblatt

Die *Selbstdarstellung* eines Vereins ist über den Tag hinaus aktuell. *Hintergrundinformationen* heben Interessierte auf. Das *Programm* einer Veranstaltung soll im Voraus informieren und während der Veranstaltung über den Ablauf orientieren. Für Informationen, die einige Zeit aufbewahrt werden (sollen), empfehle ich ein Medium mit einem handlichen Format: das Faltblatt.

Ein Faltblatt ist kein Ex-und-hopp-Produkt. Deshalb muss für Druck und Gestaltung mehr investiert werden als bei einem Flyer. Das Falzen kostet Geld. Und für ein Medium mit längerer Lebensdauer sollte ein besseres (stärkeres) Papier verwendet werden, das teurer ist.

Wer ein Faltblatt herausgibt, sollte die Besonderheit des Mediums nutzen und darauf achten, dass Text und Gestaltung korrespondieren. Deshalb ist zunächst zu klären, welche Themen angesprochen bzw. welche Schwerpunkte gesetzt werden sollen. Davon hängt die Wahl der Falztechnik ab. Ist diese Entscheidung getroffen, müssen die Themen auf die einzelnen Seiten verteilt und der Textumfang der Seitenzahl angepasst werden.

Ein Beispiel: Ein Verein will eine Selbstdarstellung herausgeben, in der folgende Themen behandelt werden sollen:

1. Ziele des Vereins
2. Angebote, die sich an alle Interessierten richten
3. Angebote für bestimmte Zielgruppen
4. Mitarbeiterinnen und Mitarbeiter des Vereins.

Hier bietet sich ein Leporellofalz an. Auf der ersten Seite steht ein Blickfang, der Vereinsname und das Logo. Auf der Seite 2 werden die Leserinnen und Leser angesprochen. Je eine Seite informiert über die Ziele des Vereins, seine allgemeinen und zielgruppenbezogenen Angebote. Auf einer weiteren Seite stellen sich die Mitarbeiterinnen und Mitarbeiter vor. Plant man eine weitere Seite für ein Foto ein und eine für eine Kommunikationsaufforderung (vgl. S. 219) und das Impressum, hat man ein achtseitiges Faltblatt.

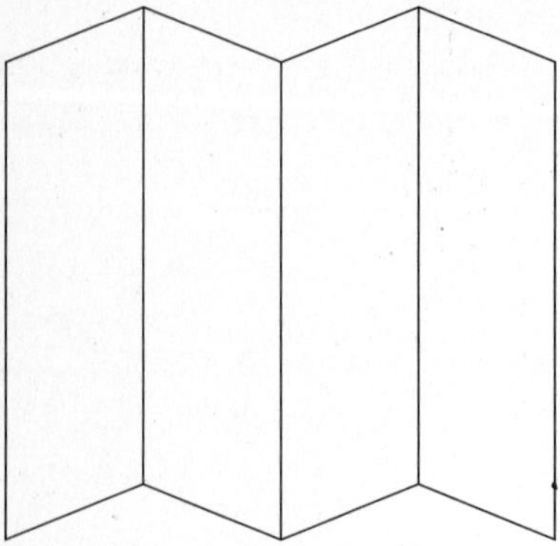

Leporellofalz

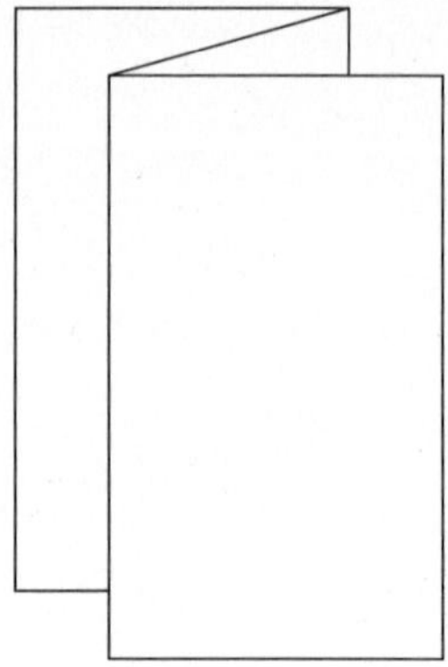

Zickzackfalz

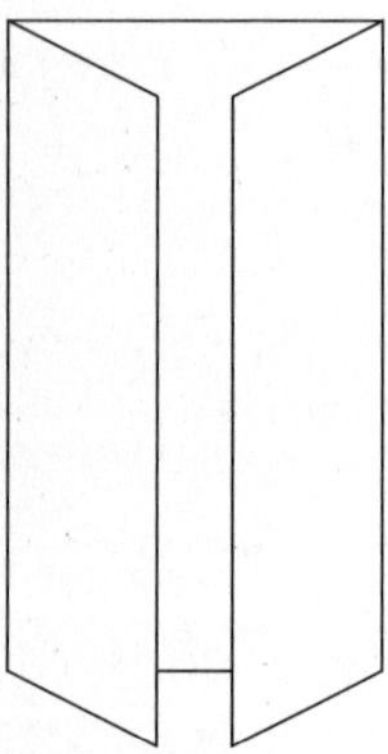

Altarfalz

Kreuzfalz

Mit ungewöhnlichen Formaten arbeiten

Das Format hängt davon ab, wie viel Informationen Sie unterbringen wollen. Standardformate sind kostengünstig, da das gesamte Papier genutzt werden kann und somit kein Verschnitt anfällt.

Folgt man meiner Empfehlung, ungewöhnliche Formate zu verwenden, könnte das Faltblatt (ohne Logo oder einen anderen Blickfang) so aussehen wie das Beispiel auf der Seite 226/227.*

Klares und übersichtliches Layout

Die Gestaltung eines Faltblattes ist weder Beiwerk noch Dekoration, sondern soll die Aussagen unterstützen, den Inhalt unterstreichen. Gestalten Sie Faltblätter großzügig. Planen Sie für Bilder, (Zwischen-)Überschriften und andere Gestaltungselemente ein Drittel des zur Verfügung stehenden Platzes ein.

Ihr Layout sollte klar und übersichtlich sein. Vermeiden Sie

- »Wimmelbilder«: lieber ein großes Foto statt drei kleine,
- große Überschriften: Das Verhältnis von Überschrift und Text muss stimmen,
- lange Überschriften: Formulieren Sie einzeilige Überschriften,
- lange Absätze: Gliedern Sie nach Sinneinheiten,
- einen häufigen Wechsel der Schrifttypen und -größen: Sie kommen mit zwei Schriften (eine für die Überschriften und eine für den »Fließtext«) und drei Größen (Überschrift, Zwischenüberschriften, Text) aus,
- unterschiedliche Hervorhebungen: Entscheiden Sie sich für *kursiv* – Unterstreichungen im Text bzw. **fett** wirken belehrend oder aufdringlich.

* Dieses Format hat seinen Preis: Es fallen Mehrkosten für das Schneiden an.

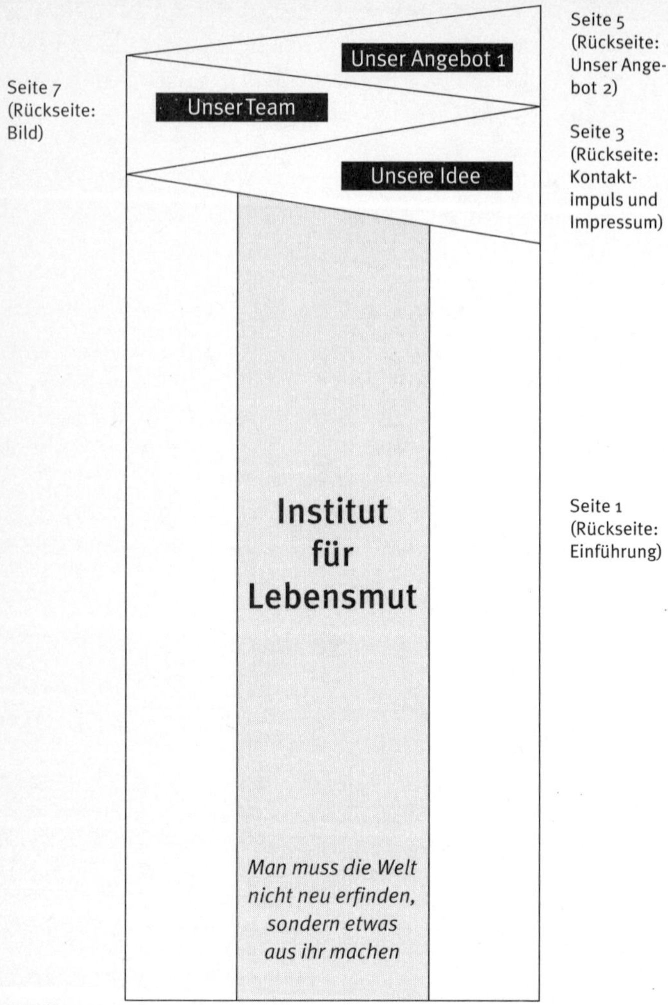
Seite 7
(Rückseite: Bild)
Unser Angebot 1
Unser Team
Unsere Idee
Seite 5
(Rückseite: Unser Angebot 2)
Seite 3
(Rückseite: Kontaktimpuls und Impressum)
Institut für Lebensmut
Man muss die Welt nicht neu erfinden, sondern etwas aus ihr machen
Seite 1
(Rückseite: Einführung)

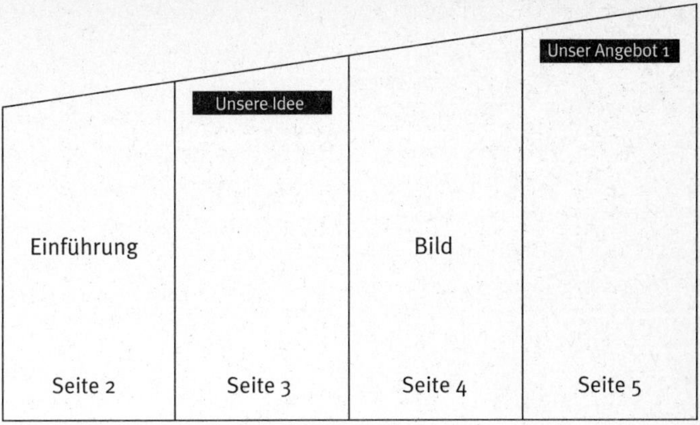

Innenseiten ausgefaltet

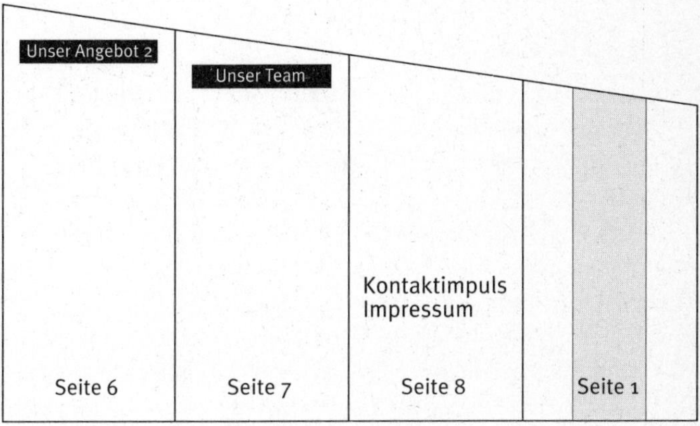

Außenseiten ausgefaltet

Farben behutsam einsetzen

Über die Wirkung von Farben wird viel spekuliert. Mal gilt Blau als *kühl*, mal als *traditionell*. Manche bezeichnen Grün als *frisch*, andere als *beruhigend*. Ich halte nichts von verbindlichen »Farbvorschriften«. Farben wirken nicht auf alle Menschen gleich; zudem unterliegt die Wahrnehmung von Farben Moden und Stimmungen. Ich empfehle:

- leisten Sie sich mindestens eine Zusatzfarbe,*
- veranstalten Sie keine Farb»orgien«, setzen Sie Farben sparsam ein;
- verzichten Sie auf schwarze Ränder (sie erinnern an Todesanzeigen).

Wie immer Ihre Farbwahl ausfallen mag: Die Lesbarkeit eines Textes darf nicht beeinträchtigt werden.

4. Giveaways – Werbegeschenke

Zur Weihnachtszeit stehe ich immer wieder vor der Frage, ob ich den kitschigen Kalender von meinem Bäcker ablehnen oder wie den geschmacklosen vom Reisebüro zu Hause wegwerfen soll. Und wie muss ich die vielen Plastikkugelschreiber entsorgen, die mir nicht erspart bleiben? Sind sie Rest- oder Sondermüll? Mit der »Weihnachtsleberwurst« von meinem Metzger mache ich meinem Schwager eine Freude. Den Tischkalender meiner Hausdruckerei behalte ich; er ist schön und funktional.

Die Rede ist von Werbegeschenken, für die jährlich Milliarden ausgegeben werden. *Giveaways* ist ein treffenderes – weil ehrliches – Wort: Viele »Geschenke« erhalten nicht die Freundschaft, sondern sind eine Zumutung.

* Sie müssen übrigens nicht Schwarz als Grundfarbe nehmen. Sie können zum Beispiel auch Blau oder Grün verwenden (und mit einer weiteren Farbe kombinieren).

Der beste Müll ist der, der gar nicht erst entsteht – diese Maxime empfehle ich für den Umgang mit Werbegeschenken. Mit den »unentgeltlichen Zuwendungen zu Werbezwecken«, wie Juristen und Steuerberaterinnen so schön formulieren, sollten die Beschenkten etwas anfangen können. Das ist die Mindestanforderung, wenn mit einem Werbegeschenk Sympathie geweckt werden und die Verwendung des Geschenks an den Absender erinnern soll.

Um *positive* Erinnerungen hervorzurufen, bedarf es mehr: Giveaways sollten einen deutlichen Bezug zum Angebot, zur Dienstleistung bzw. zu den Zielen des Vereins haben. Die Grünen haben in ihren jungen Jahren gezeigt, wie das geht: Ein Locher mit der Aufschrift »*Ozon-Loch*er« passte zu ihrer Ökologiepolitik. Eine kleine Flasche mit Spülmittel, versehen mit dem Motto »Wir wecken den Spültrieb im Mann«, unterstrich ihre Frauenpolitik.

Welche Anforderungen müssen Giveaways erfüllen?

*Werbe*geschenke ohne Gebrauchswert oder ein Minimum an Pfiff haben keinen Werbe*effekt*. Deshalb ist der folgende »Härtetest« nützlich:

- Ist das Geschenk wirklich zu gebrauchen?
- Würden *Sie* das Geschenk behalten: Was du nicht willst, das man dir tu, das füg auch keinem andern zu.
- Lässt sich das Giveaway auch verkaufen? Und wer würde es kaufen?
- Bringt das Geschenk die Besonderheit des Vereins zum Ausdruck?

Nur wenn diese Frage mit Ja beantwortet werden können, lohnen weitere Überlegungen:

- Weniger ist oft mehr: Verschenken Sie gezielt sinnvolle Giveaways, statt billige Artikel breit zu streuen.
- Verschenken Sie nicht nur zur Weihnachtszeit, sondern vor allem in »geschenkarmen« Zeiten.

- Auf jedem Geschenk sollte Ihr Absender stehen.

Was darf's denn sein? Papier- und Schreibwaren, zum Beispiel ein Kugelschreiber aus Holz mit einer guten Mine. Der kostet (ab 100 Stück) mit Aufdruck rund 2 €. Oder Textilien – zum Beispiel ein T-Shirt aus 100 % Baumwolle in guter Qualität (180 g/qm). Dafür müssen Sie 6 € pro Shirt bezahlen, wenn Sie 100 Stück zweifarbig bedrucken lassen (110 g/qm ist für weniger als die Hälfte zu haben – aber Ramsch).

Vieles andere ist möglich, sei es für die Küche oder das Bad.* Natürlich darf es für Kinder auch ein Luftballon sein (500 Stück kosten einfarbig bedruckt 75 €). Entscheidend ist, um einen Satz von Goethe leicht verändert zu wiederholen, dass ein Geschenk »Charakter hat«.

5. Plakate

Plakate können unterschiedliche Funktionen erfüllen. Mit Plakaten können Sie informieren, einladen, zum Nachdenken anregen, provozieren, um Sympathie oder Zustimmung werben.

Plakate müssen auffallen, wenn diese Ziele erreicht werden sollen; sie müssen »ins Auge springen«, einen Aufmerksamkeitswert haben. Kurz: Plakate müssen plakativ sein. Sie sind nicht das geeignete Medium, um die Welt zu erklären.

Auch flüchtige Betrachter sollten erkennen, worum es geht und wer der Absender ist. Die Botschaft muss erkennbar und leicht verständlich sein. Das ist die Regel. Ausnahmen sind möglich und eine Differenzierung notwendig.

Die Differenzierung: Die Regel gilt auch für Plakate, auf denen viele Informationen untergebracht werden müssen, zum Beispiel für Plakate zu einer Veranstaltungsreihe. Auch dann gilt die Maxime: Auf einen Blick muss zu erkennen sein, worum es

* Unter www.werbeartikel.de finden Sie viele Hersteller von Giveaways.

geht: ob es lohnt näher zu treten und alle Informationen zu lesen.

Die Ausnahme: Die Botschaft eines Plakates muss nicht immer auf Anhieb zu verstehen sein. Wenn sie irritiert, ist das auch ein Erfolg: Die Betrachterin beschäftigt sich mit der Aussage. Das Ziel, durch einen Widerspruch oder mit einem Sprachspiel Irritation oder Nachdenken auszulösen, stellt hohe Anforderungen an die Plakatidee und -gestaltung. Denn das Risiko ist hoch, auf Unverständnis oder Ablehnung zu stoßen.

Damit Plakate auffallen, müssen sie eine bestimmte Größe haben und dort hängen, wo viele Menschen vorbeikommen. Plakate, die im Freien geklebt werden, sollten mindestens die Größe DIN A 1 haben (59,4 x 84,1 cm). Nur ein kleineres Format ist noch hinreichend auffällig weil ungewöhnlich: das halbe DIN A 1-Plakat im Hochformat. Der Druck von Großflächen*plakaten* ist sehr teuer*. Die Miete von *Großflächen*, auf denen 18 DIN A 1-Plakate untergebracht werden können, ist preisgünstig und daher für Vereine als »Aktionsfläche« geeignet (vgl. S. 46).

Ein kleineres Format muss reichen, wenn ein Plakat überwiegend in (Volkshoch-)Schulen, Bibliotheken oder anderen öffentlichen Gebäuden, in Lokalen und Geschäften aufgehängt wird: DIN A 2 (zur Not DIN A 3).

Plakate sollten dort hängen, wo viele Menschen vorbeikommen. Ob Sie eigene Stelltafeln einsetzen oder Werbeflächen mieten: lieber an zentralen Stellen klotzen als in der gesamten Stadt oder Region zu kleckern. Wenn Sie zum Beispiel Flächen auf den nach dem Berliner Buchdrucker Litfaß benannten Säulen mieten, können Sie Teilbelegungen in bestimmten Stadtteilen, Bezirken oder Gemeinden vornehmen. Sie müssen mindestens eine Dekade (10–12 Tage) buchen. Viele Menschen benutzen

* Das gilt auch für »Citylightposter«: Plakate, die in Leuchtvitrinen an Haltestellen, Bahnhöfen oder Flughäfen hängen.

Bus und (Straßen-) Bahn. In öffentlichen Verkehrsmitteln kann mit kleinen Plakaten geworben werden.*

Damit Plakate ankommen, kommt es auf eine gelungene Verbindung von Inhalt und Gestaltung an. Die eingesetzten Elemente – Farbe, Text, Symbole oder Bilder – müssen einander verstärken: die grafische Gestaltung die Aussage plastisch machen, der Text die visualisierte Aussage unterstreichen. Das heißt nicht, Plakate sind das Medium für Harmonie. Kontraste und Gegenüberstellungen können, wenn sie bewusst hergestellt werden, sehr wirksam sein – Kontraste zum Beispiel zwischen

- Text und Bild,
- heiler Welt und rauher Wirklichkeit,
- hellen und dunklen Farben,
- Wunsch und Wirklichkeit,
- kleinen und großen Flächen,
- vorher und nachher,
- Ernst und Ironie,
- Ist und Soll.

Textplakate sind weder Not- oder Billiglösungen noch die bescheidene Form eines »richtigen« Plakates. Wenn Sie nur mit Text auskommen wollen, sind die Anforderungen nicht geringer, sondern anders: Der Text muss mehr leisten, wenn er nicht durch ein Bild unterstützt wird. Und die Gestaltung und Farbgebung wird nicht einfacher, wenn auf Bildelemente verzichtet wird. Was die angemessene Lösung ist, hängt vom Ziel ab, das mit einem Plakat erreicht werden soll, und von der Plakatidee.

Unangemessen ist – wie bei jedem Druckerzeugnis – die Verwechslung von farbig und bunt. Üben Sie, dies als Regel, eher Zurückhaltung beim Einsatz von Farben. Bunte Plakate wirken

* Wo welche *Außenwerbung* – vom Plakat über die Bandenwerbung in Sportstadien bis zur Leuchtreklame – möglich ist, was sie kostet und wer das Plakatieren übernimmt, kann im *Stamm*, dem Leitfaden durch Presse und Werbung, nachgeschlagen werden (vgl. Literaturverzeichnis).

häufig kitschig oder naiv. Gegen ein buntes Plakat ist dann nichts einzuwenden, wenn in einem bestimmten Zusammenhang Naivität positiv bewertet wird bzw. bewusst ausgedrückt werden soll.

Ist Ihr Verein knapp bei Kasse und kann sich einen Mehrfarbendruck nicht leisten, hilft farbiges Papier weiter. Geld lässt sich auch mit Eindruckplakaten sparen. Führen Sie zum Beispiel häufig Veranstaltungen durch, lohnt es, ein mehrfarbiges Einladungsplakat in größerer Auflage zu drucken, das alle wiederkehrenden Elemente enthält: das Logo, ein Motto und die Überschrift »Wir laden ein«. Bei Bedarf werden die aktuellen Daten in einer Farbe eingedruckt.

6. Zeitung

Wenn Sie kontinuierlich über Ihre Arbeit informieren wollen, ist eine Zeitung ein geeignetes Medium. Mit *Zeitung* meine ich weder ein vorgegebenes Format noch eine bestimmte Seitenzahl oder Erscheinungsweise. Mit Zeitung meine ich vielmehr ein Medium,

- das regelmäßig erscheint, zum Beispiel alle zwei (oder drei) Monate,
- das aktuell ist, wenn es die Leserinnen und Leser erreicht,
- in dem eine Vielfalt von Themen angeboten wird*,
- in dem in unterschiedlicher Weise informiert wird: durch Bericht, (Kurz-)Meldung, Kommentar, Interview, Glosse, Streitgespräch, Portrait, Reportage, Essay.

Eine Zeitung herauszugeben ist mit zwei Verpflichtungen ver-

* Das heißt für Vereine, die sich auf einen Bereich konzentrieren: über das Arbeitsfeld – Gesundheit, Verkehr oder Naturschutz – aus unterschiedlichen Blickwinkeln zu informieren und interessante Bezüge und Zusammenhänge herzustellen.

bunden: *regelmäßig* zu informieren und *für die Leserinnen und Leser zu schreiben.* Mit Rechenschafts- und Kassenberichten mögen problemlos 12 Zeitungsseiten zu füllen sein. Doch Texte dieser Art ergeben nur Drucksachen – keine Zeitung.*

Drucksachen mit dem Namen »Zeitung« gibt es genügend. Zu dieser Kategorie gehören zum Beispiel viele Zeitungen, die von Hochschulen herausgegeben werden: Auf der Titelseite *begrüßt* der Präsident der Hochschule jemanden, auf der zweiten *eröffnet* er irgendwas, auf der Seite drei *erklärt* er dieses oder jenes und auf der vierten *gratuliert* er einer Angestellten oder einem Beamten zum 25-jährigen Dienstjubiläum – und jeder Bericht ist mit einem steifen Gruppenfoto oder einem anderen langweiligen Bild versehen. Der Präsident sieht sich wahrscheinlich gerne in der Zeitung. Die Leserinnen und Leser langweilen solche Berichte. Kurz und flapsig: Nicht überall, wo »Zeitung« draufsteht, ist auch Zeitung drin. Mit drögen Verlautbarungen, mit Hofberichterstattung, Reden und Beschlüssen aller Art kann viel Papier beschrieben und bedruckt werden. Eine Zeitung kommt dabei allerdings nicht heraus.

Die Bundestagsverwaltung ist in dieser Hinsicht ehrlich. Sie veröffentlicht die Reden, die im Bundestag gehalten werden, die Erklärungen des Kanzlers, Anträge und Gesetze unter dem Titel (Bundestags-)»Drucksache«. Viele Vereine und Institutionen veröffentlichen ähnlich spannende Texte und nennen sie »Zeitung«. Das schadet niemandem, nützt allerdings auch keinem.

Format und Gestaltung

Die Entscheidung über das Format einer Zeitung hängt von der Auflagenhöhe ab. Ein klassisches Zeitungsformat ist ab 10 000 Exemplaren sinnvoll. Erst bei dieser Auflage ist das schnelle und

* Journalistisch aufbereitet können Rechenschafts- oder Kassenberichte wichtige Themen einer Vereinszeitung sein.

preisgünstige Druckverfahren rentabel, in dem Tages- und Wochenzeitungen produziert werden: Rollenoffset.*

Bei geringeren Auflagen ist ein kleineres Format preiswerter. Ein kleineres Format hat folgende Vorteile: Auf 12 oder 16 Seiten im DIN A 4-Format können Sie einerseits viele Informationen unterbringen. Andererseits stellt dieses Format keine unüberwindbare Hürde dar, denn die Zahl der benötigten Texte und Bilder ist überschaubar. Das erleichtert ein regelmäßiges Erscheinen. Zudem können Sie eine Zeitung im A 4-Format problemlos als Beilage zur Lokalzeitung unter die Menschen bringen.

Soll eine Zeitung wie eine Zeitung aussehen, müssen Profis die Gestaltung übernehmen. Die Computerindustrie suggeriert zwar, mit einem leistungsfähigen PC und einer guten Software könne man alles machen. Die Realität ist jedoch: Viele machen sich als Desktop Publishing-Amateure unglücklich. Ich warne deshalb vor DTP-Abenteuern. Mit der Anschaffung einer halbwegs professionellen Ausstattung stellt sich nicht automatisch das erforderliche Know-how ein. Investieren Sie Ihre Zeit und Kraft in die redaktionelle Arbeit. Sorgen Sie für interessante Themen und gute Beiträge; das schont Ihre Nerven. Und liefern Sie Gestaltungsprofis gute Vorlagen; das spart Geld.

Wer immer die Gestaltung übernimmt: Jede Zeitung braucht eine *Gestaltungslinie.* Manche mögen es *trendy* oder *turbo schräg*, andere bevorzugen eine futuristische oder avantgardistische Gestaltung. Eine biedere Minderheit bevorzugt das Layout der *Bäckerblume.* Ich empfehle, nicht in eine falsche Konkurrenz zu treten. Machen Sie nicht den *Max* oder wie immer die »Zeitgeist«-Magazine heißen mögen, in denen Werbung und redaktioneller Teil fließend ineinander übergehen. Das Layout einer Zeitung muss einen Bezug zu den Inhalten und Zielen Ihrer Ar-

* Das kleinste Zeitungsformat ist das »Berliner« Format mit einer Größe von 470 × 315 mm und einem Satzspiegel von 420 × 278 mm.

beit haben. Es ist nicht *trendy* oder *schräg*, sich für den Umweltschutz, für die Interessen von Minderheiten oder der Menschen in der »Dritten Welt« einzusetzen. Knüpfen Sie an die Sehgewohnheiten Ihrer Zielgruppen an, und irritieren Sie deren Erwartungen in Maßen. Überzeugen Sie durch Inhalte und eine seriöse, aber nicht langweiligen Gestaltung. Acht Hinweise steuere ich bei:

1. Titel

Ein Titel muss auffallen, er sollte unverwechselbar sein und sich leicht einprägen. Allerweltstitel sind kein Erkennungssignal. Namen wie *Bote*, *Blickpunkt*, *Spektrum*, *Einblick* (besserwisserisch: *Durchblick*) usw. wecken keine Aufmerksamkeit. Sie sind trocken und haben keinen Bezug zur Arbeit des Vereins, der die Zeitung herausgibt.

Bei der Wahl eines Titels muss auch an die Gestaltung gedacht werden. Lange Titel sind schwerer grafisch umzusetzen als kurze. Der Titel – Name und Schriftzug – ist eindrucksbildend. Er muss sich von anderen Publikationen abheben. Lassen Sie ihn deshalb von einer Grafikerin oder einem Grafiker gestalten – vor allem dann, wenn der Name um ein grafisches Element ergänzt werden soll.

Im Untertitel sollte stehen, wer die Zeitung herausgibt. Das gibt mehr Freiheit für die Wahl des Titels: Der Vereinsname muss nicht mehr auftauchen. Das Erscheinungsdatum und/oder die Nummer der Ausgabe sollten nicht fehlen.

2. Überzeugend eröffnen

Die Titelseite ist das Schaufenster jeder Zeitung. Wer auf der ersten Seite Ladenhüter ausstellt oder sein Angebot unvorteilhaft platziert, darf nicht überrascht sein, wenn niemand in den Innenteil kommt. Auf der ersten Seite muss der wichtigste Beitrag stehen, der »Aufmacher«. Ein Blickfang, zum Beispiel ein interessantes Foto, unterstützt den Aufmacher. Ist der Eröffnungsbeitrag länger, wird er auf der Seite 2 oder 3 fortgesetzt, damit auf der Titelseite noch Platz bleibt für einen oder zwei kurze Artikel und eine Übersicht über weitere interessante Beiträge.

3. Doppelseiten gestalten

Wer eine Zeitung aufschlägt, hat zwei Seiten im Blick. Was als Einheit wahrgenommen wird, sollten Sie auch als Einheit gestalten: Doppelseiten. Die rechte Seite wird gewöhnlich mehr beachtet. Versuchen Sie deshalb, mit einem Blickfang auf der linken Seite die Aufmerksamkeit der Leserinnen und Leser zu lenken. Mit einem optischen »Stopper« in der linken Spalte der linken Seite und der rechten Spalte der rechten Seite kann der Blick auf der Doppelseite gehalten werden. Den gleichen Effekt erreichen Sie, wenn Sie ein Bild in der Mitte einer Doppelseite platzieren.

4. Jede Seite braucht Profil

Text, Bildelemente und Gestaltung sollten ein zusammenhängendes Ganzes bilden. Bei der Gestaltung einer Seite können mit Bildern und Karikaturen aus der *Word ClipArt-Gallery* oder »Schnippelbüchern«, mit Sternchen, Pfeilen oder anderen Dekorationselementen zwar Lücken gefüllt, aber keine Gestaltungsprobleme gelöst werden. Füllelemente lockern nicht auf, sondern ruinieren jede Seite. Wenn noch zwanzig Zeilen auf einer Seite frei sind, ist zunächst die Redaktion gefragt: Kann zum Beispiel eine Kurzmeldung den Hauptbeitrag abrunden? Findet sich keine sinnvolle Ergänzung des Themas, gibt es mindestens folgende Möglichkeiten:

- das Foto oder die Grafik wird vergrößert,
- ein origineller Satz aus dem Hauptbeitrag der Seite wird als Zitat herausgestellt,
- die Seite wird großzügiger gestaltet: Freier Raum ist keine Verschwendung, sondern eine Wohltat fürs Auge.

5. Bleiwüsten vermeiden

Zeitungen sollen Lust zum Lesen machen und das Auge erfreuen. Bleiwüsten bewirken das Gegenteil. Sie müssen nicht jeden Zentimeter mit Text füllen. Lassen Sie »Luft«. Vermeiden Sie lange »Riemen«. Besser als ein sehr langer Beitrag sind zwei Artikel, die unterschiedliche Aspekte eines Themas beleuchten. Machen Sie komplizierte Sachverhalte durch Grafiken, Schaubilder usw. verständlich und langatmige Ausführungen überflüssig. Planen Sie Kurzmeldungen ein; sie sind das Salz in der redaktionellen Suppe. Gestaltung ist nicht nur Verpackung, sondern soll Leserinnen und Leser orientieren und zum Lesen anregen – nicht abschrecken.

Ein zu geringer »Zeilendurchschuss« führt zu Bleiwüsten. Und je breiter eine Zeile ist, desto mehr erschweren geringe Abstände zwischen den Zeilen das Lesen.

Die Zumutung für die Leserinnen und Leser lässt sich noch steigern: Sie brauchen nur eine kleine Schrift mit einem geringen Zeilenabstand zu kombinieren – und Sie können sicher sein, dass die Zeitung sehr schnell weggelegt wird.

Und hier der Text noch einmal in einer schmalen Schrift gleicher Größe:
Die Zumutung für die Leserinnen und Leser lässt sich noch steigern: Sie brauchen nur eine kleine Schrift mit einem geringen Zeilenabstand zu kombinieren – und Sie können sicher sein, dass die Zeitung sehr schnell weggelegt wird.

Tageszeitungen verwenden Schriftgrößen zwischen 8 und 10 Punkt. Eine kleine Schrift wirkt nicht notwendig abschreckend, wenn genügend »Luft« zwischen den Zeilen ist – wie bei diesen drei Zeilen.

6. Keine Rätsel aufgeben

Der eine oder andere Beitrag kann eine »harte Nuss« sein, weil der Autor eine komplizierte Frage behandelt. Die Gestaltung sollte den Leserinnen und Lesern keine Schwierigkeiten bereiten: Erschweren Sie nicht den Lesefluss. Ein klarer Textverlauf ist das A und O einer gelungenen Gestaltung,

7. Fotos richtig einsetzen

Bilder sind ein Blickfang, Fotos »ziehen« in den Text; sie sind für eine Zeitung unverzichtbar. Auf jede Seite gehört mindestens ein Bild. Ein großes Foto ist besser als drei kleine. Achten Sie darauf, dass Personenfotos nicht wie Fahndungsbilder aussehen. Bild und Bildunterschrift gehören zusammen. Verstecken Sie die Bildunterschrift nicht; sie gehört direkt unter oder neben das Bild.

Das Bild *zum Artikel* veranschaulicht oder ergänzt den Text. In der Unterschrift können Fragen gestellt oder eine markante Passage aus dem Beitrag zitiert werden. Bei der Bild*nachricht* stehen Foto und Bildunterschrift für sich. Der Text ist eine kurze Nachricht, in der die wichtigsten W-Fragen beantwortet werden. Das *illustrative* Bild hat einen eigenständigen Gestaltungswert. Es lässt alle Freiheiten bis auf eine: Bild- und Textniveau müssen übereinstimmen.

Interessante Fotos bekommen Sie von Profis. Adressen von Profis finden Sie auf der Homepage des *Bundesverbandes der Pressebild-Agenturen und Bildarchive e. V. (BVPA)*: www.bvpa.org. Auf den BVPA-Seiten ist auch eine Metasuchmachine, mit deren Hilfe Sie nach Bildern suchen können.

Für Fotos müssen Sie – ebenso wie für Karikaturen, Grafiken usw. – ein Honorar bezahlen. Und das sollten Sie auch tun. Verletzen Sie nicht das Urheberrecht. Nichts spricht dagegen, einen günstigen Preis auszuhandeln, wenn Ihr Verein knapp bei Kasse ist.

Geben Sie stets die Quelle – Fotograf und Agentur – an. Das können Sie direkt unter bzw. neben dem Bild machen oder im Impressum.

8. Farbe, Papier und Schrift richtig wählen

Leisten Sie sich eine Zusatzfarbe und gutes Papier. Mit einer zweiten Farbe haben Sie mehr Gestaltungsmöglichkeiten. Geben Sie aber kein buntes Blatt heraus. Verwenden Sie eine zweite Farbe zum Beispiel für Überschriften, für den Rubrikentitel oder um Zusatzinformationen in einem Kasten farbig zu unterlegen. Farbe setzt, sparsam genutzt, Akzente und sorgt für Aufmerksamkeit. Für die Titelseite ist Farbe ein Muss.

Beim Papier »darf's ein paar Gramm mehr sein«*, damit die Leserinnen und Leser etwas in der Hand haben und Fotos nicht auf die nächste Seite »durchschlagen«: beim Zeitungsdruck 50–54 Gramm aufgebessertes Zeitungspapier, ansonsten 80 g-Papier. Entscheiden Sie sich für ein *helles* Umweltschutzpapier, das diesen Namen verdient.**

Die »richtige« Schrift gibt es nicht. Entscheidend ist: Die Schrift muss gut lesbar sein. Für eine Zeitung sollte eine »nüchterne« Schrift ohne Schnörkel gewählt und nicht mehr als zwei Schriften eingesetzt werden (eine für die Überschriften und den Vorspann, eine für den Text). Wird beständig etwas *kursiv*, **fett** oder in GROSSBUCHSTABEN hervorgehoben, ergibt das keine Abwechslung, sondern ein »Kraut-und-Rüben-Schriftbild«.

Die Entscheidung für Block- oder Flattersatz ist Geschmacksache. Entscheiden Sie selbst, ob Flattersatz »luftig« oder »unruhig« ist. In jedem Fall ist er für eine Zeitung ungewöhnlich.

Beim *Blocksatz* schließt der Text – wie in diesem Buch – rechts bündig ab. Diese vier Zeilen sind – wie dieses Buch – in einer *Serifen-*

* Die Angabe »Gramm« bezieht sich bei Papier auf das Gewicht eines Blattes pro Quadratmeter.

** *Chlorfrei gebleichtes* Papier ist neues Papier, dessen Produktion – bis auf die Bleiche – die Umwelt in gleichem Maße belastet wie die Herstellung von herkömmlichem Papier. *Weißes* Recyclingpapier wird zu 100 % aus Altpapier hergestellt; die Oberflächenbehandlung des Papiers verbraucht allerdings sehr viel Wasser.

schrift gesetzt: Der Endstrich der einzelnen Buchstaben hat kleine Querbalken (»Häkchen«).

Beim *Flattersatz* wird auf der rechten Seite kein Randausgleich vorgenommen. Der Text »flattert« – wie bei diesen drei Zeilen, die in einer serifenlosen Schrift gesetzt sind.

Planung und Endredaktion

Sie können eine Zeitung konzipieren wie Sie Domino spielen: eine Seite an die nächste reihen. Und Sie können wie beim Bau eines Hauses vorgehen: nach Plan. Die zweite Variante hat zwei Vorteile:

1. Die Zeitung erhält eine Struktur;
2. Sie haben für die Planung eine Orientierung und müssen nicht mit jeder Ausgabe ganz von vorne anfangen.

Eine sinnvolle Planungsgrundlage sind Rubriken. Ein Beispiel: Im *Spiegel* werden die Beiträge folgenden Rubriken zugeordnet: Deutschland, Wirtschaft, Ausland, Sport, Gesellschaft, Wissenschaft und Technik; Kultur, Medien; hinzu kommen die Titelgeschichte (und unregelmäßig: Serie und Debatte) sowie kleine Rubriken (Briefe, Personalien usw.).

Vereinszeitungen, die eine Nummer kleiner sind als »Das« – so der bescheidene *Spiegel*-Untertitel – »deutsche Nachrichtenmagazin«, benötigen weniger und andere Rubriken.* Wichtig ist, dass die Rubriken so eng wie nötig und so weit wie möglich gefasst werden: eng, um eine orientierende Funktion zu erfüllen, weit, um Vielfalt zu ermöglichen.

Rubriken strukturieren eine Zeitung. Für Abwechslung sorgen unterschiedliche journalistische Darstellungsformen: Streit-

* Einige Vorschläge für bescheidenere Rubriken-Titel, die keinen Bezug zu einem bestimmten Arbeitsschwerpunkt haben: Zur Zeit, Aus der Region, Politik, Kultur, Service, Termine, Namen und Nachrichten.

gespräch, Kommentar, Glosse, Interview, Porträt usw. Bei der Planung einer Ausgabe ist auf einen Wechsel der Formen zu achten: Bietet sich für Thema ABC ein Interview oder eine Reportage an? Soll das Thema XYZ kommentiert oder glossiert werden? Ist für den dritten Schwerpunkt ein Streitgespräch die richtige Form, um umfassend und interessant zu informieren?

Bei der Planung sollte stets an Fotos und anderes Bildmaterial gedacht werden, damit bei Redaktionsschluss nicht eine hektische Suche beginnt und in der Not auf langweilige Motive zurückgegriffen wird. Legen Sie ein Fotoarchiv an. Sie ersparen sich Stress in den Schlussphasen der Zeitungsproduktion und verbessern die Gestaltungsmöglichkeiten.

Ergebnis der Planung ist ein vorläufiger Seitenplan und eine Übersicht, wie lang die einzelnen Beiträge sein sollen. Der endgültige Seitenplan wird nach dem Redaktionsschluss erstellt, wenn alle Artikel vorliegen: Beiträge, Fotos und Anzeigen werden auf die zur Verfügung stehenden Seiten verteilt und für jede Seite ein Groblayout (»Scribble«) gemacht, das den Verantwortlichen für die Gestaltung eine Orientierung gibt.

Alle Texte müssen redigiert und den Standards der Zeitung angepasst werden. Sie müssen mit

- einer interessanten Überschrift in angemessener Größe,
- einem Vorspann,
- Zwischenüberschriften und
- Angaben zu den Autorinnen und Autoren

versehen und eventuell gekürzt werden.

Überschrift

Die Überschrift muss kurz und informativ, sie kann ironisch oder ein Zitat sein. Vermeiden Sie reißerische und Allerweltsüberschriften wie »Zeit zum Handeln«, »Erfolg erstritten«, »Unsozialer Regierungsbeschluss«.

Sie können über die Überschrift eine »Dachzeile« oder darunter eine Unterzeile stellen:

Vereine protestieren gegen Magistratsbeschluss
Stadt will Kinderschutz-Zentrum schließen

Stadt will Kinderschutz-Zentrum schließen
Vereine wehren sich: Demonstration geplant

Die Größe einer Überschrift richtet sich nach der Bedeutung und der Länge eines Beitrags. Wichtige und längere Beiträge werden mit einer größeren Überschrift versehen als kleine Beiträge. Entscheidend ist, dass die Überschrift und der Text in einem ausgewogenen Verhältnis zueinander stehen.

Die Überschrift muss nicht immer über einem Artikel stehen. Sie kann zum Beispiel mitten im Text platziert werden. Die Platzierung von Überschriften ist Geschmacksache. Stimmen muss das Verhältnis von Abwechslung und Übersichtlichkeit.*

Vorspann

Längere Text sollten mit einem kurzen Vorspann beginnen, in dem die wichtigsten Informationen zusammengefasst werden. Der Vorspann, im Metier »Lead« genannt, wird halbfett oder durch eine andere Farbe hervorgehoben. Ein Textbeispiel: »Bürgermeister Karl Einschnitt hat angekündigt, die Zuschüsse für das Kinderschutz-Zentrum ab Oktober zu streichen. Zehn Vereine wollen das am 1. Juni angekündigte Ende für diese Einrichtung nicht hinnehmen. Mit einer Demonstration wollen sie eine Protestwoche einleiten.«

Zwischenüberschriften

Machen Sie längere Texte durch Zwischenüberschriften übersichtlich. Zwischenüberschriften sind Oasen fürs Auge. Ohne sie werden Texte oft zur Bleiwüste.

* Zur Überschrift siehe auch Seite 97 ff.

Autorinnen- und Autorenangaben

Die Leserinnen und Leser interessiert, wer die Autorin bzw. der Autor ist. Machen Sie deshalb am Ende eines Artikels eine Angabe zur Person: »Die Autorin ist Geschäftsführerin von *Frauen helfen Frauen e. V.*« – »Jutta Janzen ist Geschäftsführerin von *Frauen helfen Frauen e. V.*« Solche Hinweise sorgen für Transparenz; sie nehmen der Zeitung die Anonymität.

Anzeigen

Mit Anzeigen können Sie die Kosten für Ihre Zeitung senken. Allerdings sollte das Verhältnis von Aufwand und Ertrag in einem vernünftigen Verhältnis stehen: Die Anzeigenakquise ist ein mühsames Geschäft. Voraussetzungen für die Gewinnung von Anzeigenkunden sind ein regelmäßiges Erscheinen in gleicher (oder steigender) Auflage und eine Anzeigenpreisliste, die alle notwendigen Daten enthält (vgl. S. 212).

Hässliche Anzeigen ruinieren die beste Gestaltung. Nehmen Sie deshalb nur professionell gestaltete Vorlagen. Bieten Sie Kunden, die sich das nicht leisten können, eine Kleinanzeigen-Rubrik an.

Impressum

In den Landespressegesetzen ist vorgeschrieben, dass Druckerzeugnisse ein Impressum haben müssen. Von dieser Regel sind Preislisten, Eintrittskarten, Formblätter, Gebrauchsanweisungen und Ähnliches ausgenommen. Zeitungen, Flugblätter oder Plakate müssen mindestens folgende Angaben enthalten: Den Namen und die Anschrift des Herausgebers, den Namen der bzw. des presserechtlich Verantwortlichen (abgekürzt: V.i.S.d.P.) und die Druckerei.

Für Zeitungen ist ein ausführlicheres Impressum mit folgenden Angaben üblich: Titel, Untertitel, Herausgeber, die Namen der Redaktionsmitglieder und der bzw. des V.i.S.d.P. Angegeben wird zudem, wer die Zeitung (und das Titelbild) gestaltet hat und die Druckerei. Werden Anzeigen aufgenommen, sollte der Hinweis nicht fehlen, wer dafür zuständig und welche Anzeigenpreisliste zur Zeit verbindlich ist.

Literaturtipps

Viele Literaturverzeichnisse haben vor allem einen Zweck: zu zeigen, dass die Autorin oder der Autor viel gelesen hat. Hilfreich sind solche Literaturangaben nicht, denn sie schüchtern ein, statt zu orientieren.

Ich habe viel gelesen und kann daher einige Bücher empfehlen, die nützlich sind für den Alltag der Presse- und Öffentlichkeitsarbeit von Vereinen oder Initiativen. Veröffentlichungen, in denen viel über den Sinn und Zweck von PR philosophiert wird, habe ich ebenso wenig berücksichtigt wie Ratgeber, in denen suggeriert wird, alle Probleme ließen sich mit »Checklisten« lösen.

Die drei A der Presse- und Öffentlichkeitsarbeit

Die Website der größten deutschen PR-Agentur *Kohtes Klewes:* www.agenturcafe.de

Der gemeinsame Online-Service dreier PR-Verbände: www.pr-guide.de

Die Online-Version von *Horizont*, Wochenzeitschrift für Medien und Kommunikation: www.horizont.net

Schreiben für Presse- und Öffentlichkeitsarbeit

Der Duden.
Band 1: Rechtschreibung
Band 2: Stilwörterbuch
Band 4: Grammatik
Band 5: Fremdwörterbuch
Band 8: Sinn- und sachverwandte Wörter
Mannheim u. a.: Dudenverlag.

Franck, Norbert: Schreiben wie ein Profi. Frankfurt/Main: Bund-Verlag. 3. Aufl. 2000.
Häusermann, Jürg: Journalistisches Texten. Sprachliche Grundlagen für professionelles Informieren. Konstanz: UVK Medien Verlagsgesellschaft 2001.

Wirksame Pressearbeit

Mast, Claudia (Hg.): ABC des Journalismus. Ein Leitfaden für die Redaktionsarbeit. Konstanz: Ölschläger Verlag. 9. Aufl. 2000.
Zimpel, Dieter (Hrsg.): Zimpel. Redaktions-Nachschlagewerke.
Zimpel 1: Zeitungen
Zimpel 2: Zeitschriften
Zimpel 3: Funk und Fernsehen
Zimpel 4: Fachzeitschriften
Zimpel 5: Freie Journalisten
Zimpel 6: Anzeigenblätter
Die Loseblatt-Sammlung, die auch als CD-ROM erhältlich ist, wird laufend aktualisiert.
ZDATA. Die Datenbank der Redaktionsadressen. Enthält Zimpel Bände 1–4
München: Gabler-Verlag

Mittel und Medien der Pressearbeit

Herbst, Dieter: Internet-PR. Berlin: Cornelsen Verlag 2001
Hoffacker, Gabriele, Goldmann, Martin: Online publizieren. Reinbek: Rowohlt 2001
Stamm. Leitfaden durch Presse und Werbung. Essen: Stamm Verlag. (Das Presse- und Medienhandbuch erscheint jährlich neu und ist auch als CD-ROM erhältlich.)
www.nonprofit.de
www.sozialmarketing.de

Register

Fischer Lexikon
Publizistik / Massenkommunikation
Herausgegeben von
Elisabeth Noelle-Neumann, Winfried Schulz,
Jürgen Wilke
Band 15495

Dieser Band gibt Auskunft über die Geschichte von Presse, Rundfunk und Film, rechtliche und wirtschaftliche Strukturen des Mediensystems, Journalismus als Beruf, Theorien und Methoden der Kommunikationsforschung, die Wirkung der Massenmedien …

»Alles in allem lösen die Autoren den Anspruch überzeugend ein, auch die vierte Auflage des Fischer Lexikons seit 1971 möge zugleich als Einführung und Nachschlagewerk dienen. 87 Seiten Bibliographie erschließen die Literatur und verzeichnen auch Internet-Adressen, so dass das Lexikon nicht nur Publizistik-Studenten ein unentbehrliches Vademecum bleibt, sondern allen, die sich für Presse, Rundfunk, Film und Internet sowie für das Wirkungsgeflecht von Journalismus, Politik und Öffentlichkeit interessieren.«
Frankfurter Allgemeine Zeitung

Fischer Taschenbuch Verlag

fi 15495 / 1

Erich und Hildegard Bulitta

Wörterbuch der Synonyme und Antonyme

18000 Stichwörter mit
200000 Worterklärungen
Sinn- und sachverwandte Wörter und Begriffe
sowie deren Gegenteil und Bedeutungsvarianten

Band 15754

Ein hilfreiches Wörterbuch, das auf den Schreibtisch eines jeden gehört, der differenzierter mit der deutschen Sprache arbeitet! Die Wortgegensätze werden umfassend in den verschiedenen Bedeutungsvarianten aufgeführt und einander zugeordnet. Der Begriff der Antonyme ist dabei weit gefasst und bezieht auch Bereiche ein, auf die der Suchende nicht so leicht gekommen wäre. Auch werden schwierige, nicht sofort erkennbare Bedeutungsvarianten der Gegenwörter aufgeführt. Ob Redner, Schriftsteller, Wissenschaftler, Lehrer, Studenten, Schüler, Journalisten, Redakteure oder Texter – sie alle können mit Hilfe dieses Buches ihre Sprache bewusster und variationsreicher einsetzen, Kreativität beweisen. Das »Wörterbuch der Synonyme und Antonyme« gibt dem Benutzer Anregung, Hilfe und Unterstützung im täglichen Leben. Es verleiht Sicherheit im Umgang mit der deutschen Sprache und aktiviert den passiven Wortschatz.

Fischer Taschenbuch Verlag

fi 15754 / 1